识干家

企業閱讀　學以致用

企业网络营销系列

快速见效的企业微信营销方法

帮企业用微信引爆业绩增长

Wechat Marketing Method

孙巍◎著

中华工商联合出版社

图书在版编目（CIP）数据

快速见效的企业微信营销方法/孙巍著．—北京：中华工商联合出版社，2018. 3

ISBN 978-7-5158-2218-1

Ⅰ. ①快…　Ⅱ. ①孙…　Ⅲ. ①企业管理－网络营销　Ⅳ. ①F274－39

中国版本图书馆 CIP 数据核字（2018）第 029550 号

快速见效的企业微信营销方法

作　　者：孙　巍
责任编辑：于建廷　王　欢
责任审读：郭敬梅
封面设计：久品轩
责任印制：迈致红
出版发行：中华工商联合出版社有限责任公司
印　　刷：北京兰星球彩色印刷有限公司
版　　次：2018 年 5 月第 1 版
印　　次：2018 年 5 月第 1 次印刷
开　　本：710mm×1000mm　1/16
字　　数：288 千字
印　　张：20. 75
书　　号：ISBN 978-7-5158-2218-1
定　　价：88. 00 元

服务热线：010－58301130
团购热线：010－58302813
地址邮编：北京市西城区西环广场 A 座 19－20 层，100044
http：//www. chgslcbs. cn
E-mail：cicap1202@ sina. com（营销中心）
E-mail：gslzbs@ sina. com（总编室）

本书是专门针对企业微信营销的实战专著。

本书拥有 3 大亮点：

专注于企业微信营销，而非个人自媒体微信营销。现在市场上充斥着大量讲个人微营销、自媒体公众号及微商的书籍，遗憾的是这些书籍往往会给企业造成误导，对企业微信营销缺乏实操指导；本书正是企业微信营销的实战秘籍。

系统地讲述企业微信快营销方法论。企业微信营销是生态营销，本书将讲述“在快营销方法论的指导下，如何系统地做企业微信营销”。

站在微信生态的立体高度讲授企业微信营销。即以实现微信顶层设计、企业品牌和 IP 打造、粉丝传播、客源拓展、销售转化为目的，打通“从企业公众号到企业社群、员工朋友圈营销、小程序场景、H5 品牌营销、二维码营销、社交电商、客服咨询及销售赚钱”一条龙的快营销闭环。

在内容创作上，本书也别具匠心。

第一，“由浅入深来实操指导”，比较重视读者的阅读感受。由微信营销入门到专业，再到高阶实战，循序渐进地指导企业员工实现技能提升，再到新媒体部门专业提升，再到全员微信营销的“特种部队”打造。

第二，本书汇集了许多企业实战案例，涉及 10 多个行业的实践。也有作者团队操作的王派电动车、峨眉雪芽茶叶、白酒微信营销等全景案例。

作为两百多个企业品牌的微信快营销教练，本书的实操方法已经历了一年多的实践检验，并已作为内部教材在快营销商学院和快营销社群大平台上率先传播和发行，十余万人从中获益。

天下武功，唯快不破。关键如何快？

——孙巍

营销实战，方法为王。

今天的企业竞争，本质上是方法论的竞争。方法论就是作战的武器，方法论的领先本质上是武器装备的领先。新时代，新营销，企业营销人急需像企业转型一样，尽快学习先进的新营销思想来武装自己，防止自己被时代淘汰。

互联网下半场，用户增速放缓，线下流量回暖，新零售蹿红，一场新营销大战烽烟四起。

微信拥有10亿月活用户，主导了我们90%的碎片化时间，成为最有影响力的新营销平台之一。自2011年推出以来，微信一直高歌猛进，无论用户增长、社交传播，还是公众号、微信群和朋友圈等微信营销场景，都获得了空前繁荣。企业的员工、客户及关系都发生在微信里。

错过微信，错过未来。

企业微信营销，不同于微商和自媒体营销，而是企业在微信生态中的品牌营销实战。**本书讲授最新的微信营销方法，也是第一本企业微信营销实战书籍。**

微信的最大特点就是迭代，迭代升级保持了微信的领先地位。微信迭代，企业微信营销就要迭代，否则老方法就会被淘汰。2014 年前流行的微营销，今天已经淘汰；2015 年流行微信自媒体，2016 年企业微信营销高潮迭起。

然而，90% 企业的微信营销激情而来，败兴而归。究其原因，原来是闹了个天大误会：大部分企业营销人都把微商的微营销和自媒体运营那一套，用在了企业微信营销上，这就导致工作并不专业；而市面上很多书和培训呢，也鲜有有效的指导。结果，企业的新媒体部有苦难言，久而久之微信营销就荒草丛生。

微信快营销就是践行快营销方法论。

微信快营销作为超级工具、超级方法，我最后郑重地把这本书推荐给三类人：

一类是企业新媒体人，

一类是急需转型升级的营销人，

一类是读过其他微信书但实操效果差，急需学习升级的人。

天下武功，唯快不破。愿我们一起快！

第一章
微信营销，企业
互联网营销的新主流

最近两年，有个现象：

营销越来越难了，营销人越来越累了，企业越来越没方向了。

为什么企业越来越没方向了？

因为消费者变了，环境变了！

为什么营销越来越难了？

因为营销碎片化了，企业营销要升级了！

为什么营销人越来越累了？

因为老方法不奏效了，营销人焦虑了！

第一节　微信：企业品牌营销的引爆口

今天，BAT 和京东、新美大、头条等统治了互联网世界。

任何一个希望在互联网领域发力的企业和微商，都不可忽略这些平台的生态。

无论如何，你想赚钱，都必须在缝隙中寻找突破。

无论多大规模的企业，都必须在互联网广阔疆域中，寻找自己的一席之位。

研究发现："十三五"期间，互联网经济以33%的复合速度增长，而与此同时，地面传统经济的增长率仅有6%，以沃尔玛、家乐福为首的传统零售大卖场增长率不足3%。大部分传统企业都遭遇"双下滑"，即销售下滑、利润下滑，只能依靠产品涨价去维持生存。显而易见，互联网经济是中国经济哀鸿遍野、衰退持久战中最耀眼的产区。

如果有人轻视互联网，那他就是掩耳盗铃，他将被这一波经济浪潮席卷而走。

我曾说过：老板不是世袭制，没有永远的老板；今天老板不升级转型，明天将从老板名单中除名。这是历史规律，从未变更。

一、 为什么要重视微信营销

大部分企业都没用好微信，大多数微商都没发财。但是，为什么我还要建议大家重视微信呢？

1. 微信营销是免费营销

相对于BAT的昂贵广告，中小企业根本没有财力去投放；即使几十万元的小额投放，也很难取得满意的效果。利用微信营销，可以省市场费。

2. 微信是自媒体，公众号就是官网

互联网流量发生重大转移，看企业官网的人变少，流量已经转移到手机上，尤其是微信上。企业必须调整策略，将微信作为企业首选生态营销阵地。企业可以用微信来做客服和客户管理，并长期在朋友圈和客户互动，用小程序提供服务。

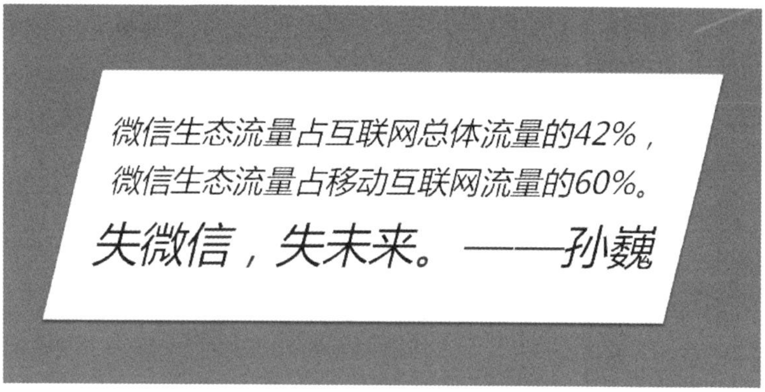

微信生态流量占互联网总体流量的42%，
微信生态流量占移动互联网流量的60%。
失微信，失未来。——孙巍

图1－1　失微信，失未来

3. 微信生态圈的互动营销成为与“90后”沟通的最佳方式

抓不住新一代，就抓不住未来。无论是H5还是社交营销工具，都绕不开在朋友圈和社群发动。

4. 在微信生态里，发展社交电商和新零售是中小企业最佳的机会

在阿里巴巴和京东的电商平台上，中小企业没有话语权，但是在微信生态中，中小企业有机会打造自己的社交电商，并和线下店铺连接起来，成为新零售店，提升运营效率和利润。

二、微信营销是企业待开垦的金矿

生意永远是二八原则，即只有20%的人赚钱，80%的人不赚钱。对企业而言，需要思考的是如何进入20%，而非沦为80%的庸碌之辈。微信营销有6大金矿：

- 发动粉丝引爆品牌；
- 激励顾客推荐卖货；
- 打造用户粉丝平台；
- 群众拼团传播卖货；
- 品牌信用销量点赞；
- 线上线下用户打通。

三、 微信是工具，人人皆可用

两类人可以利用本书致富：

- 重视微信营销的企业老板；
- 社交电商创业者。

不重视微信营销的企业，也许需要利用高额费用的广告以曝光品牌；也许会失去“80 后”、“90 后”等新主流消费者，品牌也将会逐渐老化、边缘化。

以阿里巴巴、京东为中心的电商们，若不重视微信疆域，或许将陷入竞价广告的陷阱中。

以百度搜索和地面营销为重点的传统生意，早已陷入转化率低下、营销成本上涨的恐慌中。

地面的流量在日渐消瘦，新零售的流量与你无关。线上早已划分为两个世界：付费世界和自媒体世界。微信生态，是自媒体的生态乐园，在狼多肉少的丛林竞争中，我们必须像微信一样快速迭代我们的思维和方法。

四、 用资本思维设计互联网价值

产品经营是爬楼梯，资本经营是坐电梯。

对于传统企业而言，必须迅速转变经营思维和营销手段，大胆进入移动互联网领域；今天的机会抓不住，明天的大数据和物联网也会错失；在传统的赛道中，一个骑手没法和特斯拉 Tesla 赛跑。

微信营销就是助力进入高速赛道的利器。工具是先进的，关键是谁来用；利剑是武器，关键还是剑客的功夫。

我不期望每个人能精通这套微信快营销秘籍，唯有智慧的勤奋者胜出。狭路相逢勇者胜，营销赛道快者赢。

有人会问：微信会不会衰退？目前来看，我认为微信会越来越强，而不是衰退。微信还没有进入顶峰时期，它的声音、它的功能、它的应用、它的便民性、它的社会化还正在一步步地加强，所以值得我们把精力、营销放在这个板块去发力，去投入和投资。

第二节　企业微信营销的 7 个误区

火爆的微信营销似乎降温了，其实不然，是浮躁的微信营销心理降温了。

对企业而言，微信营销越来越重要了。微信和公众号走过了火山口爆发期，现在进入了静水深流的阶段。

一家企业的微信营销做得好不好，关键是对微信营销的理解到不到位。我们发现，很多企业对微信营销还存在不少误区。

一、微信营销就是安装微信

不少老板对微信营销的理解还停留在入门阶段，认为微信营销就是让每位员工在手机里安装微信，会使用一些微信的功能，在微信群和朋友圈狂轰滥炸发布企业广告。

二、微信营销就是加好友

很多企业把微信营销理解为在手机里多加好友，通过主动加别人，或者让人加自己在最快的时间里加满 5000 好友。

可笑的是，一些企业从微商那里买了几百部手机，用软件批量加通讯录，然后找一帮人每天操纵这些手机，在朋友圈发广告。结果是：要么被人举报，这个微信号不能用了；要么几个月后，发现原来加的都是“僵尸机器人”。

三、 微信营销就是群发

最疯狂的是微商把微信营销野蛮地理解为群发，把整个微信生态弄得乌烟瘴气。很多人也跟着群发给熟悉的朋友，结果自己就被删了，或者朋友、客户对自己的看法变了，觉得很低端。

四、 微信营销就是朋友圈卖货

很多企业把微信营销理解为在朋友圈摆摊儿，弄点微商产品，每天在朋友圈刷屏，结果是被熟人屏蔽，被生人拉黑。

五、 微信营销就是做个公众号

很多企业把微信营销理解为做个公众号，每天在上面发些文章，随便打个广告。眼瞅着文章阅读量达到300、500人次。坚持几个月，累得半死不活，也没发现有多少销量，于是也就放弃了。

六、 微信营销就是建微信群

喜欢圈子的人，就喜欢建群，把通讯录里的人都邀请进群里。刚开始大家很热乎，有组织的还来个自我介绍，没组织的进去潜伏着。建群的时候热热闹闹，一周后就成死群了。

七、 微信营销就是阅读量、粉丝量

很多企业看到别的公众号阅读量很高，一打听粉丝量几十万，就认为如果自己的公众号有这么多粉丝，那么转化为客户，销量一定不少。

于是，这些企业把阅读量和粉丝量作为核心目标，而不是切合实际地考虑企业的特点，企业公众号就变成了鸡汤文，阅读量蹿红，但没什么用。

作为老板，如果你认为微信营销就是微信群发，微信营销就是发发朋友圈，微信营销就是做个公众号，那你 OUT 啦！这样的思维仅仅停留在前几年的微营销阶段，在今天早就过时了。

第三节 微信营销的 5 个层次

很多朋友读了上面的文章后，就情不自禁地问：到底微信营销是什么？

2013 年微信诞生，到今天，微信营销大的迭代至少 5 次。

今天是第几代，未来迭代到哪里？

谁也不知道。

我只知道唯有迭代，才有红利！

每一次微信迭代，就产生新的微信营销玩法，也对旧的微信营销玩法产生冲击。

笔者把微信营销总结为五个层次，如图 1－2 所示。

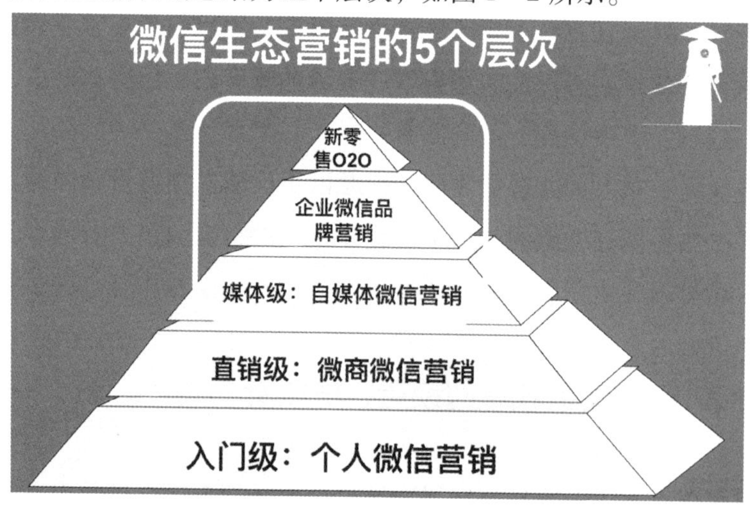

图 1－2 微信生态营销的 5 个层次

一、 入门级：个人微信营销

个人微信营销其实就是安装了微信，会用微信发朋友圈，在微信群里聊天交友，会使用微信群发功能，以及利用微信打造个人品牌。

二、 直销级：微商微信营销

利用微信来做生意的就是微商。有的是在淘宝开店，把顾客加到微信里做营销；也有的是加了线下店里顾客的微信；有的则是到处加人，天南海北的陌生人。

微商微信营销的粗暴手段，就是朋友圈刷屏，不停地推送产品信息，或者是隔三岔五群发一次，甚至是建群拉人，找几个托捧场，在群里兜售商品，或者重点是发展下家代理。这些都是不成熟的微商玩法。

真正玩得好的微商，并不是每天刷屏，每天群发，而是比较温和地推送，营造气氛和建立社交关系，有节制地发一些新品和活动信息，并把那些老客户建群维护起来。

三、 媒体级：自媒体微信营销

文字功底比较好，能写能画能讲故事的人，天生就是自媒体高手，所以在博客时代、微博时代、今天的内容为王时代，他们都占尽优势。

自媒体高手擅长写内容，在微信开了公众号，在其他自媒体平台如头条也有自己的号。对于这些人，自媒体微信营销就是注重内容，注重粉丝，注重阅读量，然后再想办法把粉丝转化为顾客，把阅读量转化为公关广告，这就是自媒体微信营销的做法。先营销自己，把粉丝量、阅读量升起来，再销售，再变现。

前面三种都是个体的微信营销，下面介绍的则是组织机构的微信营销。

四、 企业级：企业微信品牌营销

企业的微信营销不同于个体的微信营销，企业的公众号也不同于自媒体的公众号。

企业微信品牌营销就是利用微信平台的各种工具，“围绕企业的经营战略和品牌营销，以社交关系为纽带，针对企业的品牌、产品、体验和服务，与顾客、粉丝及合作伙伴成功地发生正向关系”。

对企业而言，微信营销可以做到：

- 拓展新客户，提升销量；
- 做微信推广，提升品牌；
- 发展 O2O，提升门店粉丝量和流量；
- 推广公众号，获得潜在优质粉丝的关注；
- 推广移动应用，激活应用，降低成本；
- 打通全体员工、分公司、上下游合作伙伴及 VIP 顾客、用户、粉丝间的连接；
- 利用小程序，提升客户服务体验。

五、 新零售 O2O 级微信营销

互联网下半场，技术正在推动线上线下融合，很多先行企业正在尝试新零售 O2O。

新零售以数字化为基础、以消费者需求为核心，推动了商业要素的重构，加速了零售经营模式和商业模式的创新。像海底捞利用微信提供顾客服务，像滴滴利用分享朋友圈实现了社交传播。

据观察，90% 的个体微信营销还停留在前两个层次，90% 的企业微信营销还在自媒体营销和企业品牌营销之间徘徊。这就导致了人们怨声载道，普遍地认为微信营销效果不好，达不到期望，很失望。

对于这样的现象，我认为：任何营销方法，只有10%的人能得到红利。

作为企业领导，如果希望自己的企业进入专业级微信品牌营销行列，真正利用微信超越同行、进入10%的优胜者行列，那么，请仔细阅读下一节。

第四节　企业做好微信生态营销的5个步骤

企业怎样才能做好微信生态营销？关键是以下5步：

一、 做好微信营销的顶层设计

什么是微信营销顶层设计？就是如何布局微信营销生态，微信生态包括公众号、组织、朋友圈、社群、电商、小程序、线上线下等的打通和连接。

案例

新东方教育集团

如图1－3所示，新东方教育集团成立于1993年，是一家集教育培训、教育产品研发、教育服务为一体的综合性教育科技集团。2006年在美国上市，截至2015年，在全国50座城市有60所学校和724个学习中心、28家书店，累计报名人数2160万人。2016年营收120亿元，市值130亿美金，员

图1－3　新东方教育集团

工5万人，公众号500个，粉丝400万人，微信贡献20亿元。

二、培养全员微信营销技巧

有朋友问：是不是微信营销的基础技巧不重要了？公众号运营技巧不重要了？微信群和朋友圈营销不重要了？答案是：不是的！微信高手都有很强的微信基础技能，基础是1，其他是0。

为什么同样的内容，发在同一个公众号上，不同的人操作，得到不同的效果？秘密在于专业方法，如图1－4所示。

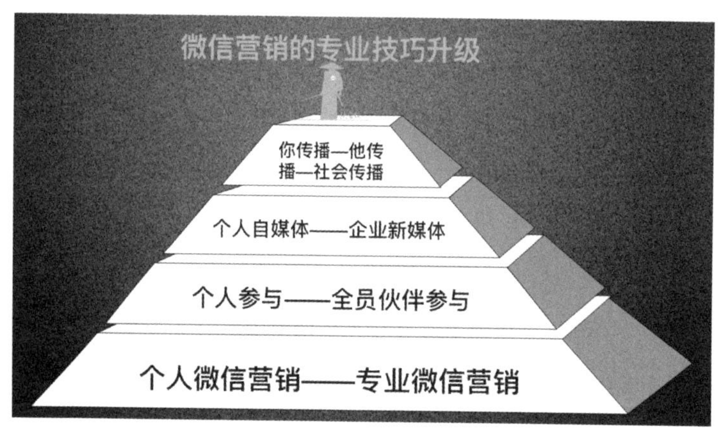

图1－4　微信营销的专业技巧升级

三、发动群众

所谓群众营销，就是让更多的人参与进来，像打车券、礼包，就是快营销发动群众，就是顾客帮你卖货，粉丝帮你传播，如图1－5所示。

微商大V为什么能成功？秘密在于能够同时组织10000人加入。

为什么同样是一场新媒体招商活动，有的总监能招来1000人，有的10个都招不来？秘密在于掌握了快营销发动力！

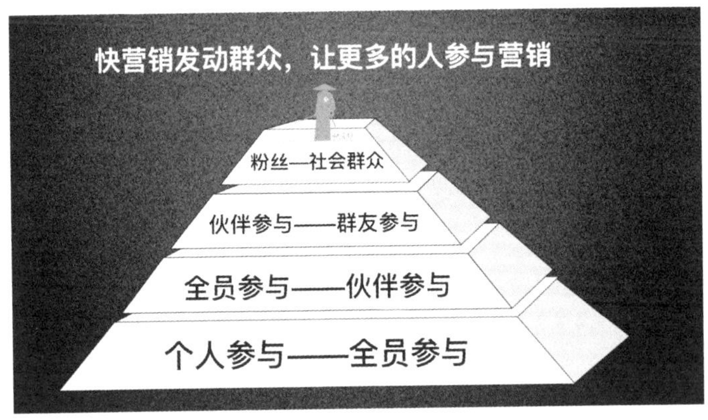

图1－5　快营销

四、 利用微信营销打造企业品牌流量池

生意的本质是流量！

生意为什么不好做了？流量枯竭了！没有流量的企业，活得很辛苦。

所谓消费升级，就是流量发生转移。

统一和康师傅的日子不好过，因为品类流量下滑。

加多宝和王老吉增长乏力，因为凉茶品类流量乏力。

如图1－6所示，喜茶为什么那么火？

图1－6　喜茶大排队

因为它掌握了流量制造的能力，如图 1－7 所示。

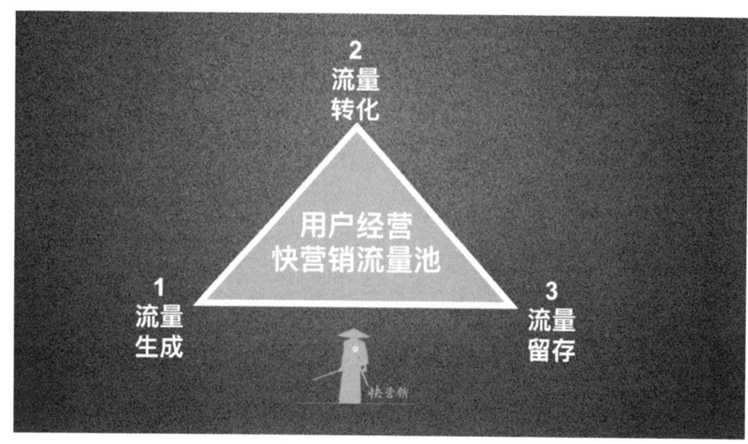

图 1－7　用户经营快营销流量池

喜茶公众号和微博的粉丝并不多，那它是如何办到的?

发动群众替它微信营销!

传统营销是卖货思维，微信营销是用户经营。用户经营就是企业流量池!

对于快消品企业来说，产品和粉丝是最大的新媒体。

小茗同学通过产品 IP 来发动粉丝传播，通过 PGC 内容发动粉丝 UGC 传播，如图 1－8 所示。

图 1－8　“小茗同学”冷泡茶，认真搞笑，低调冷泡

这是快营销所谓的要开发有流量的产品，产品开发就是设计 IP 剧本。

这样的微信营销实际上已经超越了狭义的微信营销：自己运营公众号、开发小程序、发朋友圈，发动粉丝和顾客替自己做微信营销。

五、 微信营销要和商业模式相融合

最高层次的微信营销就是将微信和商业模式融合起来，这样能更大程度地利用微信优势来做品牌体验。

案 例

海底捞火锅

如图 1－9 所示，海底捞：中国数一数二的中式连锁餐饮品牌。2016 年开设 175 家店，营收 75 亿元，线下顾客流量 6000 万人次。微信服务号 600 万粉丝，TOP 阅读量平均 30 万次。

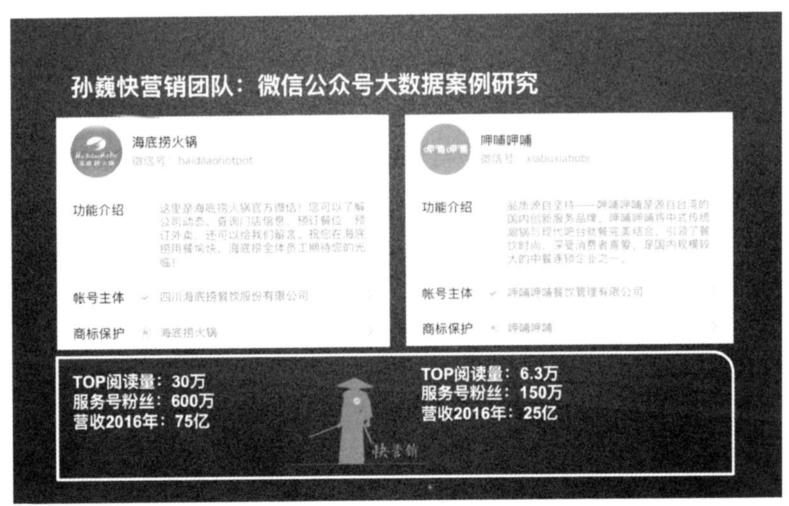

图 1－9 海底捞、呷哺呷哺案例研究

海底捞属于在新媒体领域非常受重视的品牌企业，它最近启用的新 Logo，就是为了让它新媒体化、人格化，增强它的互动性，便于和年轻人进行互动交流。所以它用的是什么呢？就是“Hi”。什么概念？打招呼就是互动，Logo也体现了新媒体化。

海底捞的微信经营也非常棒，据介绍，他们微信公众号的第一篇文章，通常的阅读量是30万次，他们的粉丝超过600万人，一年的顾客流量大概在6000万人左右。

对海底捞这样的企业来讲，它巨大的流量在线下，它用微信公众号做什么？做服务！因为对零售类的线下企业来讲，它的门店是最大的广告，也是最大的流量来源，它要做的事情是怎样通过微信公众号把线上和线下打通，把线下餐饮的服务通过微信来解决，所以你会发现，海底捞通过微信来解决很多服务的问题。比如你可以在微信上下单，成为会员，然后可以帮它传播内容；可以在微信里购买它的产品等。它不仅仅是普通微信公众号发发内容，还上升为体验，上升为服务，上升为电商，把微信从营销、传播的工具上升为商业模式运营的工具。

消费升级，世界碎片化，产品碎片化，用户碎片化，营销碎片化。移动互联网时代，消费者在四个世界穿梭：天网地网，人网电网。每个网都是一个世界，都诞生了很多品牌。今天，这四个网正在影响消费者。

这就导致了传统营销效果的降低。传统营销升级就是新营销，新营销就需要打通这四个网，用立体化方式来营销消费者，如图1－10所示。

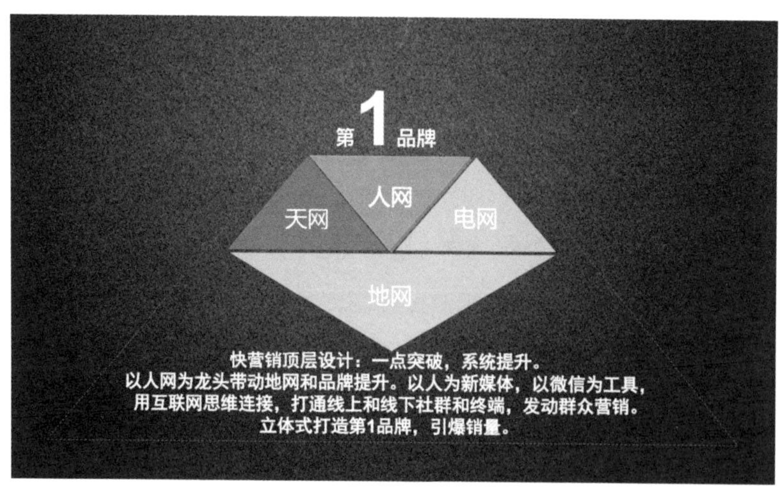

图1－10　立体式营销模式

第五节　企业微信营销的现状

随着移动互联网的发展，企业营销向移动互联网营销转移，如图1－11所示。

截至2017年10月，中国手机网民规模达7.5亿人，微信月活跃用户数达10亿人。微信用户规模空前的活跃，微信生态蓬勃发展，这一切利好，使微信当之无愧成为互联网营销的主流阵地之一。

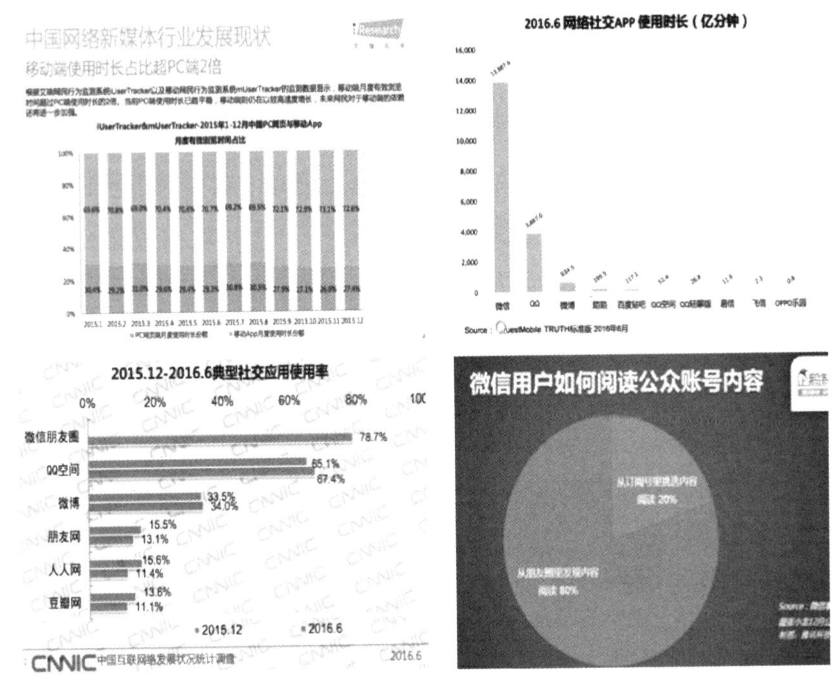

图1－11　微信使用数据统计

一、腾讯正在打造一个超级微信生态

据腾讯和微盟报告，微信通过搭建集社交、娱乐、O2O、资讯、电商、金融和生活服务等于一体的一系列生态体系、生产内容，打造O2O闭环，建立智慧城市并将平台开放，使得第三方能够在微信生态中发挥更大的作用，共同维护微信生态。微信围绕用户需求进行综合性渗透，通过建立用户移动化生活的基础高频场景、垂直化场景等，最大限度地吸引用户、留住用户，增加用户黏性。

二、 微信快营销伴随着微信迭代而迭代

微信快营销，是指基于微信平台进行的营销，包括粉丝互动、产品销售、产品推广、公共关系维护、品牌形象塑造、客户服务等一系列营销形式。

微信最先连接个人，之后开始连接企业，现在用小程序连接服务。随着微信营销兴起，第三方微信营销平台登场，公众号、朋友圈和小程序的繁荣增强了微信的媒体属性及商业属性，其后微信营销走向多元化，微信快营销也是因此而得名。

基于微信开放平台提供丰富的企业营销插件，包括基础展示类、互动营销类等，形成了以企业为中心的“展示——互动——吸粉——沉淀——交易——分销——客服”等微信营销闭环，企业能够自主使用第三方营销插件来实现与粉丝的互动、管理、商品展示与交易，同时还可以通过微信及硬件等连接线上和线下。

三、 多样化的微信广告发展迅猛

笔者预测，2018年微信生态广告将达到800亿元。

伴随着微信生态开放及移动技术的迭代，微信营销形式越来越多样化。最基础的是展示型广告，互动营销上升也很快，因为这种广告形式用户体验较佳；微信生态亦诞生了基于移动特性的广告形式，如H5、互动游戏。此外，在微信支付的基础上，微信生态内形成了自己独特的

电商营销方式和交易闭环。

展示类：文字链，Banner，关注或下载卡片，公众号内容，朋友圈图文，官网等。

富媒体：游戏插件，SNS 分享裂变，重力感应（试驾体验），优惠券下载，视频播放，摇一摇，吹一吹，刮一刮，H5 等。

活动类：线上发起参与活动，组织线下活动，扫一扫与线下二维码互动等。

腾讯社交广告，日流量 120 亿元，2017 年，腾讯广告收入有望达到 400 亿元，微信广告收入有望达到 170 亿元。

腾讯社交广告产品包括：

- 朋友圈广告；
- 公众号广告；
- 联盟广告；
- QQ 广告；
- QQ 空间广告。

企业的广告将呈现在微信朋友圈、公众号、QQ 等多种广告场合，这有助于企业推广移动应用、本地生活服务、品牌活动，增加在线销量，获得潜在优质粉丝关注。其中，微信自有广告以朋友圈和公众号展示广告为主。

四、 公众号营销和公众号 + 营销

2016 年微信公众号数量超过 2000 万个，公众号以其平台的开放性成为企业和用户的重要连接，数据显示 19% 的用户关注了企业商家的公众号，而已有 53% 的中小企业开始在微信公众平台上进行资金投入和渠道维护。微信支付及公众平台的各种开放功能真正实现了人与商业的连接，企业的内容价值、服务价值得以提升。

（一）以公众号为中心形成的企业微信营销

公众号为企业微信营销的重要途径，企业公众号从一个企业发声渠道演变为企业品牌传播、消费者维护及社交电商运营的综合渠道。并且在移动社交的场景下，营销漏斗的结束不止于分享，而是沉淀或者转化的品牌重度分销者，而消费者吸引、沉淀、购买、社交分享及分享的营销流出也将呈波纹扩散（腾讯 & 微盟报告）。

（二）公众号 + 放大企业公众号价值

公众号 + 朋友圈/微信群的组合，更是能够放大公众号自身价值。

公众号 + 朋友圈。80% 的用户选择从朋友圈寻找阅读内容，朋友圈让公众号发挥了 4 倍以上的威力。微信朋友圈是以即时通信工具为基础衍生出来的社交服务，是手机第一大应用，使用率高达 80%。微信朋友圈是基于微信联系人形成的熟人社交平台，随着用户规模的拓展、产品功能的丰富，弱关系社交也逐渐渗入，在产品内部形成多个相互平行、自成体系的圈子。

公众号 + 微信群。公众号一对多的推送方式，隔断了具备相同价值的粉丝之间的互动，而微信群的参与，可以增加这一黏性，同时结合线下，形成对企业更有价值的社群。

公众号 + 小程序。2017 年 1 月 9 号，微信之父张小龙宣布重磅推出小程序，引起了重大地震。商家可以通过小程序来连接线下线上服务，用户可以在小程序中体验服务、下单，这进一步丰富了微信生态应用。

在公众号之后，微信流量的价值在朋友圈 feeds 广告得到了进一步释放，社交广告增长迅速。在流量增长稳定、运营稳定的情况下，微信围绕流量的营销动作将会更多。同时，随着微信在一线城市的渗透率趋近饱和。未来二、三线城市将会成为流量下沉重点，结合大数据及 LBS 的区域性将体现得更加明显，流量的导入和导出将更加频繁，企业零售商可以紧跟微信的渠道同步下沉。

五、 微信快营销的本质是发动群众

微信生态是社交关系的错综网络。每个人都是一个媒体，也是一个发动机。快营销就是要把这种社交关系激发出来，实现“让粉丝帮我们传播，让顾客帮我们卖货，让伙伴帮我们建设，让产品帮我们说话”。

第六节　企业微信营销的突破口

一、 企业利用微信做什么

主要有四个方面，即工作沟通、公众号宣传、小程序体验、微信营销和社群运营。

1. 哪些工作卓有成效

首先是工作沟通提升了效率，现在每家公司都建了很多群，方便移动化和碎片化交流与沟通。

2. 公众号和小程序宣传效果怎样

大部分公司的公众号取代了官微、微网，成为和企业官网同等重要的宣传窗口。从流量的角度看，公众号的流量超过了企业官网。

3. 微信销售效果怎样

很多公司寄望于通过微信实现销售盈利。事实上，如果不能提供微信商城和购买交易这样的流量和销量转化，那么公众号很难带来业绩。如何实现流量和销量的转化呢？可以将这些潜在的顾客粉丝邀请到群里，或者加客服私人号。少部分企业在这方面做得很好，通过微信营销带来了很多客源；大部分企业对这方面的投入不足，耐心不足，最终的销售业绩不甚理想。

4. 社会化运营效果如何

社群运营是什么？是公司为品牌和粉丝之间建立的交流社区，是粉丝与粉丝之间、品牌方和粉丝之间围绕产品与体验的网络民主式沟通。在这里，粉丝可能是产品使用者、新品体验者、意见反馈者。

将社群运营**好的企业不多，社群的运营是个专业活，也是个用心活，两者缺一不可。群员通常处于潜伏状态，不喜欢互动，但是，一旦有息息相关的利益时，就会跳出来沟通，如红包，如优惠，如线下体验等。当然，对于售后服务，粉丝还是踊跃来咨询的，这也是因为和利益休戚相关。**

二、 微信营销的出路

有的人注册了好几个微信号，然后把每个微信号的5000人名额用满，这样就可以积累数万人。然后，针对这些人进行推送或者在朋友圈发广告。人们把这叫作微信营销。

这是微商通常的做法。在这里，我不谈这些个人的微信营销，而谈公司组织的微信营销。

公司的微信营销不同于个体微商的营销，因为组织有目标。而微商的目标是个人自己的行为，这和企业的组织行为是不一样的。微商更像企业的销售员。

1. 公司微信营销的目标：以品牌传播为主，销售为辅

微信生态中盘踞10亿位用户，微信的品牌传播对于企业越来越重要。根据大数据分析，现在手机流量占到互联网流量的70%，而微信和QQ是手机中占用粉丝时间最长的系统应用，尤其是微信能占到手机用户70%的时间。总体估算，微信在互联网营销时间的占比高达50%。

微信营销成为互联网营销的重中之重，在重要性上超越了其他互联网营销，如搜索营销、点评营销。

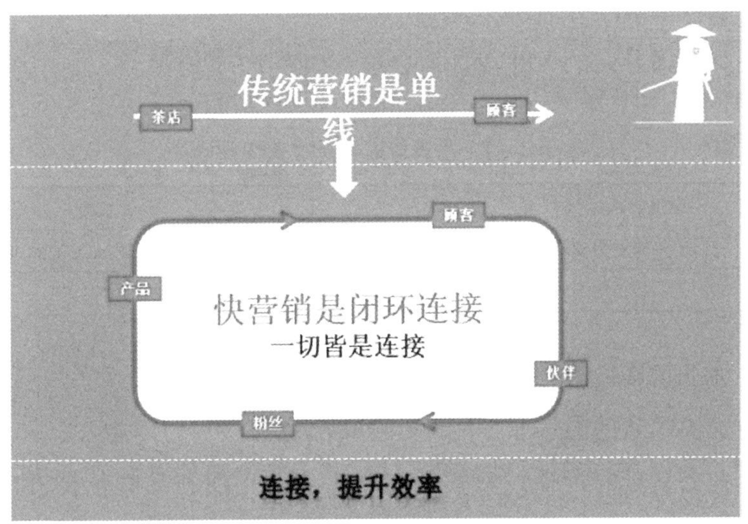

图 1－12　快营销连接图

微信营销的第一目标是品牌传播。品牌传播的方式有三种：一是公众号内容传播，二是微信精准广告，三是社群引爆。

做好微信营销，需要专业化运营，尤其需要专业化团队。目前来看，微信营销是非常有效的社交营销方法，其专业化程度要求也越来越高。

2. 选合适的自媒体人才

玩好微信，需要专业的自媒体人才。

选拔标准：

（1）内容原创能力；

（2）品牌营销基本常识；

（3）非朝九晚五的打工心态，喜欢碎片化工作。

3. 制定合理的 KPI

很多中小企业将粉丝转化的销售量作为目标，这是愚蠢的；也有的把粉丝增长作为考量目标，导致刷粉和内容娱乐化，与品牌传播背道而驰；也有的把公众号做成了“搬运工”网站，到处粘贴文章，直接推送，这是忘记了做公众号的初衷，为粉丝而粉丝，是本末倒置。

什么样的KPI才合理?

品牌传播导向的KPI设计才合理，如表1-1所示。

表1-1 品牌传播导向的KPI设计

定性类指标（权重）	定量类指标（权重）
原创力30%	阅读量20%
参与度30%	粉丝增量20%

4. 加强内容输出能力

自媒体团队的内容原创能力，直接决定公众号的传播力。

企业公众号的传播，依赖于内容团队的兴趣和品牌传播方向的一致性。

能写、能编、能玩、能讲故事，这就是完美的自媒体团队。

5. 发动全员营销

对于微商来说，他们早已做到全员微信营销，赤膊上阵，生龙活虎。但是，对于传统企业来说，微信营销常常是市场部的事，大部分员工袖手旁观。曾记否，新浪微博上线后，发动新浪员工全体去拉人，邀请朋友、亲戚、同学一起来微博玩，正是那次全员运动，为微博快速积累了火种，使得新浪微博最终成为微博的代言名。

今天，很多企业还在考虑是否利用微信来延伸自己的生意，这种思维其实已经很落后了。落后的思维，必然被互联网先进思维所替代、所抛弃，也成为企业发展的桎梏。可以说，90%的企业可能输在思维模式这一关。

全员微信营销凝聚了一种士气，员工的朋友圈是最有影响的自媒体，私空间变成企业宣传空间就是一种态度。

人人都是自媒体。流量由平台融入个人手上，你若能利用这些私人流量，就为公司省了很多广告费，同时也帮助员工将流量转化为效益。

因此，企业可以利用工具来帮助企业实现全员微信营销，并且从文化上鼓励员工主动参与，做到既分享企业新闻，同时又不打扰私人朋友圈。

6. 老板重视自媒体

老板重视的事情，就是企业重要的事情，也是员工最上心干的事。自媒体也是如此，很多老板一直对自媒体有偏见，尤其是不喜欢微信，当然在公司营销方面必然忽略这块。

越不重视自媒体的企业，老板投入就越少，就越选用平庸的人；老板越重视自媒体，越愿意投入人力、物力做好自媒体，当然越容易丰收。

三、 微信品牌营销策略

由内而外地连接：将员工、客户及合作者用微信连接起来。连接的工具有公众号、微信、群、小程序等。连接促进交流沟通，并积累情感，对双方都有价值。

- 公众号：公众号是企业的窗口，但作为自媒体，不能把公众号打造为官方媒体，粉丝向来对官方媒体没有社交的情感，因此，公众号一定要有情感、温暖和人情味；
- 朋友圈：朋友圈是私媒体，但也逐渐发展为弱关系社交场。这是一个分享、沟通、炫耀、记录自己的地盘，这是如今微信流量的主要集中地。朋友圈的阅读率10%，打开阅读率5%。如果平均1小时推送一条，那被朋友们发现的概率不会超过30%。如果有好的内容，要及时分享给朋友，分享就是社交；
- 微信群发推送：从销售的角度看，群发推送的确是比较有效率的方法，微商屡试不爽。然而，对于企业而言，人生关键时刻、重要事项可以群发，但唐突地群发往往令人生厌；
- 小程序：用户体验企业服务的场所；
- 社群运营：何谓社群？大学就是一个社群，有花有草，有水有山，但最核心的主题是“学”。对于微信社群来说，群众的喜好各异，但往往都喜好在群里分享自己感兴趣的事情，包括广告；这样的分享，只是取悦了自己，但可能干扰了别人，久而久之，群将不群。因此，经营好一个群，首要目标就是“主题”，其次是将对主题感兴趣的人邀请过来，最后是建立群的规矩，在此基础上就可以围绕主题进行交流分享。虽然互联网倡导自由，但是没有约束，哪有自由？

第二章
企业公众号
搭建必备方法

第一节　如何注册微信公众号

在注册微信公众号之前，我们首先要了解微信公众订阅号和服务号的区别，如图 2－1 所示。

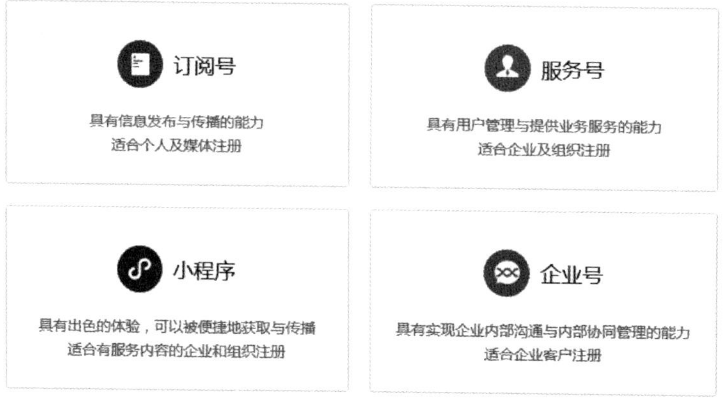

图 2－1　微信公众平台

微信公众平台分为订阅号、服务号和企业号三种。

服务号旨在为用户提供服务，订阅号主要为用户提供信息和资讯。公众号有1次选择成为服务号或订阅号的机会，选择之后不可修改，因此需要慎重选择。他们的主要区别是以下几个方面：

- 对话框展示：服务号可以直接出现在对话框，订阅号则只能折叠在订阅号的文件夹中，需要点开才能看见。也就是说，后台群发信息时，服务号的用户会收到弹出的微信窗口，而订阅号的用户不会收到即时消息提醒，只有打开订阅号文件夹时才看得到；
- 申请主体：一般服务号的申请者是企业或组织，订阅号的申请者则是个人或媒体、组织。申请需要提供相应的证明材料（服务号需要法人身份证、营业执照等，订阅号相对简单）；
- 推文数量：服务号每个月（30天内）只能发四次群消息；订阅号可以一天（24小时内）发一次，每次可以发多条文章。

笔者认为，从传播角度讲，从最新的微信传播趋势来看，注册订阅号较好；如果希望通过公众号展示企业的服务，而内容输出能力不强，那么就注册服务号。服务号除了发送文章数量有限制外，其他功能则比订阅号强大很多。

微信企业号是微信为企业客户提供的移动服务，旨在提供企业移动应用入口。它可以帮助企业建立员工、上下游供应链与企业IT系统间的连接。利用企业号，企业或第三方服务商可以快速、低成本地实现高质量的企业移动轻应用，实现生产、管理、协作、运营的移动化。

目前企业号的企业用户并不多，尚不成熟。

第二节 如何为公众号取名

品牌即命名。

一个好名字，就是一个好入口。

公众号取名就是取效率，以最快速度进入用户心里，并留下印象。

微信公众号运营：好名字 + 好内容 + 好排版 + 掌握基本的传播规律 = 入门。有了这个基础才有资格上赛道跟别人比赛，否则连比赛资格都没有。

微信公众号里的内容不仅仅是内容，一篇微信文章、一个公众号本身就是产品。现在公众号一年可以改两次名字，很多公众号名字都不太好，改了才能更好地传播。如果把入口堵死了，微信号就更难做起来。这是基本手艺！

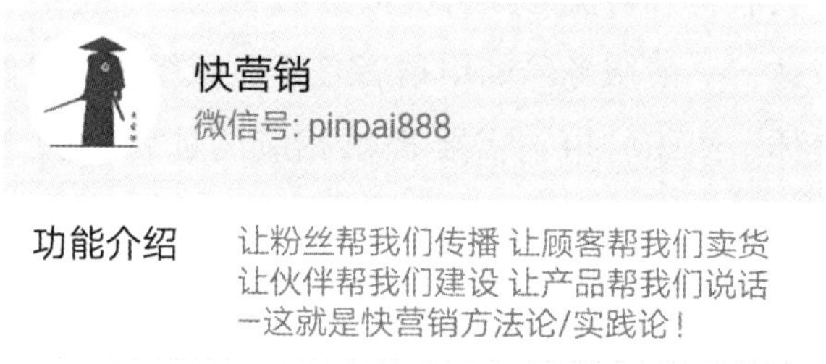

快营销

微信号: pinpai888

功能介绍　让粉丝帮我们传播 让顾客帮我们卖货 让伙伴帮我们建设 让产品帮我们说话 一这就是快营销方法论/实践论！

图 2－2　快营销

一、 起名前先明确定位

什么是定位？

V 先生专栏认为，定位就是针对所要服务或推送内容的目标群体，考虑他们的年龄区间、职位、社会层次、收入水平、具体需求等一系列要素。定位的根本是目标群体。目标在哪里，定位就在哪里。

定位定天下。微信公众号的定位首先需要考虑企业的定位，在其基础上进一步思考：微信公众号作为企业传播平台的具体定位是什么？由此，再进一步做微信公众号定位，包括公众号的价值定位、粉丝定位，以及与竞争类公众号的差异化。具体如下：

第一，企业要考虑微信公众号的用途是什么，即选择服务号、订阅号，还是企业号？2014 年 9 月 18 日微信官方刚刚发布了企业号，因为企业号用于企业内部沟通，对企业传播的价值并不像订阅号那么大，因此先不用考虑。

第二，选择了创建官方订阅号，就要考虑订阅号的目的是什么，企业传播、销售产品或是其他？一个清晰明确的定位会使公众号的传播事半功倍。

如果不知道定位，可以参考一下新榜，它把公众号类型细分为 2 大类 24 小类：

- 资讯：时事、民生、财富、科技、创业、汽车、楼市、职场、教育、学术、政务、企业；
- 生活：文化、百科、健康、时尚、美食、乐活、旅行、幽默、情感、体娱、美体、文摘。

明确了这些常见类型，公众号应该归属哪个大类、哪个小类、哪个目标群体，心里就有数了。

二、 如何取个好名字

微信公众号也是产品，当然也是企业的传播窗口。为公众号取个好名字，有利于传播，是公众号品牌化运营的最佳实践。像快营销公众号案例一样，一开始取个好名字，微信搜索推荐自动会帮助公众号增加粉丝。

企业公众号命名之前，先要做顶层设计，如图 2－3 所示。顶层设计是公众号运营的第一步，取什么样的品牌名，直接影响公众号的发展速度。

图 2－3　快营销顶层设计

首先，选择企业所属行业的品类关键词。利用搜索大数据，找到1~3个用户经常搜索的行业关键词，在这些关键词中寻找比较匹配定位的那一个。

其次，微信公众号的品牌名=品牌名+关键词，最好不超过7个字。

最后，对于知名度比较高的企业品牌，公众号直接用品牌即可。对于没有知名度的自媒体或企业，采用上面的方式为公众号取品牌名更好。

下面我们来看看常见的公众号名字有哪几种类型：

- 公司、网站或者产品名（如简书、豆瓣、知乎日报、快营销）：这种一般都是早已有自己的公司、网站或者产品，大家都在用，然后官方做一个配套公众号便于宣传；
- 报刊、杂志等（如人民日报、央视新闻、南方周末、哈佛商业评论）：这一类和网站类差不多，区别在于网站类大多是UGC社区，而这一类是传统的报刊杂志，配套一个公众号；
- 地名和特色（如上海发布、最爱大北京、深圳潮生活、吃喝玩乐IN广州、英国那些事儿）：这一类基本都是本地号，名字里有个地名，主要让同城的读者能快速识别；
- 内容类型（如哈佛经典、视觉志、每天一首好音乐、毒舌电影、为你读诗）：这一类名字表达了内容，甚至是具体内容，像“经典”“视觉”“音乐”“电影”“诗”等，都可以让人精准识别出这个号；
- 大V和网红类（如同道大叔、衣锦夜行的燕公子、顾爷）：主要是已经成名的红人或者大V，如企业家、影视明星、新浪微博、豆瓣、知乎、独立博客、青年作家、微商界等，还是用原来的名字，便于其粉丝识别，也便于几个平台统一传播；
- 网名+内容（如罗辑思维、黄小厨、苏珊米勒星座馆）：这一类综合了内容和网名，不仅让人知道你是谁，还可以知道这个公众号谈些什么，如黄磊新开的号叫“黄小厨”，既嵌入了他的姓，又让人知道他要写的是和做菜有关的文章；
- 社群或用户属性（如十点读书会、行动派Dreamlist）：这一类号基本有两种目的，一是已有成功的社群，为社群服务，或者说在做之前就想好了要建个社群；二是想好了内容的风格，以及他们的目标读者是什么。如果你有这两个目的中的一种，就可以这么起名，圈定一个特定的用户群体，便于让此群体的人快速识别，也便于后期商业化操作；

• 传达一种场景、格调或内涵（如二更食堂、小道消息、灼见、乌云装扮者、好报、机器之心、差评）：这一类从名字上看不出公众号的主人是谁、什么社群、写的哪类文章，但是可以从名字中猜出他们的格调，其中有什么内涵，适合在哪种场景下读。比如“二更食堂”就想到深夜里挑灯夜读的场景，“灼见”和“好报”应该是好文集中地，“机器之心”应该和人工智能有关，“差评”大概是搞笑吐槽类。

三、 具体的名字怎么起

• 记录下自己生活或者阅读中随时想到的名字，汇总在一起，然后筛选；

• 参考 UGC 社区的栏目或者频道怎么起名；

• 文字、图片、声音、视频创作，都可以是自媒体，所以就起名而言，平台是互通的，都可以借鉴；

• 想好几个名字后，先在微信搜索中查查看是否有同名的，或者是否有许多公众号的名字包含你选的几个字。最好避开重名或类似的名，求新、差异化、独一家的名字最好；

• 名字中最好不要用生僻字或繁体字，不然在搜索时难于打出，比如“壹读”的“壹”，“做書”的“書”；

• 名字即品味，也代表着起名者的癖好。

四、 微信 ID 怎么取

想好了名字，接下来还有名字对应的微信号。

公众号像个人微信号一样，都有一串字母、数字和横线的组合作为微信号。

这个微信号有几种类型：

- 全名拼音，如正和岛：zhenghedao；
- 全名拼音+英文，如一条：yitiaotv；
- 全名拼音+数字，如快营销 pinpai888（原账号是品牌营销）；
- 全名拼音+开设年份，如理想国 imaginist：lixiangguo2013；
- 拼音首字母+英文，如毒舌电影：dsmovie；
- 拼音首字母+数字，如印象笔记：yxbj100；
- 拼音首字母+开设年份，如创意文字坊：cywzf2013；
- 一半拼音+一半首字母，如哈佛经典：hafojd；
- 拼音会意，如十点读书：duhaoshu；
- 谐音改编的拼音，如傅踢踢：futeetee；
- 英文，如为你读诗：thepoemforyou，中国好案例：chinacase；
- 英文+开设年份，如单向街书店：onewaystreet2013；
- 网址名，如十五言：www15yancom，虎嗅：huxiu_com；
- 仿苹果产品 iphone，ipad 等命名，如共识网：igongshi；
- 公司或产品名嵌入，如孕峰：yunkejiAPP；

公众号取名很关键，即使一开始取了一个不错的名字，可能在运营过程中会遇到方向调整，到时候重新定位、重新命名即可。名字为内容服务，名字为做事服务，这个要想清楚。

第三节　如何运营公众号内容

传播学家麦克卢汉提出“媒介即讯息”，指出媒介的发展为人类社会开创丰富的可能性，媒介特点对传播的内容具有重要的影响和作用。微信公众号这一新媒介形式为微信内容带来了一些新的特点。内容是微信公众号的粮食。如果把粉丝比作蜜蜂，那么内容就是喂养蜜蜂的蜜。

蜜要足够甜，足够丰富，才能吸引住蜜蜂，激发起它们的热情。丰富的内容，也是一部热播剧，在粉丝的欢呼中进入高潮。如图 2 –4 所示。

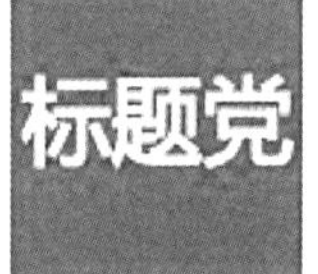

图 2 –4　公众号内容

一、 公众号内容定位

1. 什么是内容定位

账号是做什么的？为哪些用户服务？出于什么目的而建立？

比如我的账号“快营销”是为大企业和创业者提供互联网时代营销方法论的。

“快营销管家”，则是用来给粉丝会员提供服务的。

“快侠科技”，则是快侠科技公司分享快营销大数据技术、公司活动和相关管理知识的平台。

公众号运营之初，一定要把内容定位考虑清楚。

2. 什么是用户需求

服务哪些用户？不同用户，需求不一样。像快营销账号，发的内容肯定主要是与营销、互联网、新媒体相关的信息，不能发很多特别娱乐八卦的内容。一定要考虑服务哪些人群，知道他们有什么需求，然后围绕需求做内容。

3. 发布什么样的内容

内容要具备可读性、唯一性、接地气的特点。接地气，就是用户得到帮助、好处，最起码可以得到心灵上的东西，如看你的内容很开心、很好玩，笑一笑；如深夜八卦，扒的都是特别奇葩的事情，有时候我特别喜欢看，所以要考虑内容的独特性。

企业公众号的内容不同于自媒体的内容运营，这里我们分享一下快营销关于企业公众号的内容运营方法，如图2－5所示。

一周工作内容：选题+活动+优化　快营销

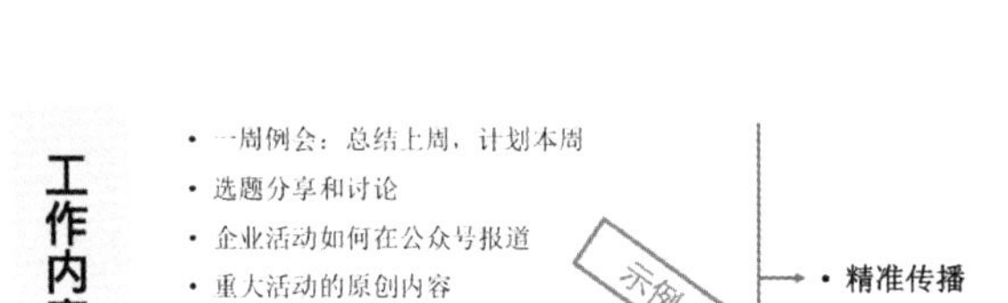

图2－5　快营销的内容运营方法

二、内容运营规划

1. 内容分类

确定定位之后，需从内容、用户两个方向出发。内容就是确定定位后，大概清楚可以发哪些内容。比如账号属于宠物类用户，发什么内容就比较清楚。

2. **优先等级**

“情绪 ABC”理论比较实用，就是考虑内容分类和互相关系，根据关系分类列出来，以此对比，算出排序，就是内容的先后顺序。

确认优先级，确定条数、频次，把这些固定出来。新媒体不是固定的，只是发的时候尽量固定频次，让用户形成良好阅读习惯。比如晚 9 点发内容，用户会习惯每天 9 点阅读，从而养成比较好的习惯。

3. **单点突破就是特色**

不是所有点都要做，可能想到几十个点，把其中两到三点内容做得很不错，很有特点，就做起来了。互联网时代讲究极致、精简，不是求大而全，单点突破比较重要。

三、 内容运营的注意事项

1. **熟悉产品，了解产品特性**

互联网运营，产品和运营是不分家的。做运营的要了解产品，做产品的能做运营更好。因为运营跟用户结合更紧密，了解用户后，抓点更准确。

2. **细节决定成败**

标题是文章阅读成功的一半。这不是说要去做标题党，但尽量让人有点击欲望，让用户方便并且能够一看就明白，这是最重要的。字数也不是越多越好，把话说清楚，能用通俗语言让所有用户听懂，这是基本原则。

3. **深度思考粉丝为什么分享你的内容**

用户分享前提是看你发的东西有冲动，比如发励志、振奋、有收获、解决问题的东西，让人看了比较感动，引起用户的共鸣，让用户主动分享你的内容。

4. **考虑品牌正向性**

有损品牌正面形象的内容尽量避免。做活动创意，创意是成功的一半，活动平庸，没有太多亮点，为了做而做，可能花了很多人力、物力，最终效果不是特别有效。

5. **内容聚焦**

不要杂、多、乱，一定要做精品，做优质粉丝、真爱粉。真爱粉是什么意思？真爱粉就是有一天你被欺负、跟人打架了，他会出来帮你打架，说公道话，他是真的帮你。内容为王！没有好的内容输出，公众号运营就比较单薄。这个没有谁能帮得了您，上面的原则可以供您参考践行！

第四节　如何打造超级公众号

一、为什么要打造超级公众号

品牌就是拥有自己的领地，超级公众号就是品牌粉丝集中营。

伟大的品牌自带流量。

伟大的品牌拥有粉丝。

伟大的品牌降低成本。

没有强势品牌，就很难吸引粉丝的注意；那么营销工作就比较辛苦，企业利润也就稀薄。

打造超级公众号，打造品牌知名度；

打造超级公众号，帮助企业树立品牌形象；

打造超级公众号，给企业带来巨大的流量和销量。

二、 如何打造超级公众号

什么是超级公众号？粉丝拥有100万人以上，每篇文章阅读量超过10万次。

根据大数据研究，微信上有1万个超级公众号，约占微信公众号总量的0.05%。这些公众号主导了20%的微信公众号阅读量。

如何打造超级公众号？

1. 强有力的目标使命感

做公众号前，一定要想好为什么要做这个公众号。

如果是临时突发奇想来做，那么趁早就别打主意了。因为做一个超级公众号，是一个2～3年的团队长期工程。它不仅要求你长跑，而且要求你的团队每天坚持锻炼，日复一日。

所以，能够做好一个公众号的人，一定不是“凡人”。

2. 自媒体定位

声音、文字、视频都是自媒体的表现形式，你计划打造哪一种？

目前来看，声音、视频的自媒体相对较少，因为投入成本和专业要求比较高，进入门槛高，所以很容易脱颖而出。

3. 一支专业自媒体团队

超级公众号，需要专业的自媒体团队。

这个团队由内容编辑、美工、写手组成。如果你一个人能够身兼数职，那就太厉害了。但大多数情况下，一个超级公众号少则三人，多则三五十人。随着内容的表现形式多元，对成员的要求和岗位就会多样。

唯有专业团队，才能打造超级账号。

4. 管理科学，激励清晰

做好自媒体，需有主人翁精神！

一项工作，光靠情怀是走不远的，所以还要有管理。

定目标，定激励。

目标要可衡量。如阅读量增长：3 个月实现 10 万阅读量，奖励 1 万元。团队精神也非常重要。

5. **工作流程和质量管理**

微信公众号的制作有三个流程：

- 围绕定位来选题；
- 内容编辑创作：编写、设计配图；
- 测试和优化：主图视觉优化、标题结尾优化。

流程管理最核心的是人员分工和参与讨论。

选题环节一定要讨论，同时要搜索微信朋友圈热点；选好内容之后，专人进行内容编辑；美工配合内容来提供图片（找图或设计）；文章编辑好后，发送朋友圈、在微信群进行测试，团队领导进行质量审查；对于不足的地方，再次讨论和优化提高。

6. **公众号推广的几种方式**

公众号互推是公众号推广的常见方式。几个主题不同的公众号之间进行互换推广，也是常见的。通过线下活动推广公众号，通过网站推广公众号，通过产品活动推广公众号，如赞助试吃等。

一篇文章想获得高阅读量和转发，就需要发动。什么是发动？就是通过号召，通过大 V 推送，发动大家同时转发引爆。

三、 做好自媒体是手艺

许多人认为做公众号没有技术含量。其实，若自己去尝试，看能不能每天阅读量过千、过万，结果就会发现，没有实践，就没有发言权。

做自媒体是实践，需要从一篇篇公众号内容实践中不断地长进。

大部分做公众号的，最终都以失败而告终。

这就是手艺。手艺，一定是少数人拥有。

对于做公众号没效果的朋友，除了多读本书，更重要的是践行。

关于公众号运营手艺：

- 新手不要急于创新，不要总想弄出新花样；
- 先去模仿借鉴，掌握基本套路了再说；
- 面粉可以做成馒头，也可以做成花卷，但有人做成了鸡蛋灌饼。

第五节　企业如何推广微信公众号

移动互联网时代，企业更离不开地面推广。

我们在地面推广时，往往也会在活动宣传单、易拉宝等内容中，放上自己的公众号二维码。这样，如果客户看到我们的宣传海报，就会和我们主动联系。通常是电话咨询、公众号关注等。

但实际效果到底如何呢？

良莠不齐，自有感悟。下面我具体介绍集团和分公司如何协同互动推广微信公众号，提升公众号推广质量和执行力。

一、 总部广告推广公众号

这种情况通常比较常见，比如“双十一”来临，京东、苏宁、格力等自己投放广告，让消费者关注“双十一”的活动。比如在电梯中的广告海报中，一般会留有一个二维码。有的品牌会留 APP 二维码，有的则是公众号二维码。

推广活动主题是核心，顺便关注二维码。这种效果如何？通常和活动利诱、广告创意有关。各家的效果自己知道。

二、 本地化推广活动

有的企业通过开展地面活动来推广自己，同时，在宣传页中留下企业二维码，如公众号二维码。

大部分中小企业由于没有能力去开发和维护APP，所以，通常宣传活动留下的都是微信公众号二维码。希望感兴趣的潜在顾客关注公众号，方便以后持续的内容推广，将这些粉丝转换为顾客。

那么效果怎么样呢？

● 一般来说，总部希望分公司或市场部的市场员能够卖力推广公众号，但是推广效果怎样很难监测。比如市场部小张和小杨，这月去校园推广了，发了几千张宣传页，谁更努力呢？谁偷懒了呢？公司往往不知道，很难判断；

● 还有一种情况，就是分公司、分支机构并不喜欢卖力推广企业公众号。为什么？因为推好推坏和自己没有直接关系，还挺操心。

三、 地推微信公众号的快营销方法

如何既在地面活动中推广公众号，又调动他们的积极性呢？

问题即答案，这才是营销对人性的把握。

● 个性化二维码跟踪和连接，这是解决之道。就是每位市场员或每家分公司都有自己的二维码，这个二维码和公众号之间实现一一对应的指向连接，我们只要对这个“个性二维码”进行数据统计和监测就可以了；

● 人人都独立推广链接二维码，是对每个人进行利益激励的有效办法。谁推广效果好，谁的奖励多，效果和奖金挂钩。这样就实现了推广业绩管理制，避免了人性的懒惰和灰色地带。

第三章
企业公众号编辑的五大技巧

第一节　文字编辑流程和技巧

一、编辑，对文字的二次加工

编辑操作流程是按照字、句、段、篇这个顺序来的，如图 3－1 所示。

• 字——文字校对，尽可能避免错别字，这是基础中的基础；

• 句——语句通顺，表达完整，译文尽量中国式。特别是一些演讲类、采访类的文章，需要调整语序、去掉一些多余的语气词。我在快营销商学院的演讲，经常要麻烦祝老师指导我编辑；

• 段——理清逻辑，画出框架。不要出现手机屏幕密密麻麻全是字，连个空行留白都没有的情况，这样会让读者阅读疲劳。从用户体验考虑，需要通过段落的划分，将文章的逻辑框架表现得更加清晰，总结小章节的核心，凝练出来标题，内容逻辑允许的话用 1234 排序更好；

• 篇——统览全文，提炼核心。如果我读完一篇文章，却不知道有哪些案例是值得学习的，哪些技巧是方便实用的，哪些角度是激发思考的，哪些工具是即学即用的，连其中的一条价值都挖掘不到，那怎么敢推荐给关注的用户去看？编辑除了细化逻辑思考，还锻炼了理解转述能力。就好比在作者思维和用户思维中铺设一条高速公路，减少阅读前进中的障碍。

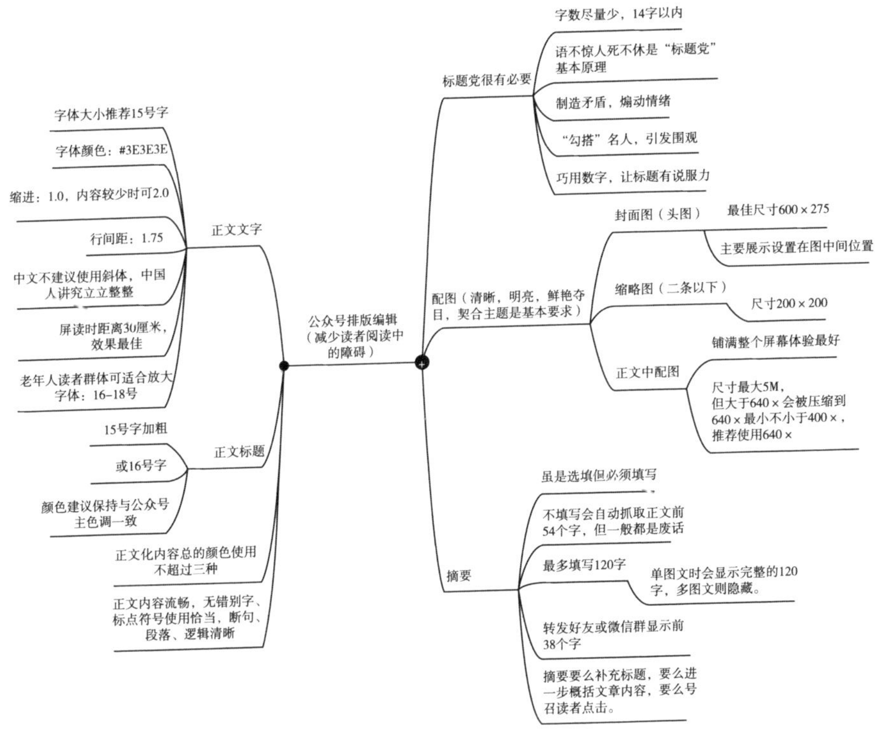

图 3－1　编辑操作流程

二、 公众号编辑工具推荐

1. 3 款常用编辑器和特点

（1）秀米编辑器，如图 3－2 所示。

特点：样式丰富、自由搭配性强、版式细节可调整。

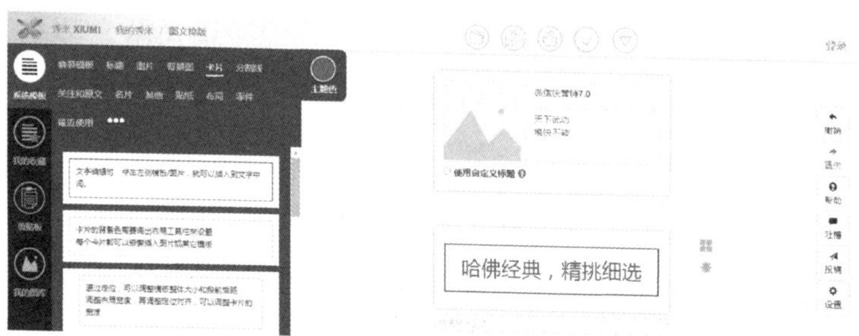

图 3－2　秀米编辑器

（2）135 编辑器，如图 3－3 所示。

特点：附加功能多，如自动排版、查询替换。

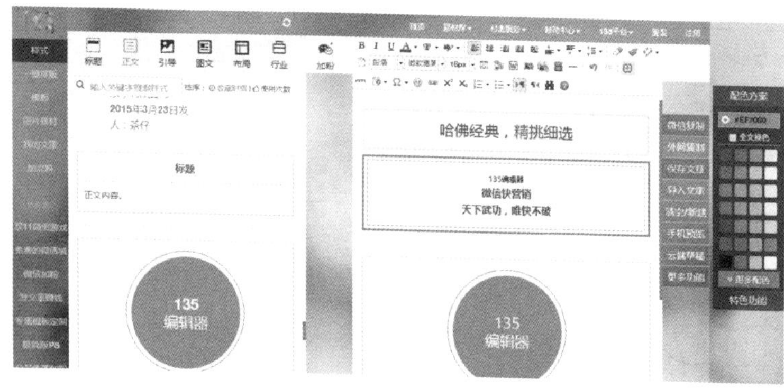

图 3－3　135 编辑器

（3）i 排版编辑器，如图 3－4 所示。

特点：版式简洁，推出企业订制服务，字号的选择会较少，但总体不错，亮点是有短链接生成功能。

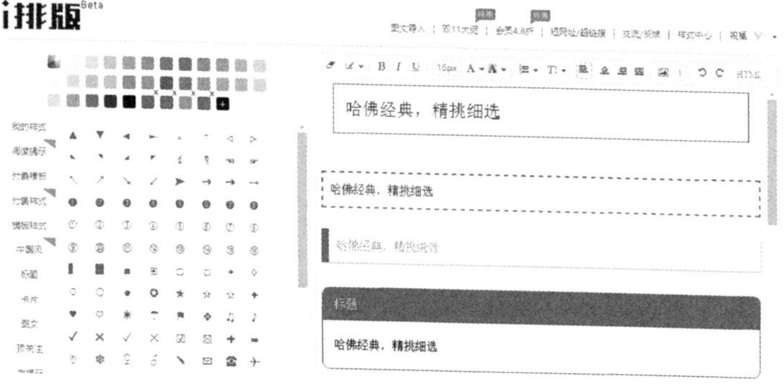

图 3－4　i 排版编辑器

就3个编辑器给人的直观视觉感受来说，似乎秀米的设计更高端，但有的人认为135更好用。总之，大家可以实际地操作一下3个编辑器，选自己用起来顺手的就好了。

第二节 页面排版和配图要美

一、 排版就是看外表，脸干净就好

排版看重的是审美能力，毕竟绝大部分人都不是设计领域的，排版能照顾大多数人的审美要求即可。就好比第一次见面，把脸洗得干干净净，衣服穿得整整齐齐，至少不会感到厌烦。如果再画个淡妆，那看起来是否舒服多了？（感谢一番和祝老师为本文的贡献）

二、 如何给你的排版画个淡妆

在审美认知上，笔者提供不了太大的帮助，能给的建议就是多翻翻杂志和那些做得好的公众号。但是笔者可以提供具体实操的方法：

掌握4个数据，成功一大半。

字体、颜色、行距、边距是排版的基础元素，而不是那些花花绿绿的特殊格式。字体要不大不小，颜色要不深不浅，行距要不高不低，边距要不宽不窄。这里到处是留白的学问，听起来上述都是废话，但我们确实是按照上述要求，一次次试验出来的。

下面是我们“哈佛经典”常用的格式参数，给大家做个参考，直接拿去用也无妨：

- 15#字体；
- 1. 75倍行距；

功能介绍　用公益的力量，打造国民经典读书会！——【哈佛经典，精挑细选。】by孙巍快营销团队

帐号主体　个人

图 3-5　哈佛经典

- 1 倍页边距；
- 正文字体颜色：#4F4F4FE3E3E；
- 标题颜色/主色调：#C90016。

经常有人夸哈佛经典（ID：hafojd）的排版看起来舒服，秘密就在这了。上述 4 个参数就已经能让图文的整体版面看起来整洁、舒服。

但是实际操作过程中，仍然需要根据文章内容不断调整优化，比如引用名言的时候字体要不要调小？给年龄偏大的用户看，字体就要放大一些。小段落标题折行时，行间距要不要调大？汉字能不能用斜体？这个要根据实际情况去把握。

三、 文章配图多是锦上添花，把握分寸更重要

除非是文章中涉及的必要数据，需要图片来解释说明。其余情况中涉及的图片都是锦上添花。

下面是配图的基本原则：

- 图片要清晰，不用像素太低的图，最好自己能作图；
- 图片的色系、大小、形状要尽量保持统一；
- 数量要克制，不能有图片能缓解文字压力的心态，为了加图而加图，要知道再契合文意的图片，也会打断用户的阅读节奏；
- 配图要贴题。

四、封面图（头图封面+小图封面）

好的封面图可以引起读者的阅读欲望，并转化为内容阅读，同时也能体现出作者的审美品味。（封面图最佳尺寸为600×275，缩略图为200×200），这个尺寸一定要牢记，相应位置配图的时候严格按照这个来做图，可以保证出来的效果最佳。我们经常会看到有人将头像图选了方形，结果只显示半张脸；小图选了宽图，结果全部变形了。

封面图要尽量选择干净、色彩统一的图片。在挑选图片时也要清楚自己的品牌定位，尽量挑选与自己品牌形象相一致的图片。如果能对图片进行一定的加工，突出文章的主题，读者也会感受到你的用心。

快评：好的封面图可以激发读者的阅读欲望，转化为内容阅读，同时也能体现作者的审美品味。封面图头图最佳尺寸为600×275，而不是微信推荐的900×500；次图（缩略图）尺寸都是200×200，如图3-6、3-7所示。

图3-6 封面图头图最佳尺寸为600×275

图3-7 封面图第2条及以后最佳尺寸为200×200

五、 正文配图

文章中的图片在挑选时要尽量与文章内容相近，并要注意图片内容、色彩冷暖的一致性，而且正文图片一定要与文章封面图相呼应。

关于图片网站，笔者很久以前推荐过很多，比如，百度、500px、昵图网、Yestone。这些网站的正确使用方法是闲暇时搜一搜，分类整理到自己图片库。

微信官方推荐的正文配图尺寸是900×500，但凡是大于640×的图都会被自动压缩到640×（咪蒙用图都是规规矩矩的640×640正方形图)，如图3-8尺寸是900×500，上传以后会被压缩为640×356；大一点不怕（别超过5M)，但要注意一般不能小于400×，低于这个尺寸大屏手机或IPAD显示将不能铺满整屏。

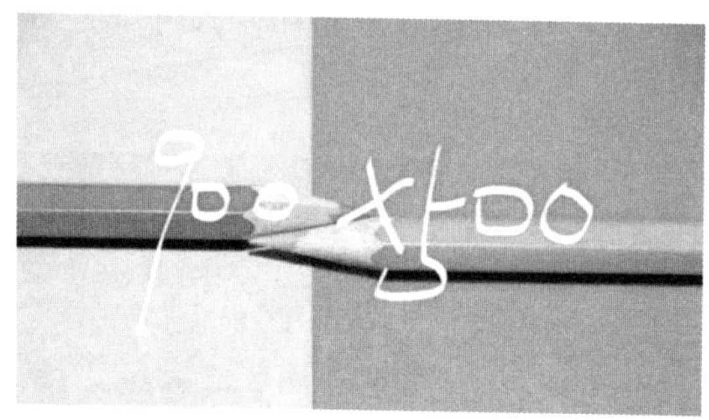

图3-8　正文配图尺寸为900×500

第三节　预览十几遍，推送再点赞

一、 多一次预览，多一次改善

- 封面：够清晰、不刺眼、有感觉；

• 够清晰——封面对清晰度的要求比正文更甚；

• 细节知识：微信上传图片的时候，JPG 格式的图片压缩会很厉害，可把图片格式更改为 PNG、GIF 再上传。

但是要知道，清晰度的提高伴随着文章占用空间的增大。如果图文中图片数量较多，势必会拖慢加载速度，从而影响文章的阅读体验。而且，用户阅读一篇文章的流量成本，也在无形之中增加了。这也是一种均衡的哲学，对于图片的要求要有舍有留，或者直接建议 WiFi 下观看……

• 不刺眼——不要用很明亮苍白的图片，或者颜色反差很强烈的图片。如果出现这种情况，就要找一些能让人安静下来的图片，黑色系或者灰色系都比较合适；

• 有感觉——标题和封面能相互搭配、呼应。一图胜千言能在这里体现是最好不过了。

2017年2月21日

一下雪，北京就成了北平！

王阳明家训：亘古不灭的教育法门！

图 3－9　一图胜千言

二、 标题不要超 2 行，符号、表情要慎用

• 图文标题是激发用户阅读欲望的首要动力，标题越简洁，越能快

速被用户解读，并转化为文章的阅读量。

标题字数要尽量控制在 13 个字以内（标题超过 13 个字以后就显示不出来了）。在多图文中，标题会在封面图片上方带黑色遮罩，超出 13 字换行会不同程度地遮挡封面图。

- 不要超两行，否则一大半封面会被标题文字遮挡住；如果你想分享到朋友圈，会使标题露不全导致用户看不懂；
- “【】”就没有“（　　）”效果好（左右中各加了空格）；
- emoji 表情也少用，即使它们很吸引眼球。

正文小标题要尽量醒目并与正文在距离和大小上区分开来，一般区分方法有：

- 加大行间距区隔，一般在小标题和正文之间空一行；
- 改变小标题字体颜色；
- 改变小标题字号大小；
- 如果小标题过长，可以将小标题断句，折成两行，分为主副标题。非常不建议使用过长的标题，一来难理解，二来不好看，尤其是手机的屏幕是狭长的，简短明快才是关键；
- 改变小标题的文字大小与颜色。当然也可以使用编辑器里的标题样式，但一定不要用得太多，让文章看起来很花，有时候只需要改一下文字大小就能突出，读者就能领会你要表达的意思；
- 总结：标题是引起读者阅读兴趣的开始，简明扼要的标题能迅速吸引读者的注意，也能帮助用户快速找到文章的结构及重点。需要注意的是文章标题要尽量控制字数，简短醒目、易理解的标题往往更受读者的青睐。

三、 最后要再次整体校对

将自己当作一位挑剔的用户，从头到尾过一遍。自己都觉得不顺眼的地方，要勇于去修改。如果为了一时的省力，懒得修改就发出去，后期要费力的地方更多，而且还要忍受被吐槽。

有些问题会因为自己太熟悉而忽略，条件允许的话，让其他同事帮忙看几遍。原则是听取他人的意见，但也要相信自己的专业性。

第四节　公众号的群发技巧

一、 群发的时间需要固定吗

每天推送要把握好时间。高峰期背后依托的是普遍用户的阅读习惯，如果在这个时间段推送文章，如7：00～8：00、19：00～22：00里选择一个固定时间点推送，既配合了用户的习惯，又体现出自己的专业性、敬业心，何乐不为?

笔者点评：对新人来说，先固定，再优化。

二、 群发后盯着前10分钟的数据

平时推送完后，我会观察前5分钟和前1小时的数据，从而判断这篇文章的被喜好程度，然后反思文章的选题方向。如果平时整个推送流程是稳定的，这个数据预测就比较准确。

笔者点评：通常来说，重大节假日期间阅读量会减少，周五晚上是低潮。

三、 公众号定时群发

2017年6月29日，微信团队宣布：“为了方便公众号运营者更灵活地推送消息，公众平台新增定时群发功能，开放给所有公众号使用。”

群发界面可以选择定时群发：群发界面选中素材后，除了可以直接群发，还可以选择定时群发。

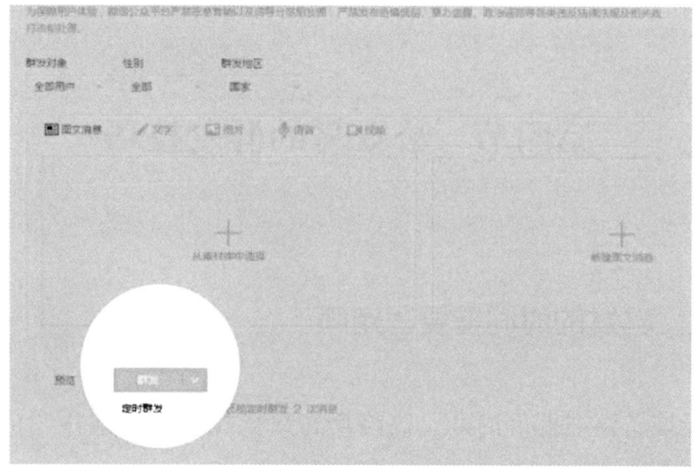

图 3－10　群发界面

设置群发时刻：用户可以定时五分钟后的今、明两天内任意时刻群发，成功设置将占用群发时刻当天的一条群发条数。定时消息不支持修改，修改素材库消息也不会改动定时消息的内容。

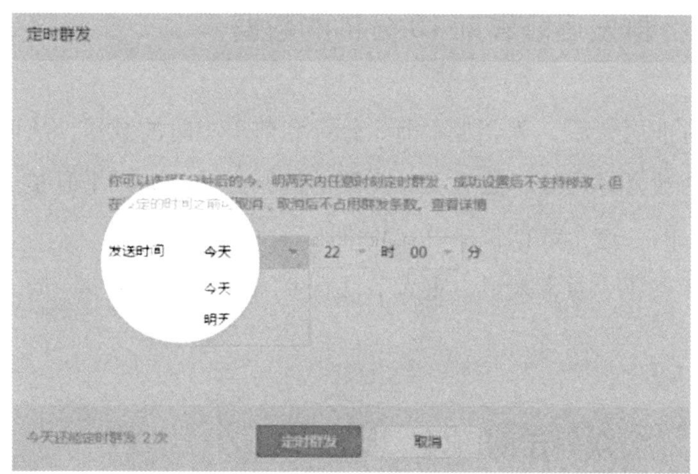

图 3－11　定时群发

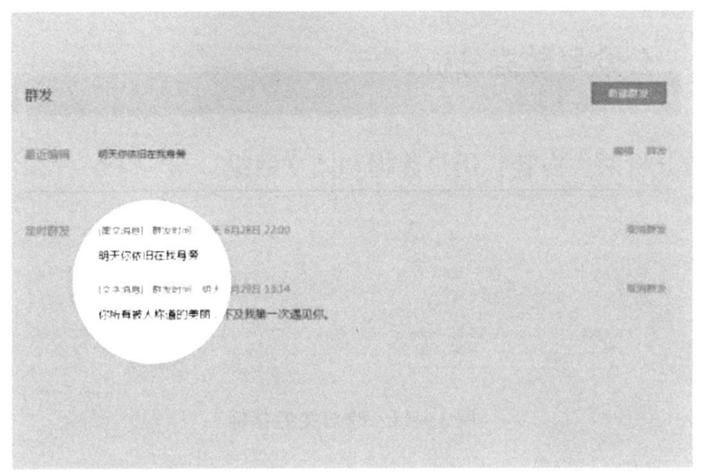

图 3－12　群发列表

定时成功的消息进入定时列表：在群发时刻到来之前，可以取消定时群发。取消后也可以重新设置定时群发，或直接群发。

群发时刻发送状态变更：到了群发时刻，消息状态变更为“发送中”，群发操作开始执行。成功群发的消息进入已群发消息列表。

第五节　公众号的大数据分析

一、 公众号数据

分析哪些数据？都有什么用？

进入后台首页，有 4 组数字出现在眼前：新消息、新增人数、总人数、留言管理（原创号并开通留言功能才有）。

正常来说，上述 4 个数据的变化幅度取决于两方面：

- 昨天的推送；
- 往日优质推送带来的转化。

二、 公众号数据分析

着重分析两大内容：用户数据和图文数据。

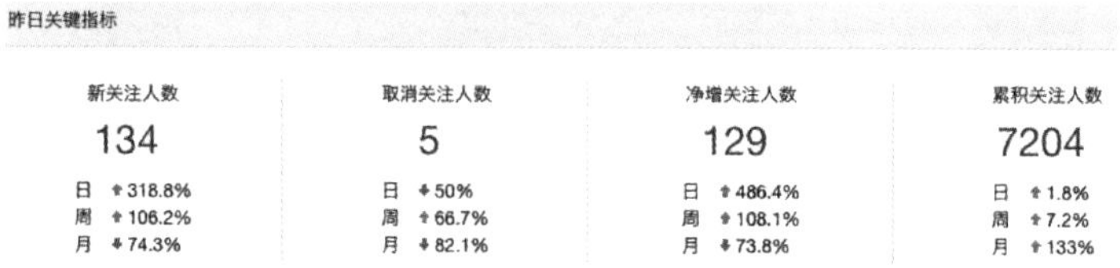

昨日关键指标

新关注人数	取消关注人数	净增关注人数	累积关注人数
134	5	129	7204
日 ↑318.8%	日 ↓50%	日 ↑486.4%	日 ↑1.8%
周 ↑106.2%	周 ↑66.7%	周 ↑108.1%	周 ↑7.2%
月 ↓74.3%	月 ↓82.1%	月 ↓73.8%	月 ↑133%

图 3－13　昨日关键指标

1. 用户数据

用户数据主要分 4 组：新关注人数 、取消关注人数、净增关注人数、累积关注人数。

新关注人数——绝大多数是前 1 天的文章带来的转化，实际上有小部分是前 2－3 天内文章带来的边际效应。

累积关注人数——正常来说都是上升，如果呈现下降趋势，那现在就处于“负运营状态”。如果“负运营状态”是短时间的现象，可能是选题出了问题，就要马上调整选题方向，或者找用户私聊询问真实感受。

增长人数比累积关注人数重要，因为累积人数具有衰退期，有的是“僵尸”。

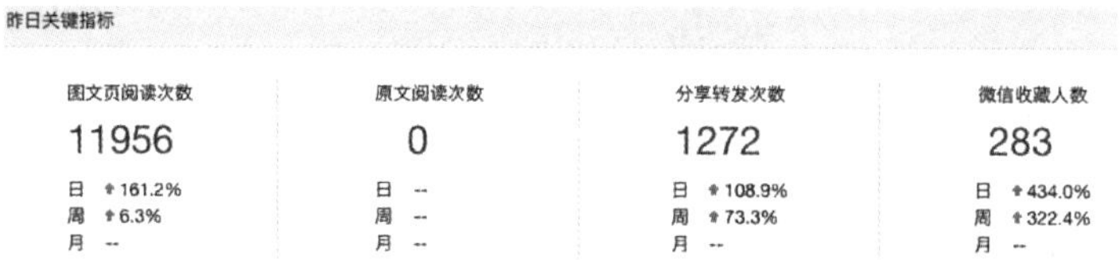

昨日关键指标

图文页阅读次数	原文阅读次数	分享转发次数	微信收藏人数
11956	0	1272	283
日 ↑161.2%	日 --	日 ↑108.9%	日 ↑434.0%
周 ↑6.3%	周 --	周 ↑73.3%	周 ↑322.4%
月 --	月 --	月 --	月 --

图 3－14　用户数据

2. 图文数据

图文数据也分为 4 组数据：图文页阅读次数、原文页阅读次数、分享转发次数、微信收藏人数。

- 图文页阅读次数——也就是阅读量。如果你是做品牌类的，最应该关注的就是阅读量，毕竟最基础的需求就是露脸、曝光。建议重心在此的人好好研究下标题，但是别做出格的标题党；

- 原文页阅读次数——就是点击一篇文章左下角的阅读原文的次数。这个数据很考验用户的黏度及文章的内容质量。现在阅读原文多是自家商品的链接，此数据可查阅“商品”的浏览量。如果你是找自媒体投广告的甲方，那这块也是供参考的数据之一；
- 分享转发次数——代表着文章的质量。曾有一种说法，认为文章标题决定打开量，文章内容质量决定转发量（包括粉丝转发和朋友圈转发），而且标题和内容互相影响；
- 微信收藏人数——考核文章的实用价值。如果你是要出干货类、工具类、教程类的内容，要侧重这个数据。

下面的数据也值得我们关注。分别是：

- 文章转载量——代表在媒体或行业里的曝光量；
- 阅读和增粉比、阅读和转发比——更深层考核用户的稳定性。

三、 数据应用：数据用来干什么

1. 自己心里有数，领导查起来也方便

通过看数据，能很清晰直观地判断出一段时期内自己的工作效果。比如今天我翻了这一年的用户增长数据，得出一个结论：我选题不够准和狠，因为在我独立把控期间，没有爆发式的增长，也就是没有引爆文章阅读量。

领导需要看数据，通过数据来分析成绩，进行工作考核。

2. 用数据来改善现有的工作

选题、排版、留言、互动等一系列行为都会产生实际数据，这些数据能够指导前面工作内容和形式的调整。如果同一选题系列的文章阅读反馈是呈下降趋势，那势必要有针对性地做出调整。原则就是四个字：扬长避短。

第四章
企业公众号
内容策划的两大技巧

第一节 内容选题策划技巧

最难的是定选题，当然，这也是精髓。

一、 选题方向最起码要考虑 4 个点

1. 从用户需求本身出发

比如看“哈佛经典”公众号的是哪些人？我们定位的读者是年龄在 28 ~48 岁、工龄在 5 年以上的中等偏上地位人士和企业高层管理者，他们需要什么？不外乎是关于管理、营销、职场、心理、社会等一些比较经典的、有些深度和高度的文章。

在执行层面大致会怎么设置呢？

• 第一条内容一般是热点新闻：商业类、管理类、名人演讲等，标题特点是要挑起关系和情绪矛盾，配图用人物头像，做好标题是很有道理的；

● 第二条内容一般是经典的、深度的、大师级的文章，适用于管理者阅读，标题要醒目、配图要吸引眼球；

● 第三条内容一般是轻松的心理类、职场类文章，使用中文描述方式，切忌选择外国翻译风格的文章，因为语言表达习惯不一样，不利于阅读和理解。配图可选择风景、美女等。

2. 从品牌传播和产品需求出发

特别是做企业公众号的，要很明确这点，为什么“很久以前”总是发优惠活动信息？为什么“ZARA”发今夏最流行的连衣裙款式？为什么“快营销”总是发最新的讲课实录信息呢？

3. 企业价值观的输出，要定一种调性

如“万达”公众号发王健林发言、万达工作法，还有“经纬创投”的“经纬低调分享”。一个直接，一个委婉，我们需要根据自身水平去借鉴尝试。

万达集团

万达集团官方微信，为你准时推送有料、够味、性感的干货和猛文；不间断推出各类线上创意活动，不...

进入公众号

48小时8件事，王健林的周末长啥样？跟你想的一样吗

2017年5月16日

万达人又来荐书啦！适合你最近看的8本书

2017年5月16日

王健林中国政法大学问答金句不断：这4大产业将出现万亿级企业

2017年5月15日

图4-1 万达公众号

4. 热点可以有，品质不能丢

追热点讲究缘分和节操，如果满足上述三点，那就是缘分。如果任意一点都不满足，还去强蹭热点，那就是无节操。

我们判断一个热点追不追的时候，通常会考虑：等这个热点过了，我准备发的这篇东西，还有没有值得学习、参考、领悟的价值？通常这么一想后，就没那么纠结了。

二、 选题标准“九字真言”

基本要求就是常说的“九字真言”：看得懂，学得会，用得上。然后还有两个追问：有没有厚度？有没有可读性？

三、 细分选题渠道再深挖

1. 看新闻，慢慢培养习惯

凤凰网、网易新闻、今日头条、一点资讯等新闻类的网站门户要留意。看什么？看头条，了解重大事项；看标题，学习标题技巧；看热点，跳出工作细节，树立全局观。

2. 每日必点垂直信息网站

新闻和内容的第一要求就是新。这类垂直网站属于“别人都在看，你不看就输在了起跑线”。但是从这获取的内容都是二手的，如果同样是转载，在时效性上没办法领先同行太多，所以要主动去找一手的信息源。

3. 找源头：一手的信息来源——文章作者

通常垂直类网站的内容都会留下作者的信息，按照之前经历来判断，超 90% 的概率能够追溯到作者的个人公众号。从那些平台上筛选出一些优质的作者，去关注他们，了解他们的水平、方向和调性，并且尝试建立稳定联系，便于以后的交流与合作。

看到一篇好文章，既而去关注原作者，就这样一个简单动作，100

人里面有 20 人能做到就不错了。再进一步去分析作者的公众号，20 人中又刷掉一半。剩下的 10 个人，还能尝试做些什么？可以多参与留言互动，做得越认真，在剩下的人里越突出。

4. 如果人少，选题会要不要开？怎么开

（1）选题会还是要开的，哪怕只有一个人，也得在纸上规划规划，这就是媒体编辑的基本流程。如果是公司的新媒体部，那么一定要将流程做出来，并每天执行。两人或者以上就有必要开个小会，把各自想法碰一下，理清各自的职责，做好分工，定好时间。人数若有一定规模，建议固定个时间来做，每周 2 ~ 3 次。

（2）关于选题沟通，强调两个注意点：

第一，切勿轻易打断他人的选题思路。等对方说完，充分理解意图后再发表自己的看法、建议。

第二，会议结束时，不论选题质量高低，必须要决策。

5. 申请授权的正确姿势和快速方法

（1）避免版权纠纷，提前消除隐患

“作者不会那么闲，费时费力举报我吧！”“看到别人发，我也发了，他也没注明来源啊！”“网上看到的，我不知道作者是谁。”这些套路在做个人号的时候，还能凑合。若做的是企业号，一切逃避不负责的行为都是给企业抹黑。

（2）主动沟通获得授权

主动沟通账户博主，取得文章转载授权。

举个例子：

您好，我是微信公众号哈佛经典（ID：hafojd）的编辑小哈（ID：isunwei888），申请白名单授权转载您的文章《×××》。我们会在文首注明来源公众号和作者等信息，文末附上公众号二维码和推荐语。我们对内容有着很高标准，而且有××万高质量用户，会给您带来不错的曝光量和用户转化率。

在后台留言或者去原文章下留言（仅限于开通留言功能的）。通常来说，文章留言效率比后台留言等回复要快得多。

第二节　公众号配图策划技巧

一、公众号编辑配图的3个原理

在公众号里，通常一篇文章编辑是由三个部分组成：标题、内容的排版、配图。配图包括两个部分，在头条的时候，配图（封面图）一般来讲是长方形的，如果不是头条，是第二条、第三条文章的话，这个配图（缩略图）是正方形的。头条的配图和其他配图在形状、尺寸、大小的要求上是不一样的。如图4-2所示：

图4-2　头条配图和其他配图

编辑工作是一个熟能生巧的操作，本质是审美品位。在公众号配图里，涉及三个地方会用到图。第一个是内容（正文）里用图，其主要原理是图和内容匹配起来。

千万不要配与内容不相关的图，那样图不达意，就不是很好的配图了。有时候一篇文章里配一个风景图或者一个美女图等，是增加了一种审美，是为了视觉上的放松，因为读文字是非常累的一件事。

除了内容（正文）里配图，最主要的配图是两个部分，一是头条的封面图，封面图会决定公众号的用户在打开的时候，愿不愿意点击进去；二是在文章第二篇、第三篇、第四篇配图……这个图的尺寸是200×200。

配图的目的是提高文章打开率，配图配的好，就能增加文章被阅读的机会，提高文章被打开的概率，所以“专业配图就是为了提升传播效率”。

从3B到SB：公众号配图的三个原理

1. 公众号配图的第一个原理：3B原则

1956年，一个才华横溢的广告人正在激情创业的路上。

有一天，他问自己：什么样的广告画面最有吸引力?

他苦苦求索，终于有一天，发现了规律。

第一种是婴儿的画面，最能吸引主管家庭财权的妈妈们的注意力。人们天生喜欢小孩，这种广告很容易获得成功。

图4－3　婴儿广告画面

第二种是美人，beauty，就是漂亮的东西会吸引我们。所以你看广告会经常用到美女。

图 4-4　美女广告画面

第三个是 animal 或者 beast，自然界的动物也很吸引人。

图 4-5　动物广告画面

3B 是：Beauty（美人），Baby（幼儿），Beast（动物）。

以美人、幼儿和动物作为广告表现形象，在全世界都很普遍。每天的 CCTV 广告中，有多少美人代言的广告？有多少萌宝宝萌死了家庭主妇？

“巴黎欧莱雅，你值得拥有！”

你会想起李嘉欣、巩俐、李冰冰、范冰冰的美丽面孔和她们的声音。

图 4-6　3B 原则

3B，这就是广告创意背后的逻辑。

精彩的创意，具有强大的效果。运用 3B 形象来表现广告创意，成为广告界的经典法则。这个 3B 原则，在今天的公众号配图中依然很有价值。

我们在编辑公众号的时候，如果内容与这些相关，多用这样的 3B 美图来陪衬内容，就会起到意想不到的效果。这就是公众号配图的第一个基本原理，我们叫 3B 原理。

2. 公众号配图的第二个原理：IP 原则

IP 原则就是配的图，尽可能是一个符号，尽可能是一个 IP。符号 IP 在人的心智里很容易被识别，很容易焕发记忆，IP 就是流量。符号和 IP 自带流量，有流量，必然会带来打开率，吸引很多人关注。

在互联网上，马云是一个 IP，据大数据研究：马云的微信指数排名第一。

Angelababy 也是一个 IP。我在网上搜图的时候，打上 baby，出来的不是婴儿，而是明星 Angelababy，所以她就变成了一个强大的流量入口。当我们利用流量入口的时候，就会发现，在做传播、做推广时具有

2. 符号IP原则，符号即流量。

北京快侠科技 中国领先的微信快营销服务商

图 4－7　符号 IP 原则

天然的优势。如图 4－8 的案例，用巴菲特头像做文章的封面，就是一种 IP，就是一个符号，很多人都认识他，看到他以后，我们都知道他是巴菲特。

图 4－8　巴菲特　真正成功的人都非常专注

另一个案例《西游记》中用唐僧、猪八戒师徒四人骑着白龙马去西天取经这些符号，便于识别，便于调取记忆，这就是符号。

第三个案例就是腾讯的 QQ，实际上我们是用 QQ 的标识、QQ 的形象引起大家的关注。

一个好的 IP 符号，就是超级流量入口。被我们作为图像使用在微信公众号文章里面，它的打开率比普通的、一般的阅读量高很多倍。

3. 公众号配图的第三个原理：SB 原则

那么，在具体选择图片的时候，应该怎样去选择？

大家知道，当我们把一篇文章转发到群或者朋友圈时，头像（图片）会被压缩得很小很小，就指甲盖那么大，如果这个头像显示太小，就不容易被发现、被识别，即使是马云这样的 IP 也没有用，因为看不清，识别不出来。

所以在配图的时候，我们要找很多图片，要考虑在手机小屏幕上到底哪一张更容易被识别？哪一个能吸引大家的注意力？要多去试验、预览，把每一张图做个对比以后，你会发现，有的图是没有效率、没有吸引力的。

这时候微信配图就要从 3B 原则升级到 SB 原则，这就是笔者团队的发现。

图 4-9　SB 原则

（1）符号越简约（Simpler），越容易被记忆，也越容易被识别

越复杂的 Logo 越不容易被记住，所以耐克的 Logo 就是那“一瞥”；苹果的 Logo 就是咬了一口的苹果，Logo 越简单越好。简约就是力量！

（2）在微信的传播里，符号、图像要明亮（Brighter）

亮图比暗图更容易被朋友圈发现，传播效率更高。根据光学原理，我们第一眼看见的是发光的东西，仔细地看才能看到发光周围的东西。

也就是说，因为眼睛的反射是迟缓的，如果一个头像比较黑暗，就很难引起大家关注。

图4－10　亮图示例

因此，在配图时，选亮图也很重要。越简约，越明亮，越有力量。SB 的配图原则就是告诫我们：在配图时，尽量用画面简单的头像，不要太复杂。一个头像里面只表现一个中心人物，像合影就很难识别。

所以我们看到人物的特写，看到福布斯杂志、时代杂志的整个封面，都是一个人的头像，很少看到的是一个人的全身。因为我们发现，一个人的符号主要在面部，脖子以上的部分就是你的符号区。因此我们做符号的时候，用最简单的方式去表达，这样才能衍生更大的力量。

二、　公众号配图案例：3B＋IP＋SB

我们再比较一下刚才的案例，下面哪一张图更好？

当我们在电脑上百度找图时，会发现马云的头像很大，无论哪一张都能看见，这是因为电脑屏幕比较大。但是我们把马云的头像设置成为正方形，不断缩小为手机小屏的时候，就会发现，有的图开始看不清晰了。这时候，每一张图片的传播效率是不一样的。

图 4-11　马云头像图

1. **只有马云头部是最简单的**

根据 SB 原理，它的背景很明亮，所以很远就能看到那是马云，你会发现：第六张头像应该是最佳选择。

2. **巧用 IP 马云配图**

马云这个 IP 的微信指数高达 870 万，堪称微信影响力第一人。用马云来做头像，文章的打开率提升很多。

微信生态正在悄悄进化，营销创意要迅速与时俱进。

企业公众号运营编辑，要逐渐由自媒体的玩法往品牌专业玩法升级了。

第五章
企业公众号的运营法则

第一节　没有定位，就没有运营

一、 企业为什么要运营公众号

对企业来讲，做微信公众号的目的是传播品牌，宣传产品。通过公众号的运营开展微信营销，通过线上和线下的融合，积累强关系的粉丝，继而将这些粉丝转化为企业的客户，为企业带来销售收入。另一方面，企业也通过公众号为顾客提供相关的服务。

做微信营销，尤其是做企业微信营销，如果不做微信公众号，就没有办法立体式、全方位地进行连接。如果公司没有公众号，传播时就只能在朋友圈发一发，在微信群里发一发。这样会比较散，比较封闭，没有办法把所有的点联系在一起，不能做到有效的连接。

另一方面，微信公众号是整个微信生态的入口，企业在宣传自己的时候，如果没有公众号，就没有办法便捷地转发。微信是个生态平台，我们的挖掘可深可浅，不同层次的公司对微信公众号的运营期望不同，运营思维也不一样。

二、 大公司大品牌运营微信公众号做什么

通过微信营销进行品牌的传播和维护，使自己的品牌成为粉丝的首选，这是大公司最主要的目的。比如在手机行业里，华为把公众号作为非常重要的入口，希望在微信生态运营里做到手机行业第一。因为它的对手有三星、苹果、小米，还有 vivo 和 oppo。在微博上曾经是小米手机领先，因为微博的红利增长，给小米手机的增长带来了非常大的商机。在微信时代，如果华为能抓住微信生态的红利，就可能成为微信里的第一。当微博衰退、微信升级的时候，小米手机不行了，最主要的原因是小米的流量在衰退，它没有抓住微信生态的增长红利。

在微信公众号里，华为手机相对做得更好一些，苹果手机做得也不错，前几天我们看到苹果在朋友圈投放社交广告，效果非常好，当然投入也非常大。

因为大公司的产品是通过全网全渠道进行营销的，包括线上、线下，线下有几十万个零售终端在销售它的产品。因此在公众号运营过程中，他希望做的是能够把粉丝吸引到公众号里面来，一方面提供粉丝服务，让他的顾客继续享受购买手机以后的咨询、体验等服务，同时也提供一些市场的优惠、促销信息。通过这些方式，大品牌希望顾客能够重复购买，所以大公司微信公众号首要的目标就是和粉丝互动，首要的目的就是宣传品牌，让品牌成为粉丝和用户的首选。

三、 大、小公司，不同行业做微信公众号的出发点都不一样

小公司在做微信公众号的时候，关注点是销售，这和大公司的角度

是不一样的；大公司关注的是宣传，那么他们在做微信公众号的时候，提供的内容及服务的形式肯定不一样。

像海底捞，是中式餐饮最大的公司之一，它用微信公众号做什么呢？

第一，宣传自己；第二，做线上、线下融合的服务。对餐饮企业来讲，这两点非常重要。他希望通过微信公众号平台，把粉丝连接起来，然后和他的粉丝有更好的互动，提供更好的体验。

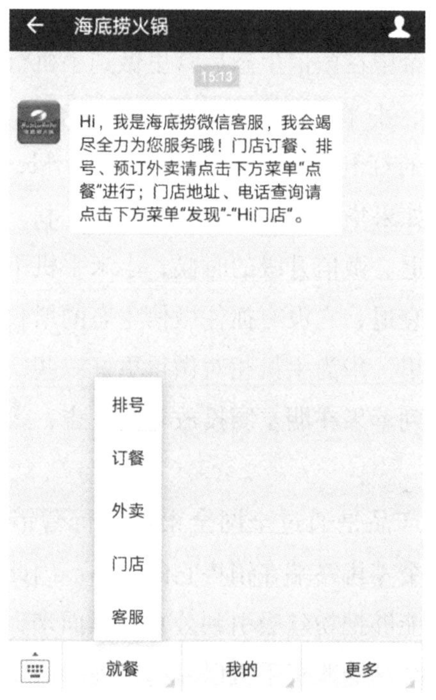

图5－1　海底捞微信公众号

即使是大公司，在不同的行业，做不同的生意，提供不同的产品，运营公众号的时候也是不一样的。有的企业是B2C，有的企业是B2B，服务企业客户和服务个人客户的公众号风格也完全不一样。

比如杜蕾斯这个公众号，就是一个和消费者（B2C）进行互动的公共平台，因为用避孕套的都是个体，并不是公司，所以它的公众号就比较活跃。在和个人消费者进行对话的时候，公众号的风格就要做得非常有趣、好玩，互动性比较强，有促销，有各种各样的福利等。不管是杜蕾斯还是海底捞，都属于B2C的商业模式。

图5－2　华为公司微信公众号截图

华为是一家B2B的公司，也是一家B2C的公司。因此它一定会把B2B的业务和B2C的业务分开，分别做成不同的公众号。华为的B2B业务，主要是反馈华为现在有什么样的新技术、新的动态等，然后把这些东西曝光出去，让与之合作的公司、政府等机构第一时间知晓，这是B2B的风格。所以华为公司的官号是B2B的，看起来冷冰冰，不活跃，也没太多阅读量。但是这种不活跃的、有权威性的官方沟通方式，对华为公司来讲，对B2B公司来讲是对的。如果他采取B2C的方式和内容进行互动、沟通、表达，会产生什么问题呢？会降低华为公司的语言效率与信度，可信度就会大打折扣。好比一位培训老师讲课的时候，像平常聊家常一样，动不动再讲个荤段子什么的，的确是有人缘，受“欢迎”，但是他讲的话就没有效力了。

对大公司来讲，业务是B2B模式还是B2C模式？公司处在什么行业？行业用户的偏好是什么？服务和宣传的特点是什么？一定会影响公众号的内容，写什么？什么样的风格？传播什么？这一点特别重要。

因此企业在做公众号的时候，不能单一地认为公众号就应该做成个人自媒体那样，做得很好玩就行，只要有人气、有阅读量就行，实际上这是错的。企业往往把个人自媒体公众号的大阅读量、很热闹、无底线、恶搞等作为标准来衡量企业公众号，这也是错误的。因为个人自媒体的内容既不属于 B2B，也不属于 B2C，就像办一份好玩的报刊一样，是纯粹娱乐型的。所以阅读量会高一些，因为它的粉丝来自五花八门的人群。

全体合影

据悉，在认知计算领域，IBM保持了持续的重金投入和战略布局。例如，把目前市面上流行的开源的深度学习框架，包括Tensorflow, Caffe等在IBM平台上做了一个集成包，免费给客户下载使用。此外，IBM还提供了一个多用户的图形界面，一个专家库，一个多机并行调度软件和专业的服务团队，帮助用户做管理、调度工作等。

本文转自IBM认知基础架构

图 5－3　IBM 中国的公众号

而对于一家 B2B 的公司来讲，他的客户是很少的，但是他的规模可以做得超级大。比如 IBM 在中国的大 B2B 客户，可能连 10000 个都没有，但却能支撑他 500 亿元的销售额。IBM 公众号的阅读量可能没有个人自媒体那么高，但是你要明白，IBM 的受众（粉丝）都是非常有决策能力的粉丝，这些粉丝他手里面拥有着或者影响着上千万元的购买能力。基于这个角度来看，IBM 的粉丝是相当值钱的，跟自媒体账号的粉丝根本不是一个级别。

所以用个人自媒体公众号的阅读量、内容好不好玩、风格等标准去衡量一家企业的公众号，是完全错误的。因为企业做微信公众号运营的目的是为了宣传自己、传播自己，从而提升企业的品牌形象，同时企业希望和他的潜在消费者、潜在的客户，以及现有的客户发生信息的交流与互动。这是企业适应新媒体时代的升级需求。

四、 中型企业做微信公众号的目的是什么

两个目的：一是品牌宣传，二是流量转化。当一个公众号积累到一定数量的粉丝以后，就希望将带来的粉丝转化为企业的资源和销量，给企业带来真实的帮助，这就是中型企业的需求。

五、 小微企业、小企业做微信公众号的目的是什么

把销量做起来，把品牌炒作起来，积累粉丝然后把粉丝变成顾客，这是小企业的需求，主要是销售的思维。

总结：大企业是品牌思维，小企业是卖货思维，中型企业介于二者之间。这两个思维在具体运用于微信公众号时具有完全不一样的特点。

第二节　如何把粉丝转化为客户

微信营销人每天像蜜蜂一样，忙忙碌碌，主要为了获得更多的粉丝、更多的客源。但事实上，粉丝并不等于客源，粉丝距离客源还有一万八千里。

一、 粉丝不等于客源

企业营销人的天职就是营和销。营是营造气氛，营造环境，营造商

机，去交很多的朋友，获取很多的客源，将产品销售出去，把品牌打造起来。

（一）粉丝和客源的区别

粉丝是粉丝，客源是客源，他们是不同的。

什么是粉丝？

由于某种主题，某种原因，对企业品牌、产品或者对于你个人产生了一种兴趣，这种兴趣在一定的时间里还是比较有感情的一种喜欢、一种热爱，那么我们把这一类人和企业品牌的关系叫作粉丝的关系。

什么是客源？

客源指的是销售的概念，就是客户资源；能够购买你产品的潜在顾客，我们叫作客源。客源能不能变成购买的客户，实现真正的销售呢？还需要进行转化。

粉丝和客源之间有什么关系？

粉丝可以转化为客源，客源也可以转化为粉丝。在微信公众号里面有很多是你的粉丝，但可能不是你的客源。根据笔者的经验来看，强关系的粉丝，转化为客源的比值还是比较高的，为什么能有这么高？我想最主要的原因是企业真真正正为大家提供服务，原创的文章，以及和大家的沟通、分享都是用心的。最主要的是我们用专业的方式来做人，用做人的方式去做事。

同样的道理，我们在做自己的品牌、卖货的过程中，也是在与粉丝和客源之间进行有效的互动。我觉得粉丝和客源的区别并不是最主要的，主要还是沟通要做好，只有这样才能有价值。

（二）微信公众号的粉丝的价值是什么

粉丝的主要价值是传播的价值。

什么叫传播的价值？

对一家企业来讲，尤其是中小企业，想通过公众号传播品牌，非常需要粉丝进行转发、传播，粉丝的力量是强大的。当粉丝的传播效应聚集到一个非常高的能量时，它极速的传播效应就立马凸显了，这是微信快营销最主要的研究。

二、5 种增加粉丝的方式

很多朋友问：怎样让我有更多的粉丝呢？我觉得加粉有五种方式。

第一种方式是通过有质量的互动增加朋友。领取红包也可以加好友，这是一种小技巧。我对技巧类的东西兴趣不是特别的大，但是可以介绍给大家。比如进群以后发个大一点的红包，发红包是最快的让别人认同你的办法，但是说句实话，这种认同的办法是认同红包，不是认同你的人，这种方式比较容易加友通过，效率倒挺高的。但是要注意，所有的人进你的微信群以后，又进入了另外一个场景，在这个场景里面，你们又进入了一种陌生的环境。虽然说加好友挺容易，但是他们对你没有任何的印象，记住的只有红包。你的红包和别人的红包是没有区别的，过不久他们也就忘记你了。

刚才说群里面要发大一点的红包，别人了几元，分了 100 个红包，结果有的人抢了几毛钱、几分钱，虽然说一分也是情，但事实上来讲，拿到几分钱的人并没有喜欢你，所以我并不欣赏在群里面以发红包的方式进行社交。比如为了保证群里面比较活跃，可以组织大家天天发红包，但你要知道，这个群一旦解散，大家没有任何的关系，所以这个是无效的社交。

第二种是通过线下的活动、产品的活动增加好友。比如通过产品的发布活动、产品的体验活动去传播，让大家体会体验，了解你，认识你，通过这种方式去加粉。

第三种方式就比较高级别了，就是好友帮你推荐。有一些朋友对你、对你的人品、你的专业很认可，他就愿意帮助你推荐一些潜在的朋友。快营销有很多朋友都在帮助推荐，我把这种推荐叫作连接，就是互相帮助的方式。你认同我你就推荐我，你不认同我，我请你帮忙推荐你也不愿意。那同样的道理，我们讲人际关系，更深入的、更深切的这种关系就在于对人品、对专业程度的认同，认同以后必然会产生互相推荐的价值。

第四种是品牌传播，通过品牌传播的方式去增加粉丝。品牌传播的方式有很多，最主要是自媒体的传播，通过自媒体的传播让人家了解你、添加你。比如我们利用微信公众号发布关于产品、品牌相关的文章内容，甚至是促销的活动等，这样也可以增加粉丝。

第五种是维持老客户。一个品牌、一家企业运营了很多年，必然会存留积累下来很多的老客户，有的老客户可能不再联系了，那么就需要通过短信，或者微信的方式把他们重新激活，或者说把他们加入微信里。

怎样把过去通过电话联系的老客户加到微信里呢？

首先要有他的电话号码，其次要用电话号码的方式，一个一个去加。

三、 最有效的方式是场景加粉

最有效的加粉方式是场景加粉，通过某一种场景，你认识了一些人，你激活了一些粉丝去加你，或者你激活了很多微信里面的好友，不管是强关系，还是弱关系，他在某一种场景下和你之间产生了关系，这种场景的加友方式更加重要。比如你在朋友圈做产品的广告，那么有的人会点赞，有的人会留言等，这一类人很明显就是你比较有效的粉丝。或者你在一些群里面去做产品的交流分享活动，或是产品的广告，可以扔下几个大红包，让人家觉得你这个人还是值得交往的，对你有认同，通过这些方式去加粉，就是场景加粉。

当然也可以在地面的零售店里做促销活动、体验活动来加粉；也可以通过公众号去发布活动消息，吸引感兴趣的人加微信，这些都是非常精准有效的加粉方式。当然，场景加粉的方式还有很多种，大家操作时多去体会，多去实验，场景不一样，认识的人会不一样，同样的一个人在不同的场合下认识，那么形成的关系可能就是定义在某一个场景，所以我觉得场景加粉才是最有效的。

很多微商朋友最喜欢做的事情就是不停加群里的很多人，结果是什么？很多人不加他，或者加了以后发现没有办法打理；也可能是加了很多人以后，他们对你的产品根本不感兴趣，或者直接就把你拉黑了，转化率不高。最好增加高层次的人脉，多用一些场景加粉的方式，这最有效，而且有档次且精准。

四、 定位和层次决定了格局

你是什么样的人，将会结交什么样的人。你在什么地方遇到一个人，也决定了你和这个人是什么样的关系？比如今天我在丽江，遇到一个非常漂亮的姑娘，她喜欢跟我聊天、喝咖啡，有可能成为朋友，也可能是一场艳遇，所以这个时间、场景决定了你在别人心目中的一种定位。同样这个方式，比如我们在加某个微信群时，是某一件事的群，或是某个组织的群，这个定位决定了我们未来的关系。

如果你是做企业服务的，其实你需要的是能够和你搭上关系的人脉，这种人脉具有决策的能力，他可能对你商业上有帮助。比如帮你介绍朋友；比如促进你的公司跟他的公司之间合作，这一类我们叫作企业的合作。

定位是什么？

你想结交大咖还是通过微信结交和你层次差不多的一些朋友，还是你想加一些成为你顾客的粉丝和客源？你是怎么定位的，这种定位就决定了你出手的手段。有一些朋友加到你，可能马上就把广告推给你，这一类人急呼呼的，很难结交上高层次的朋友。结交不到高层次的朋友，做起事情就比较辛苦一点。

高层次的朋友、大咖和普通人买一个产品的区别在哪里？区别在于，大咖也许某一天因为认同你，给你介绍一个关系、一个门路、一个渠道，顶你一年、两年的功夫。但是通常讲，大咖没有功夫跟你闲聊。如果你的目标是想认识一些有资源的高层人脉，就要让人家知人知心，要多勤奋一点，真心、真诚地去结交这一类人，我想通过时间的积累，某一天也许你们就可以成为朋友，当然交朋友是一种缘分。

五、 微信营销，不忘礼节

无论你的定位是做微商还是企业合作，我觉得在微信里面要真诚一点，效率是最高的，这是我的理解，我不轻易去跟人聊天，因为实在是没空，但是对真诚的人我还是很在乎的。不管你是做什么的，因为对朋友我首先认同的是一个合格的人，有人品的人。事实上来讲我们都是这么做的，但有的时候由于过于忙碌和有企图心，就忽略了做人的基本原则。

很多朋友在加了微信以后，就变得轻浮起来了。比如找一个人帮忙、支持或者约见面什么的，连自我介绍都不做，直接就发一个东西过来，那么别人必然会反感。首先他不认识你，也不认同你的人品，不认可你这种方式，连基本的礼仪都没有。我们在线下见一个人，见一个朋友，要先约时间，找一个好的场所。如说请人喝喝茶，或者吃个饭，若是帮忙还要多少送点礼表示表示，但是很多人在线上就忘了。

所以在微信的交往和合作里，想获得更高层次的收获，要记得微信也是一个圈子，微信是社会实践的另一种延伸，不要忘记了社会的基本礼仪，不要忘记了做人的基本原则。其次是在微信里大家的交流太随便了，你想找到一个人，或者联系一个人，太方便了，有时候做事情就比较放肆，这一点我觉得也是比较忌讳的。我从有微信以来，还没有群发过一次，因为我不知道该怎么样群发会更好？

我觉得无论是你加别人，或者是别人主动加你，最主要的原因是大家对美好的一种期待。别人主动加你是因为对你的认同，觉得你是有价值的。所以在微信里和大家交往，要注意交往的质量，因为美好才能赢得别人对你的欣赏。只有别人对你是欣赏的、认同的，甚至尊重的，才愿意主动加你。你加别人，人家愿意通过，愿意承认你成为他的朋友圈一员，也是一样道理。所以我总结为一切美好是最佳的吸引。

无论是微信的朋友圈、微信群还是公众号，要掌握几个原则。一是要保持诚信，要真诚。比如头像、名字这一类的展示，真实才让人感觉可信。二是在群里交往，在群里的各个行为也要美好。包括你分享的文字、图片、文章等，多分享美好的东西、真诚的东西，不要那种负能量、负面的东西，尽量朝着正能量方向走，只有正能量的东西才会产生价值，才会有效率。

任何人的一言一行，朋友圈里、群里的朋友都会看得一清二楚。所以你的表现、你的行为，会影响你的个人品牌。

六、 粉丝到顾客是质的改变

从粉丝到顾客，从顾客到粉丝，两者之间的关系是怎样的呢？

第一个词叫转化，就是粉丝怎么样能够转化为顾客？

什么叫顾客？顾客就是你提供的一种有价值的产品或者服务能满足他的需要，他对你的品牌或者你个人认同以后，愿意花钱去购买。一旦从粉丝变成顾客，他对你的要求就发生了改变，粉丝是出于对价值、理念的认同，仅仅是一种喜欢，但是顾客购买的是一种服务，对服务的要求是苛刻的，要有质量的保证。因此我们要注意，当粉丝变成顾客以后，就不能按照原来粉丝的方式去服务他了，而要按照顾客的标准去提供服务。

七、 如何提高粉丝转化率

怎样提高从粉丝到顾客的转化率？

最主要的就是建立信任。如果是个人的产品，你的方方面面都要能够获取粉丝的信任，本着忠诚的方式去做事，不要去关注结果，我想一定能够提高转化率，这就是信任的价值。从粉丝到顾客，就是一种喜欢到认同的关系转化为一种商业的关系。

还有一种方式我们要注意，就是怎么把买卖关系变成朋友的关系？

由顾客变成粉丝，怎么去做呢？这个就属于顾客运营了，顾客运营以后就变成客户，就是用户的运营。用户不仅仅想购买你的产品，他更希望和你进行交流，希望和你分享、互动，甚至希望你可以给他提供更多的东西。而这些东西是在产品和服务之外的人格化的东西，所以无论是在公众号、朋友圈，还是在微信群里面，我们每一个人或者每一个产品的服务，背后有一个东西，就是魂，灵魂的魂，这个魂的东西就是人格化的东西。比如我们做一个公众号，如果这个公众号今天是这个内容，明天是那个内容，五花八门，你怎么样去获得认同呢？魂很重要！

一个公众号要获得大家的喜欢和认可，一定是要人格化的，一定是要有灵魂、有思想、活生生的，一定不是光有内容的。同样，我们讲从粉丝关系到顾客的关系，事实上这种转化，最主要是本着真诚的心。

八、 粉丝经营和顾客维护同等重要

无论是粉丝还是客源，记得一定要进行分类和维护，客户不维护，竹篮打水一场空。如果是粉丝的话，你长期不关注他的感受，对他不理不睬，他提出的很多问题，你不去解决，那么渐渐地就会对你失望。这里不仅仅是一个人的关系，而是 N 个人的关系，因此粉丝的维护非常重要。

粉丝的维护最主要的方式有两种：一种是在群里面和粉丝进行交流，还有一种方式是大家可以在闲暇组织一些线下活动，这也是比较好的办法。小米在粉丝维护方面做得非常到位，经常还举办“米粉节”。

你如果获得很多的客源，要及时地和客人进行互动，把产品、信息及时推送给顾客，同时要跟他交流，问他需要什么，听听他的想法，对他进行标签化，并将沟通内容进行记录：哪一天见的他？他的需求是什么？对新产品有什么问题？然后要定期进行维护，出现问题更要及时解决处理。

第三节　公众号运营三大指标：流量、转化量、活跃量

一、什么是流量

流量在微信公众号里面反应的是阅读量，即有多少人看了？每个人看了我们多少的文章？是每天都看还是隔一段时间来看？如果天天都在看，说明我们的内容粉丝非常满意，黏性比较高。

流量在品牌营销里指的是曝光量和互动量，品牌的传播就是品牌的曝光是多少。企业在中央电视台打广告的目的是让更多的人看到企业的广告，这就是品牌的曝光。

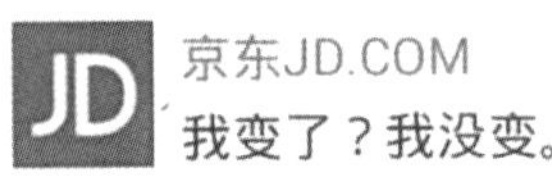

图5－4　京东广告

我们在微信的朋友圈打广告，如京东这几天打了两次社交广告，目

的是希望让更多的人重复地看到它，形成记忆，加深、加强JD品牌的印象。它每一次的曝光，就获取了一次流量。因此我们谈的流量，是指有多少人看过。在微信公众号里面，文章的阅读量是多少，代表的是有多少人打开过这个文章。过去我们在新浪网站的首页投放一个广告，也是流量，后来我们用搜索引擎，投放SEM关键词的广告，每一次的曝光也是流量。

做流量的目的是什么？是让更多人看到我们，对我们产生好感，产生兴趣，甚至产生购买的欲望，想去下单，想去了解我们的产品和服务。如果没有流量，意味着企业在互联网里没有任何竞争的优势，互联网里面的流量相当于在线下开店，有多少人到过我们店里来，有多少人经过我们店门口，这都叫流量。

如果有很多人经过我们门店，其中有一部分跑到我们店里来了，这些进店的人，在互联网上就叫转化量。他们进了店以后，未必会购买，那么这个转化量就还没有变成销量。

在网上也是一个道理，我们通过公众号发了一篇文章，这个文章里面是我们销售产品的信息。他可能进去看了但没有购买，没有想去深入的了解，这个就没有形成销量。

二、 什么是伪流量

有一些朋友喜欢在企业公众号里发一些和企业产品、服务不相关的内容，有的发八卦、有的发战争、有的发国学、有的发谣言等，乱七八糟的，有的阅读量还很高，达到好几万次甚至10万次以上，但是这篇文章并不能给企业带来什么效益。这样的内容带来的阅读量和企业没有任何关系，这种做法是错误的，这种流量是伪流量。

企业公众号发的内容一定要和企业经营的产品、服务有相关性，通过这种比较强相关的内容，把流量转化为企业的资源量，进而转化为企业的销量。因此做企业公众号的时候，大家一定要记得，内容要和企业的产品、服务相关，和企业的顾客、企业的受众相关。如果企业把一些乱七八糟的，如从个人自媒体发的很火的文章，转发到企业公众号上，虽然也会带来一些阅读量，但是最终会伤害企业的品牌。

因为企业的粉丝在关注公众号的时候，是在企业品牌的场景下关注的，企业发的内容不符合这个场景，那么粉丝对企业的判断、对企业的品牌是打负分的。我们知道对于任何一个品牌非常重要的是与顾客、消费者、合作伙伴建立权威的信任关系。上述的行为恰恰就是在破坏这种信任关系，得不偿失。

三、 什么是转化量

转化量就是企业通过营销，通过内容发布，通过做活动等带来很多流量，比如企业的文章有很多人看到了，积累了很多粉丝，这时候要考虑怎么转化了。

（一）转化量的第一个关键词：咨询量

比如企业发的产品文章或者某项活动，会使粉丝有深入了解、想购买的兴趣，这种找企业的客服去聊天、交流、咨询的，就叫咨询量。如教育行业，它是无形的产品，顾客在购买前，一定会反反复复地咨询你；再如我们去旅游，在签订合同之前，一定会咨询很多问题，这个就叫咨询。

咨询通常是购买前的一个动作，咨询量越多越好，因为我们的销售顾问会把咨询量转化为销量，所以对于某一些行业来讲，把流量转化为咨询量，是我从营销到销售的关键一步。如果不能把流量转化为咨询量，那么我们的市场部、宣传部之前做的很多工作都是无效的。企业一定是要把公众号文章的曝光量引到企业的客服那里去，引到企业的销售顾问那里去，让销售顾问将这些咨询量转化为顾客。

所以转化量的第一个核心是能不能将流量转化为咨询量。要转化为咨询量，通常有一些技巧，在互联网上叫落地页，就是公众号的文章、宣传页、设计能不能引来别人的咨询。能引起别人咨询，就是一个好的文案。我们很多公众号的内容犯了一个非常大的错误，就是内容写得非常好，非常干，可是人家看完文章以后，并没有产生一种想咨询、购买的欲望，这是大错特错的。很多销售高手发的内容往往并不是干货，但是能引起你咨询他的兴趣。当你进行咨询的时候，他正好就可以销售了。

备注：落地页是指访问者在其他地方看到你发出的某个具有明确主题的特定营销活动——通过 Email、社交媒体或广告发布的诱人优惠信息等，点击后被链接到你网站上的第一个页面。通常，落地页上各种诱人的优惠信息背后暗藏的是发掘并收集潜在消费者信息的表单，目的是将访问者转化为潜在客户，根据收集到的信息继续跟进。落地页为访问者提供了一种“目标超明确”的访问体验：通过呈现一个特定页面，为他们指出一条明确的路径，继续加深与你网站的关系。

在公众号里，从销售的角度来讲，非常干货的内容并不是最好的方式。我们把很多干货内容传播出去以后，人家可能就没有需求了。销售文案往往是比内容“很干很干”的干货更有质量，那些写得“很干很干”的公众号，有很好的文章，但往往在销售方面做得一塌糊涂，因为转化能力比较弱。

销售转化是一种诱导式的行为，抛给你一个非常有吸引力的东西，找到你的痛点，但是不会直接告诉你答案，你想知道答案，就必须花钱买单，这就是销售文案。

（二）转化量的第二个关键词：资源量

B2B 的企业很难在线成交，也很难在线咨询、进行转化，但它可以通过公众号积累很多资源。这种资源可能是上游的，也可能是下游的，可能是代理商，也可能是经销商或者终端的运营商。通过公众号宣传，可以带来很多潜在合作伙伴对它的关注，这个我们叫资源量。微信公众号带来的这些不是你的顾客，不能买你的东西，但是可以和你合作，这就是资源量。

资源量也非常重要。比如，我们用微信公众号可以进行招商，有一些企业用微信公众号进行招商，做得还是很成功的。他是把公众号做得很好，吸引了很多潜在合作伙伴的关注。然后某一天发布他的产品、新品，需要招商的时候，他就把公众号里这些潜在合作伙伴激活，转化为资源量，通过微信熟悉和认识的，引导到线下进行交流合作。

因此通过公众号有目的地运营，可以带来资源量。只要我们提供粉丝感兴趣的内容，就可以把他们吸引过来，这是获取资源量的办法。

（三）转化量的第三个关键词：销售量

咨询量或者资源量，最终都会反映到销售数字上，转化为企业的营收。所以我们做公众号，除了维护品牌、宣传品牌、打造品牌，第二个更为重要的目标就是转化。如果不能把公众号的内容转化为咨询量、资源量、销售量，那么做公众号就失去了意义。

大的品牌他做公众号的目的，主要是为了维护、宣传品牌，和粉丝互动做服务，提高体验，但也可以带来转化，比如海底捞的公众号吸引了 600 万粉丝，600 万粉丝长期关注，会提醒他们每个月多去海底捞几次，原来可能一年吃 2 次火锅，现在通过各种券、各种活动，可以把消费的频次提升两倍到三倍。所以用公众号的好处是会增加他们的复购，这种也是销售量的反应。

从这个角度来讲，公众号还有客户关系管理 CRM 的功能，它不仅仅是服务了，还通过服务进行了销售转化。微信是一个生态营销，只要我们把它做好，会给我们立体的回报，既有品牌，又有销量，还有合作资源，还能让老客户重复购买，老客户还有可能帮我们介绍客户，进行更广泛的宣传等。这个回报比过去的百度营销、搜索营销好很多，比我们店面营销也好很多，这就是生态的力量。

四、 什么是活跃量

通常来讲，粉丝对公众号的关注，热恋期大概是三个月的时间。一个公众号运营两三个月以后，就会进入低迷期，这时，我们做微信营销、微信运营的，就要发挥自己的策划能力了。现在我们公众号运营的人员，往往在编辑方面下的功夫太大，但是在策划方面下的功夫太少。

当公众号做到一定阶段以后，一定要考虑怎样去迭代？怎样再一次激发粉丝的热情？当公众号进入低谷期、不活跃了，阅读量上不去了，我们的主编要思考，用什么办法去激活这些已经睡着的粉丝。

公众号上有很多互动的功能，这些互动的功能也是一种手段。比如原创的留言板块；比如，文章的结尾；比如我们举办一些抽奖活动等，都可以去考虑、去策划。通过这些策划、活动，再次把粉丝激活起来。因为粉丝不激活就是僵尸，即使平台有百万人数的粉丝，实际上没有太大的价值，因为活跃的粉丝太少了。上次有一个大的报社，告诉我他的粉丝有一百多万人，可是阅读量才是一万多次。这个情况要关注，我们平时做运营公众号要不断地去激活粉丝。

我们的新媒体团队，一定要有人担任策划的角色，想怎么样跟粉丝互动起来，这个特别关键。大家有没有发现，最近微信公众号在粉丝下面增加了一些功能，有消息，有留言，还有精选留言，这三种方式都是微信公众号为了增加粉丝和我们的互动，进行标签化管理，开发的新功能。腾讯也在考虑什么样的方式能够让公众号的粉丝更加活跃起来，这个功能特别的重要。

我们要做的是品牌流量，而不是做那些和品牌没有关系的流量。做有效转化的流量，这是我觉得非常精准的微信营销方向，是我们做企业公众号要坚守的一个信条。所以你会看到华为的公众号，它的阅读量其实并不高，IBM 的阅读量也不高，平时也就一两万的阅读量，但是它们都属于世界级的超级大公司，大品牌流量的质量、价值是相当高的。

五、 公众号文案的 3 个转化指标

一个有效的文案是怎么转化的？

第一个指标，阅读量和兴趣量之间的转化。

看到你的文案以后，有多少人感兴趣？通常来讲大概是5%，好的能到10%。

第二个指标，在这些感兴趣的人里面，有多少人愿意去咨询？

大概有20%，不同的产品可能不一样。通常来讲是5:1，五个人里面，可能有一个人愿意咨询。

第三个指标，咨询的人里面有多少转化为销量？

通常是3:1，三个咨询的人里面可能有一个人能够成交。

我们把以上三个指标称为A、B、C，这三个指标最终反应的是我们的阅读量能够带来多少的销售量。从上面的ABC推导下来，我们发现阅读量转化为销量的比例是3‰，这是比较精准的粉丝，如果企业微信公众号的粉丝更精准，那么3‰可能变成3%。

如果阅读量有10000次，能够转化为销量的就有30位顾客，如果是B2B的企业，一位客户可能给它带来50万元的销售额，30位顾客就有可能带来1500万元的销售额或者采购。

从招商的角度来讲，一位招商客户可能带来几百万元资金。所以我们看到B2B的企业做公众号运营的时候，一个粉丝给他带来的价值非常大，而对于B2C的企业来讲，根据3‰的转化量，如果订单的客单价在100元，30位顾客给企业带来的3000元销售收入，还是比较低的。

所以B2C企业的阅读量虽然很高，但是阅读量转化为销量的金额并不是那么大。而对于B2B的企业，它的阅读量很小，但是单次成交金额超级大。

就像我们上次推送的一篇文章《是时候决定了，要不要放弃公众号》，给我们带来20多家企业的咨询，这些咨询如果有1～2家愿意跟我们继续合作，就会有100多万元的订单产生。所以你会发现，这个文章的阅读量并不高，但是阅读量带来的商业价值是非常高的。这是非常重要的一个观点。

第四节　什么是“新媒体特种部队”

笔者接触过很多企业，大部分企业微信公众号的运营都没有达到预期的效果。我一直在想，这到底是什么原因？

微信生态这么重要，为什么企业对微信营销的重视还不够呢？

到底是企业有问题，还是微信生态有问题？到底是企业不重视，还是微信的生态今天还不够完善？

我一直在思考这个问题，今天我终于明白，这是一个“宿命”，这个“宿命”就是90%的企业一定玩不转新媒体。任何行业、任何事情都可能存在二八原则，比如80%的人是负面思考者，20%的人是正面思考者。比如80%的人在做事情，20%的人在做事业。比如80%的人爱瞎想，20%的人有目标，比如80%的人相信知识是力量，只有20%的人相信行动才有结果。在微信营销中，20%的人有行动，80%的人只是在观望。

在企业微信公众号的运营中，80%的企业把微信公众号作为日常的工作，把新媒体当作一个普通的工作。按照新媒体有没有给企业带来销量、带来多少的效益，作为衡量企业新媒体到底值不值得我们重视的唯一标准。只有20%的企业或者只有10%的企业才真正理解新媒体、重视新媒体。

而这10%对新媒体重视的企业，他们取得了真正的成功，真正从微信营销、公众号运营、微信生态里，获得了超过对手的难以想象的好处。对快营销来讲，如果没有微信，如果没有公众号，我想今天快营销的很多东西都不存在。快营销的方法、快营销的工具、快营销的生态营销思想、快营销今天的培训也都不会存在。

因此我终于明白，如果我希望100%的企业、100%的学员都从微信营销、微信的培训中，获得他所期望的效益、期望的目标，那是不可能的。结果和收益，一定来自于20%的行动的人中。也只有20%的行动的人，才可能玩得转新媒体，玩得转微信。因此只有重视新媒体，重视微信的人，才能真正抓住微信生态里的机会。

第一，什么是“新媒体特种兵”？

“新媒体特种兵”应该将新媒体作为自己的工作重点，把100%的精力与热情投入到新媒体的工作中去，而不是偶尔花点时间，在微信朋友圈泡一泡，在微信群里面玩一玩。这种三天打渔两天晒网的业余、兼职心态不是特种兵，也做不好微信营销。

第二，新媒体的工作，为什么需要“特种兵”？

因为他是夜战部队，新媒体人是黑夜战士！每天早上7：00－9：00、晚上19：00－22：00才是他真正的上班时间。这是夜战部队，这是碎片化的兵团。特种兵不是传统的士兵，如果我们把传统的销售部门叫步兵，那么新媒体就是特种兵。

如果我们把自己定位为一个步兵，早九晚五地上下班，即使掌握了特种兵的技能，在日常的工作中，也不能把时间、精力、热情投入到夜战里面去、投入到碎片化时间里面去。

新媒体实战时间和大部分人的工作时间是黑白颠倒的。过去的营销是白天的营销，今天的营销是黑夜的营销，新媒体使黑夜战胜了白天、黑夜打败了周末、农村包围了城市，利用好新媒体，我们就能够把触角伸到现实中无法接触到的区域。

比如，我们的公司在北京，在每个省都没有分公司，那么怎么把我们的业务铺到全国各地呢？利用新媒体，利用微信。这就是我说的农村包围城市，如果按照过去，在长沙建个分公司，在武汉建个分公司，在南京建个分公司，我们的发展会多慢啊。但是我们通过微信的生态，通过新媒体，能够把我们的业务往全国各地辐射。所以从这个角度来讲，新媒体就是农村包围城市。

为什么我们的培训总在晚上进行？

过去我们培训是在白天，如果按照过去的讲课方式，在座的各位应该在白天来听我的课。但是今天大家白天很忙，白天有工作，就没有办法学习。今天的经济不好，我们的工作强度比过去高了很多，但是我们的利润却越来越薄，所以大家都趁着晚上学习。这就是黑夜打败了白天。

晚上的时间，是一个蓝海。

对于从事新媒体工作的人，就是要把晚上的时间、碎片化的时间全部利用起来，把过去非主流的战场变成主流战场。今天我们成功的营销都是从发动夜战开始的。

第三，“新媒体特种部队”要执行什么任务？

我们特种部队的任务就是把新媒体做到行业前 10 强。如果企业不能进入行业的前十强，那么做新媒体收获一定是不大的。新媒体是个战场，微信生态是个战场，我们要通过新媒体在移动互联网里耕耘我们的一亩三分地。只有进入到行业的前十强以后，才会发现在新媒体主战场里面，我们是一个奥运会的入围选手。只有入围选手才有资格获得奥运会冠军，获得金牌。

这是企业新媒体部门真正的目标和任务，这和我们线下的销售是不一样的。线下销售即使没有进入行业的前十强，也有销售的效益出来，也有收入，也有利润。但是新媒体不一样，不能进入行业前十强，那么你做的一切收益都很少，甚至微不足道。

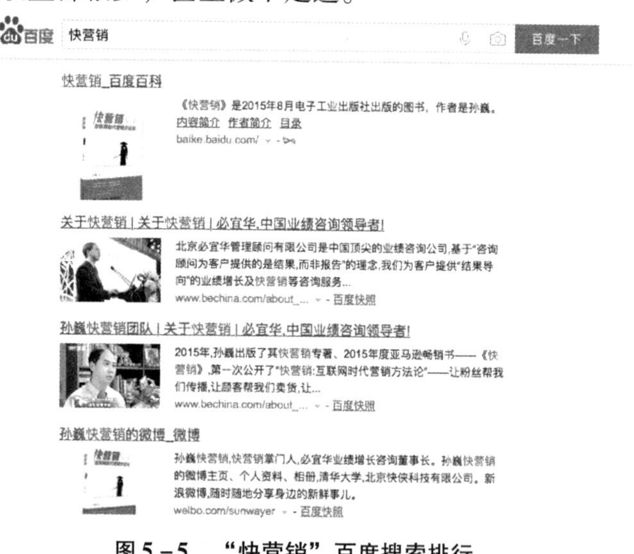

图 5－5 “快营销”百度搜索排行

就像我在百度搜索里搜索“快营销”这个关键词一样，排在第一、第二、第三的三条广告里面，排第一的成本最低，效果最好，投资回报最高，获取的曝光量最大，被点击的量也最高。排在第一的总是获得第一机会，而这个第一机会比第二、第三高出很多。

因此我们在做新媒体的时候，一定要执行一个明确的目标，就是要做到行业前十强。进入行业前十强，我们才能真正获得收益，也才是企业真正的新媒体实践。大部分企业远远地排在页面后面，所以不可能获得很好的收益。

今天的新媒体，如果能够做到行业的前十强，就在新媒体里主导了这个行业的话语权，做到了第一，就有话语权，就是这个道理。

新媒体特种兵在执行企业新媒体的任务里面，主要目标就是品牌曝光，通过品牌曝光，获取资源，同时实现口碑的传播。

品牌曝光就是让更多的人通过微信营销、公众号运营等，把品牌内容尽可能地放大并传播出去，让更多人知道我们公司有什么产品和服务，我们公司正在做什么。这是我们新媒体特种兵第一个任务。

第五节　如何打造“新媒体特种部队”

一、 快营销的四个指标——人网指标、电网指标、天网指标、地网指标

1. 人网指标

就是在社交媒体、微信生态里面，企业品牌被移动端搜索、关注、曝光的数量、曝光指数代表着影响力到底有多大。

2. 电网指标

在电商平台里，你做了哪些努力？你在天猫、淘宝、京东体系里有

开店吗?

3. **天网指标**

天网就是在互联网海洋的页面中，在各个网站里面，在各个社区里面，有多少个网页在报道、展示你的品牌、你的产品、你企业的活动。

4. **地网指标**

我们要研究这四个大数据，作为快营销指数的核心指标。

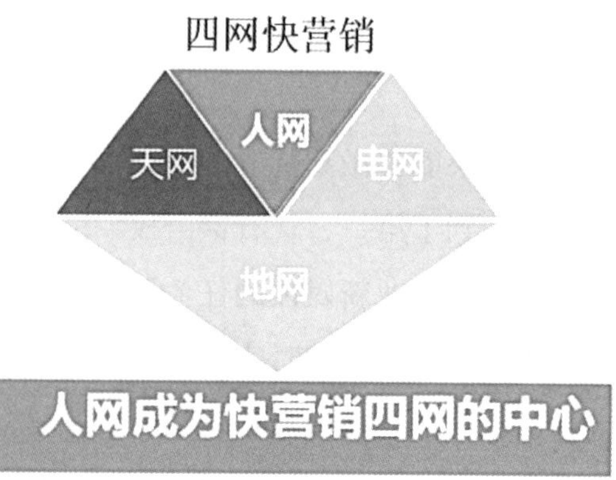

图 5－6　四网快营销

为什么要研究这四个指标呢?

因为天网、地网、人网、电网，每个网就是一个世界，每个网就是一个市场，这四个网的博弈影响着一个企业的品牌，影响着自己在行业里的位置，影响着企业的业绩，影响着企业的收益。

在四网的世界里，每个世界都有区隔和霸主。天网有霸主，搜索引擎的营销有霸主，电商里面有霸主，人网也有霸主，这四个网是有区隔的。因为有市场的区隔，有空间和时间的不同，以及媒介的差距，这种阻隔会导致有的企业在这个领域领先，有的在那个领域领先。

就像我们讲的三只松鼠一样，在电商平台里它是老大，成为行业的品类第一，但三只松鼠在线下没有任何一家店；在电网做好、品牌打响以后，三只松鼠开始进军线下体系，做自己的地网，构建自己的新零售体系。

如果把人网做好，在社交体系里玩好，在微信的生态里玩好，就有机会在这个领域超越对手。而当你把人网做好，超越领先对手以后，会加速地网体系的建设。也就是说如果新媒体特种兵能够执行好人网这个特种任务，在人网领域实现第一，那么企业的地网体系的弱点可以得到充分弥补。

对于企业来说，通过微信生态营销，让更多的人知道企业的产品、品牌，让更多潜在的经销商对企业感兴趣以后，企业的招商体系、渠道体系建设，终端体系布局都会获得空前的提升。

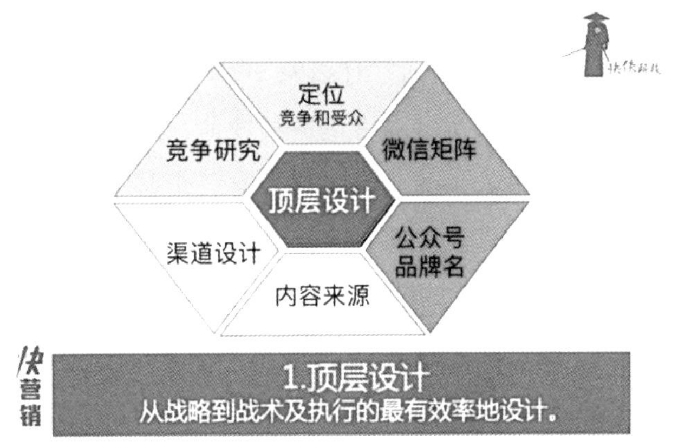

图 5－7　快营销的顶层设计

这就是企业的战略：

通过打响人网，为其他三网的突破赢得空间和时间！

用八个字来解释就是单点突破，系统提升。

单点就是人网，系统是四网，以人网为龙头打响第一炮后，带动企业在天网、地网、电网的提升，单点突破就是小步快跑，换道超车。

二、“新媒体特种兵”——单点突破的尖刀

谁来执行单点突破这个战略任务呢？

企业的“新媒体特种兵”。每个市场人、每个销售人都是“特种兵”吗？不，并不是每个做营销的人都符合“特种兵”的要求。

“特种兵”有特种的能力，“特种兵”首先是个团队，什么叫团队？在英文里面叫 team，t 代表 together，代表团结一体。这是新媒体团队的第一个要求，就是大家很心齐、很团结，不是一个人在战斗，而是一个团队在战斗。第二个字母 e，e 代表 everyone，就是每个人，对企业来讲，就是全员进行微信营销。对“特种部队”来讲，这个团队的每个人都要全力以赴。从新媒体团队到引爆全员营销，让这个团队的力量发挥到最大，发挥到极致。什么叫 a 呢？a 就是 active，是积极主动、迅速敏捷、有效、起作用的意思。active 意味着我们不是像日常的工作一样，做一天和尚撞一天钟，得过且过。什么叫 m？m 代表 more，1 加 1 要大于 2，一个“特种兵”团队要完成企业的一种使命，这就是 m 的价值。

因此对于“特种部队”的成员来讲，有三个基本的要求：

- “特种兵”必须有使命感，这个使命感就是把企业的微信营销、企业的微信公众号做到行业的前 10 强；
- “特种兵”得行动迅速，用快营销来讲就是快。比如做事件营销的时候，突然有了热点，或者预测的热点，就得快速做出内容。要做好准备，当事件来了以后，借势就能引爆。如果我们新媒体的团队，工作朝九晚五，提前把很多事情都弄好了，每天按部就班地上下班，一定不符合特种兵的要求。为什么每一次热点来临的时候，我们都是第一时间看到杜蕾斯引爆了眼球。杜蕾斯的团队就是特种兵，所以能做好；
- “特种兵”必须接受专业的“特种兵”训练，业余选手三天打渔两天晒网是很难在这个领域有收获的，做新媒体必须是专业选手！我们看过美国大片里面的特种部队，几十个人打败几千人的部队，靠的是什么？靠的是专业的训练和特种武器。对新媒体营销人员来讲也是一样的道理，要掌握微信营销、新媒体营销里面很多专业的技巧。没有这种专业的训练，不去专业地学习，不去专业地实践，不去快速地行动，新媒体这口饭你是吃不好的。

三、“新媒体特种兵团队”的运营与激励

“新媒体特种兵团队”是由不同角色组成的，是大家在一起组建的“特种部队”，有做内容的“特种兵”，有做编辑的“特种兵”，有做策划的“特种兵”，有玩社群的“特种兵”，还有做创意的“特种兵”，因此一定要协作好。很多企业舍不得在新媒体方面投入，如果“企业特种部队”连这些基本的配置都没有，那么这个“特种部队”很难真正执行战略任务。对战略性的企业来讲，他应该投的是一个鸵鸟蛋，但是很多企业投入的只是一个鹌鹑蛋。最终也不会有太多的收益。投入少，又都是业余选手，想要高收益，可能吗？

内容在新媒体营销里是第一的，占的比重能够达到50%～60%。内容要内容高手去写、会原创，能够把企业的产品、品牌、故事、文章调性和粉丝互动起来，做出好的文章，将好的创意表达出来，这是比较高级的工作；其次，需要编辑人员，把好的内容、创意，通过文字、图片，编辑得美美的，让粉丝阅读起来舒服、没有障碍，喜欢了就容易互动起来。

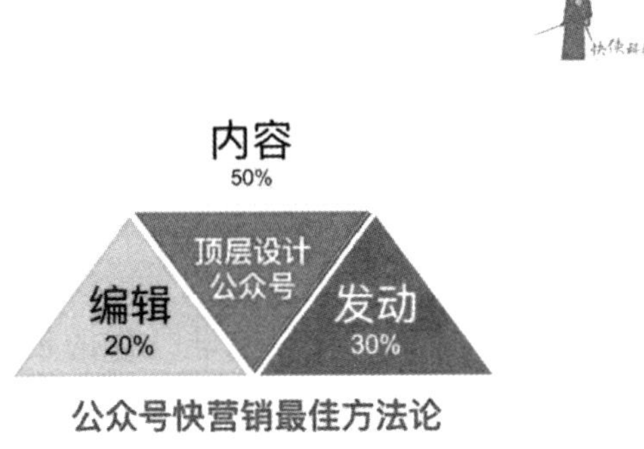

图5-8　公众号快营销最佳方法论

“特种部队”必须掌握快营销的发动能力，发动粉丝传播、发动全

员传播、发动合作伙伴传播、发动一切可以发动的力量进行传播，这样才能真正打赢新媒体这一仗。

“特种兵”需要特种的激励，对于企业来讲，“特种兵”最大的激励是领导人的重视。对于“特种部队”来讲，必须有高水平的专业知识，以及高水准的自律，千万不能有三天打渔两天晒网的心态，也不能有旁观心态，更不能有给多少钱干多少活的打工心态。

对新媒体的待遇、管理方面也要给适当的激励，待遇不能按照销售部那种带来多少销售额给多少工资的方式进行管理，要把新媒体团队的待遇大幅提升上去。对新媒体团队的管理，不能按照朝九晚五的打卡制度，应实施适当的弹性工作制度。

对于新媒体团队的管理，这三种激励是最有效的手段。很多企业往往对这三种手段做得不够到位，所以“特种部队”军心也是容易动摇的。

四、“新媒体特种部队”的管理

给大家提几个参考意见：

新媒体工作要有规划和顶层设计。没有顶层设计、没有明确的目标和战术性策略的指导，新媒体团队就是乌合之众。没有顶层设计就没有新媒体的未来，顶层设计包括以下几点：

第一，研究竞争对手、借鉴竞争对手。

第二，对受众进行定位。谁是你的粉丝？你想吸引谁？是合作伙伴、经销商、潜在的顾客和消费者？到底谁是你的重点？谁是你的敌人？谁是你的伙伴？这个要分清楚。因为你不可能满足所有你想吸引的人的需求，因为你的受众就决定了你生产的内容。受众是多元的，那么微信的顶层设计里面要有多元化的思考，多做几个账号，每个账号各执行什么样的功能要有区分。公众号的品牌名字、品牌视觉，这都是需要花心思的。

第三，内容从哪里来？

谁来做？做什么样的内容？内容怎么规划？创意策划怎么做？这些都特别重要。

第四，特种部队的绩效管理应该怎么设计？KPI 设计要科学合理，激励的目标要清晰，按照快营销目标设计，就是内容 + 编辑 + 发动这三项指标作为核心的目标导向。做内容有内容的目标管理，做编辑有编辑的目标管理，做发动有发动的目标管理。不同的目标有不同的指标设计，这就需要根据岗位来进行设计。每个岗位又和阅读量、增加的吸粉量、带来多少客源、资源量联系起来，这样才能实现流量、曝光量、互动量，转化量、咨询量、销量之间既相关又保持各自的独立性。既有感性的也有理性的，既有适当可以宽松的地方，也有适当要求明确的地方。只有这样进行管理的时候，才能将部队带上好路。

第五，特种兵需要接受专业的训练。特种部队一开始都是新兵。他们有潜质、勤奋，所以在干中学，在实践中可以掌握很多技巧，在实践中可以接受专业的训练和指导。微信生态营销有五个层次，有的朋友今天还在入门级阶段，就是个人微信营销，微信里面的各种功能、群发、建群，还属于这个入门级的小阶段。很多朋友通过微商进行营销，已经进入到第二个阶段。有的朋友自己做了自媒体账号，玩得也很嗨，他已经进入到媒体级的阶段。也有的朋友在新媒体中心，已经尝试企业微信品牌营销，做得更领先的是把线上和线下连接在一起进行销售，这个我们叫新媒体新零售。

学完微信营销 MBA 这门课，各位只要认真去做了，去实践了，就能帮助你成长为新媒体精英，就能达到第三个阶段、第四个阶段了。但是这还远远不够，真正做好，我们还有很多东西要学习。

第六章
微信社群和小程序

首先要区分清楚，微信群不是微信社群。

99%的微信群都会快速创建，快速灭亡。

建个群很容易，运营好一个群非常不容易。即使一个以玩为目的的群，运营不好最终也会自生自灭。

建好微信社群，就更不容易了；社群，是一个有目的的组织，需要经营。

案例：快营销也建立了自己的线上线下社群，下面我给大家介绍一下：

图 6－1　快友会社群

快友会是中国第一个互联网快营销社群。最早由清华大学品牌快营销专家孙巍老师发起，由一批来自全国各地的快营销和微信营销爱好者共同建立的快社区。快友会旨在一起学习，一起实践快营销。目前，快友会下辖快营销公众号、快营销管家、快营销三部曲、快营销商学院、快销门、学友会、悦读会、书友会、研习社、创业会，以及7大行业垂直社群。

2017年，快友会推出了Saas云平台，将拥有20000名微信运营总监会员，8000家企业学员。加入快友会，不仅能够掌握最前沿的互联网方法，而且能够获得来自全国各地的快友们的帮助和支持，它是一个学习圈、一个人脉圈，更是一个渠道资源圈。

第一节　微信社群如何运营

一、为什么要运营社群

互联网的发展趋势由信息交流转向移动社交，企业要利用社群来经营粉丝，打造品牌。这是因为：

- 粉丝需要社交，需要品牌的互动，需要将自己的意见反馈给品牌；
- 倾听和沟通，是这个时代最好的品牌打造方法；
- 发动粉丝传播、让粉丝参与产品开发，即品牌为粉丝而生，这需要沟通的媒介，社群的使命由此而生；
- 新品上市测试，通过社群体验来完成，风险控制和反馈收获最佳；
- 新品引爆和招商，通过社群来发动，事半功倍；
- 学而时习之，不亦乐乎！

不得不佩服乔布斯、雷军和张小龙，社群运营技术炉火纯青。尤其是2010年创业的雷军，将一个创业公司在瞬间引爆为市值百亿美金的公司。点赞。我们当学之。

二、 如何运营微信社群

唯有民主和平等，不可辜负。此乃社群求同存异、兼容并包的精神源泉。

品牌方建平台。

品牌倡建自组织，有人有主题有兴趣。

社群要有共同愿景（Vision）、使命（Mission）和活动（Activities）。

社群的规矩：无规矩不成方圆，社群的运营一定要引导；同时要清理杂草，及时修剪。

社群的文化：围绕使命和愿景，倡导积极正能量文化。如此，才能欣欣向荣。

社群的日常：问候、介绍、话题抛出、主题引导。

社群的活动：线上活动和线下活动。既然是活动，就要正式，要有规律，要有时间表，认真的组织、认真的活动是基础。

社群团队：虽然社群是自组织，但运营好要依赖两个团队：正式团队（工作型）和兼职团队（兴趣型）。正式团队的思考、探索要多一点，工作服务细节至上；重大的活动和策划，要和兼职成员（兴趣型）多多商议。让大家都有主人翁的体验，激发大家的热情。

三、 微信社群管理操作手册

我们拉新人进群的时候，必须懂得将心比心，当我们进入一个群的时候，显示的就是谁邀请你进入什么群，加入群的人还有一大堆的人名，作为新人肯定会觉得不太习惯，除了主动向大家说声“大家好”以外，就没别的好说了。如何快速让新人在群里获得荣誉感与归属感呢？如何让新人快速消除社群陌生感，一步步建立信任呢？

（一）震撼的欢迎仪式

欢迎模板：热烈欢迎“×××”加入快友会群，这里的“×××”可以做一个修饰，要给到群友去认识这个新人的吸引点或者她的专属长处，比如知名饮料达人－×××小姐（“玩转桂林”）社区创始人等，因为人都希望自己能够认识更多比自己厉害的朋友。作为群主，你要主动引导新人做好个人介绍，并引导其他群友的一大波扑面而来的欢迎，这样会让人觉得群友非常热情。一开始建的群，需要教育，教育大家一起跟随，形成一个习惯。

除了欢迎，我们还要给新进入的人做一个简单的群介绍，介绍群的宗旨、规则，如果有可能写一篇“快友会新人快阅”。

前面两个步骤，很多群是没有做的，所以建好群之后不知道干什么。我们刚刚建立社群的时候，就是要不断重复我们群的主题（特别是在拉人进群的时候）。

将群主题、基本群规做成模板收藏，有3～5人进入就发一遍，使那些刚进群的人一目了然。比如：

欢迎你加入快友会！

【本群宗旨】广结善缘，学习快营销。

【本群鼓励】

讨论互联网学习和营销工作话题；

积极参与快营销学习和分享快营销；

欢迎定期参与主题分享、讲座和培训……

【三条纪律】

实名进群方便交友：格式参考（孙巍－快营销－北京）；

专门话题交流，可以在7个分群中交流；

群友间私人话题尽量私聊！

目前，快友会设有快友会总群、快营销商学院群、快营销商学院课程群、快销门群、快侠分享群、快侠广告群、KTV群、研习社群、学友会群、书友会群、悦读会群。

7 大行业类别：

【1 – 教育】

【2 – 农业】

【3 – 餐饮】

【4 – 外贸】

【5 – 快销品】

【6 – 休闲服务】

【7 – TMT（互联网/科技）】

群名请改实名，会员资料请现在发给快友会群主。

请收藏，有五人进群后发一次！你我携手，共建有价值的微群！

上面就是震撼的欢迎仪式，当然还可以更加完善。虽然简单，但是我们建好群之后就一定要做这个动作，群刚刚建立，人们的热情都是非常高涨的，信息量会猛增。有些人不知道怎么玩，怕吵就会退群。一开始建群，你不需要引导得太活跃，在这个过程中，如果有人发图片、语音、大表情这些，你就反复发群规就可以了。

（二）不断重复群文化

不用指责某个人，直接把群规往群里发，如果这个人总是不听劝告，就私信跟他说。

可以做两个文案收藏起来，一个是如何关闭群消息的操作方式，一个是群规。口令重复千万遍就是执行力，同一句话重复千万遍，就会形成群文化。

（三）提供价值

人们进入一个群，不外乎几个需求：第一，学习东西，掌握新的资讯；第二，拓展人脉；第三，寻找一些新的项目或者机会。我们提供的价值，可以从人们的需求开始。

- 群成员自我介绍；

- 群成员推广；
- 自我介绍模板；
- 姓名 + 性别 + 年龄 + 常驻城市 + 行业 + 有什么 + 需要什么。

这是最基本的介绍，一定要有模板，这样找项目的人，和要拓展人脉的人，一目了然。如果没有，就很乱。

- 帮助群成员拓展人脉。

你可以先从那些活跃的、比较支持群的人开始，把他们的名片发到群里，或者组织大家在自己朋友圈里相互推荐，24 小时之内群里都相互加好友，这样就满足了人们拓展人脉的需求。

（四）定时清人

清理人的话术：今天晚上 20：00 本群将清理一部分长期潜水不说话的小伙伴，在的请打 1，这样可以活跃你的群。这样会很有意思，你会看到很多人在群里签到。经社群管理的多次测试发现，一个社群只要保持在 150 人以内，将会被高效管理！一旦超过 150 人，将会有一些广告病毒号潜入，并让一个好好的社群慢慢死去，所以你会看到一般 500 人的乌泱泱大群，能够存活的时间都是非常的短，很快就会有垃圾广告进入！因为大家都抱着打广告的心态，而选择留在这个社群，而非因为这个社群的原有价值！

2013 年我们建立了国内很成功的营销专家快销团，至今仍保持在 30 人，不进人；虽是同行，但都比较真，相互学习和交流，现在关系还比较铁。

（五）制造神秘感

人都有好奇心，越不让他知道的，他越想知道。比如 2016 年 12 月 1 号，《微信快营销 7.0》寄出后，几个群里比较活跃的人在群里说一句：秘籍已经收到，太给力啦。如果一个群里，有 5 ~ 10 个人在说这个话，一定有人会慌……后来就有好戏看了。

（六）组织活动

活动分为线上和线下活动。线上活动可以是群里的，或者组织大家做话题分享。如果有货的人不会分享，就找个会发问的主持人。所以线下可以组织地方沙龙或论坛，或者其他一起可以做的事情。

（七）社群迭代

迭代就是升级，更新。若群一直不温不火的，就重新建一个群，告诉大家，你准备在一个新的群里做活动，如快友会就有各大群，每个群都是付费才能进入；我们通过提升服务来迭代社群。真正关注这个群的人，他会跟着你走，当然，做好群迭代你一定要给大家时间查看，最好全部@一遍。

（八）宣布群解散

告诉大家："本群已经完成使命，本周5开始解散"。你可以测试出来，哪些人在关注这个群，哪些人一说群解散就离开。当然有人就没有看这个群，就算你宣布解散，他也不知道。你需要@所有人，重复几遍。正所谓，好聚好散！

第二节　微信社群成员学习手册

很多人进了一个群从来不冒泡，交了钱，没有实现自己想要的价值，然后就说这个群没有用，浪费了钱；而有些人早就赚回了学费，不仅认识了一些人，还招到了很多代理，把货卖出去了，回报超过十倍、二十倍，甚至上百倍，为什么有这种差距呢？关键是在于，有的人不懂怎么混社群，不懂得怎么融入进去。

一、和群主交朋友

不管你进哪个群，都先要和群主建立好关系，如果群主不喜欢你，你随时会有被踢出群的危险，当然收费的群，一般没有这种可能，可是和群主的关系好，只有利没有害。

学会捧群主，就是不管什么情况下，我们都要拥护群主，毕竟这个群是他的地盘，谁都喜欢有人支持他。在群主面前留下一个好的印象。如果他之前不认识你，会觉得你这个人特别有意思，嘴巴特别甜，下次会特别地关照你。

二、和活跃分子交朋友

每个群里都有那么几个活跃分子，怎么维护好那些活跃群员？如果是女的，你就夸他她们好美，好漂亮，好时尚，称她们为女神。一般群里活跃的人，都和群主关系不错，或者说话有一点分量，这个你根据实际情况来处理。

三、群友都希望你说好话

玩微信，混社交，就是看你的情商，不会说话的人，谁都不喜欢。其实线上线下是一样的，谁不喜欢会说话的人，夸人不是假，是一种艺术。

在群里，要多学会夸赞别人。比如谁在群里发了一张照片，你就说好美，人家发了一个红包，你就要说谢谢等。

四、舍得发红包

不管哪个群，总有一些喜欢发红包的人。俗话说，有舍才有得，你越舍得就越拥有。

我在网上看到这么一段：一个朋友和我说，有一个人在一个收费群里一下发了一万元红包，第二天招了两个总代，每个总代 20 万元，一下子就赚回来了。发红包要看时间，要注意节奏，不能发太少，不能发太小，要在人多的时候发，要在有气氛的情况下发，你的目的是引起人家注意，人家关注你。有些人很聪明，说关注我，就发定向红包多少钱，这种方法也不错。做微商的，一般都是招代理，如果你平时都舍不得发红包，人家觉得你没钱，没有实力，自然也不愿意做你的代理，所以那些发大红包的人，一般都是可以招到很多代理，而不舍得发红包的人，自然就无法招到。

五、 学会分享，让群员觉得你有价值

一般在一个群里，很多人的价值观都是相同的，比如想做微商。如果你能在群里分享怎么加粉，怎么招代理，怎么发朋友圈，怎么管理代理，怎么卖货，怎么玩互动，你所分享的都是干货，相信很多人一定会对你膜拜。之前没有加你的人，都会加你，并且还会在朋友圈去分享你的内容，这是最有效的办法。

懂得付出就会有收获，好的“微商”都会分享，会培训，如果你还不会，说明你还不是一个优秀的微商。

六、 帮助别人，就是成就自己

很多人总是在需要的时候，希望别人能帮助自己，自己却从来不会想到去帮助别人。要想在别人心中留下价值，那就必须多分享，多输出你的价值！不要觉得吃亏，其实吃亏是福，别人需要用到你，这证明你在他们心中是有存在的价值！在群里，有些人是卖农产品的，你正好有需要，你可以支持他，人家就欠你一个人情。记住，帮助别人，就在成就自己。

七、 经常去群里冒泡，不要让别人忘记你

有很多人，进群之后就再也没有冒泡。

如果是对你有用的群，你一定要经常群冒泡，长时间不去，很多人

就把你忘记了。尤其你付费的群，更不能冷淡它，一定要去和群里的人多互动。要人家记得你的存在，唯一的办法就是互动，没有其他的方法。很多人说，我真的很忙，我真的没有时间，其实去群里，可以得到很多资源，让你成长。

八、 和群员在朋友圈多互动，彼此熟悉对方

要和群里的每个人多互动，尤其是在开始的时候，大家还不熟悉，除了在群里互动，还要在朋友圈多评论，这样可以更了解彼此。

第三节　社群圈层营销和产品

移动社交时代，因为微信工具的方便性，圈子越分越细，越来越多样化。长期来看，能够生存下来的社群，都是超有黏性和凝聚力的群体。

一、 什么是“圈层”及“圈层营销”

“圈层”就是指某一圈子特定的阶层群体。

物以类聚，人以群分。微信圈层就是某一类具有相似的经济条件、生活形态、艺术品位主题、职业属性的群体，在微信中形成的线上线下圈子。

圈层营销，就是针对微信圈层的精准营销。圈层营销最早用于国际奢侈品行业，比如 LV、ROLEX，这些奢侈品牌在进行新品发布或者艺术鉴赏活动时，往往会邀请一些社会名流与富豪阶层参与；后来中国房地产行业、高端酒业、汽车、旅游、金融，也纷纷采用圈层营销。

为什么要进行圈层营销?

1. 品牌圈层精准传播；

2. 借力圈层领袖口碑传播；

3. 圈层老客户维护答谢方式。

微信圈层活动主要有6种方式：

• 多群推介类，联合上百个群，同时直接推介产品或品牌，群里活跃团队帮忙引导，发红包、玩游戏、转发；

• 品鉴类，新产品测试、新品上市和高端品鉴，配合线上微店、众筹活动、线下活动。比如，智能高科技产品、啤酒试饮、汽车试驾、红酒品鉴、茶艺品鉴等；

• 客户联谊，将客户组织起来，搞些高端活动。比如亲子活动、高尔夫球赛、讲座等；

• 定制类，明星代言出席、乐队现场表演，配合网络直播；

• 大咖捧，新品上市，需要快速获得行业认知，邀请行业名人大咖一起来见证。比如汾酒藏举行封坛仪式，邀请酒文化行业数百人见证这一时刻；大咖在为朋友圈拍照留言；

• 网红直播，在网红直播平台中，推广品牌产品，并号召大家转发到朋友圈。通过互动、点评、分享，实现圈层最大化。

二、 圈层产品和圈层营销的6大法则

圈层产品：圈层产品一定要和圈层匹配，不合适的产品，只会将圈层变Low，让圈层失去圆心而散伙。

法则1：圈层产品的气质。

社交关系本质上是人和人之间的互动和关系。圈层产品就是社交关系的连接点，他必然要符合“社交人”的气质。

比如你的圈层比较高端，那么你的圈层产品就要高大上，同时要有内涵；

比如你的圈层比较大众，那么要尽量满足大众需要；

比如你的圈层是女性为主，那么以女性产品为准。

法则 2：围绕产品进行梳理圈层。

当对产品的气质有精确把握后，重新梳理产品的圈层细分。或许你联系了北京潮汕人商会，在进行产品推介的时候大家似乎不热情。这么大一个商会，成员多样，难免众口难调。这样的泛泛组织就像是高射炮打蚊子，效果不集中。因此，你需要进一步细分，千万别指望广撒网、多捞鱼。

怎么做?

线上群要实名，在此基础上根据会员特征进行分类，将那些适合产品气质的人拉到小群。同时，鼓励大家带领朋友加入进来。

法则 3：线上线下活动配合起来。

很多人见面后才可能热情起来，而在网络群里大家互不认识，陌生感很强，就不适合社交。因此，社群一定要积极推动活动，通过线下凝聚线上，通过线上来加强黏性，互补协同。

法则 4：圈层之间要跨界联合。

由于圈层之间的人有很强社交需求，气质相投的社群，可以加强联谊活动，共同拓宽社群的人气、人脉和资源。

譬如，高尔夫群就可以和宝马俱乐部、银行 VIP、商会等，进行战略跨界合作，实现共赢。

实行圈层营销，不是为了销售而圈层。做战略联合，由各社群围绕共同的主题而自行联结社员，最终凝聚整合，才是真谛。

法则 5：圈层的领袖和核心层。

无论是社群还是社会圈层，都有领袖或有影响力的人。有的是因为做出卓越贡献，有的可能是比较热心有好人缘。这些人物，我们都可以理解为“领袖”，他们的一言一语对周围人的影响比较大。那么，社群圈层就要将这些人吸纳进来，并入核心层。核心层就是具体商议、讨论圈层事务和发展的决策机构，这是圈层的灵魂。

法则 6：圈层的封闭与开放。

圈层在一开始要封闭运作，形成圈层文化后，就可以开放，引进更多的人加入圈层，实现圈层的扩大。

圈层的封闭是为了圈层开放而准备的。

步骤一：首期圈层人数小于40人。

步骤二：形成圈层管理集体。

步骤三：圈层要开展线上和线下活动，加深认识并强化圈层关系。

步骤四：圈层开放。圈子每个人可以允许邀请6个朋友加入圈层，每个人邀请就为身份背书。

步骤五：圈层社群活动。当圈层人员扩展至300人后，就要建立圈层分群，逐步细化。方法如上。

步骤六：复盘。圈层管理好，实现持续发展，核心是不能着急，要稳扎稳打。

在圈层营销中，必须注意找准圈子，找到意见领袖（KOL），挖掘专属渠道，激发高品质活动品牌效应，精心维系圈子等，以帮助企业成功实现高端品牌的圈层营销。

第四节　小程序，微信生态营销的大未来

微信小程序（weixinxiaochengxu），简称小程序，缩写XCX，英文名mini program，是一种不需要下载安装即可使用的应用，他实现了应用“触手可及”的梦想，用户扫一扫或搜一下即可打开应用。

全面开放申请后，主体类型为企业、政府、媒体、其他组织或个人的开发者，均可申请注册小程序。小程序、订阅号、服务号、企业号是并行的体系。

2017年1月9日，张小龙在2017微信公开课上发布的小程序正式上线。

（一）什么是小程序

小程序可以在微信内被便捷地获取和传播，同时具有出色的使用体

验。可以简单地说，就是一个高级的H5页面，或者是“轻APP”、原生的APP页面，可以在微信里运行的程序页面。

（二）小程序对商家有哪些作用

对于企业的作用，能直观感受的就是用户体验好，更好地帮助商家连接线上线下；附近的小程序有自然的访问量能为线下门店带来有效客户；实现公众号功能的延伸，促进公众号的运营；能够在微信生态更好地拓展客户、品牌。

（三）小程序在微信里的入口

小程序在微信发现菜单——小程序。

点击附近的小程序，基于门店附近的小程序页，点击进去，直接可以使用小程序的服务。

图6－1　小程序入口

（四）怎么建立自己的小程序

想要在微信里访问自己企业的小程序，必须先注册。

第一步：注册小程序。认证公众号可以在后台直接快速注册小程序，无需再次认证；也可以登录mp. weixin. qq. com，注册公众号，选择类别小程序，注册好小程序。

第二步：小程序开发。有开发能力的个人或者企业，根据需求开发小程序；没有开发能力的，利用第三方一键生成自己的小程序，比如，有赞微商城，一键生成小程序商城。

第三步：小程序审核、上架。开发好的小程序，提交给微信审核，审核通过后，可以直接访问并使用小程序。

（五）小程序的运营

怎样推广小程序呢？主要有两种方式，企业可以结合起来做。

小程序线下推广方式：

小程序二维码推广；

圆形小程序码推广；

扫描普通二维码进入小程序；

门店、宣传海报、广告栏带小程序相关二维码。

小程序线上推广方式：

附近的小程序入口。附近小程序基于 LBS 的门店位置的推广，自然会带来访问量，为门店带来有效客户。

微信搜索进入。小程序可以在微信搜索里直接进入，拥有线上的搜索流量。

长按识别小程序二维码进入。

小程序的参数二维码，可以利用积分宝海报形式进行线上运营传播。

微信图文可以插入小程序，这也是小程序推广运营的重要方式，而且结合微信图文，借助微信小程序的直接引导，可以提高线上转化率。

自定义菜单连接小程序。微信自定义菜单有访问打开的流量，也是小程序推广运营的重要方法。

小程序页分享。用户自发地分享小程序页，也是推进小程序运营的重要途径。

公众号关联小程序，模版消息通知。

公众号资料页展示小程序也是小程序的重要入口之一，能为小程序带来自然的用户。

小程序的运营是系统化、具体化的工作，各位运营时应该结合自身小程序的产品和服务属性，执行适合的运营推广方案，借助当前的热度和红利，博取一席之地。

（六）小程序码生成数量无限制

开发者若想精准识别到用户是在哪里扫码进入小程序的，需要在不同地方投放不同的小程序码才能实现。

若小程序码的生成数量不受限，意味着商家的投放可以有更多的空间。商家将这些独一无二的小程序码配置在不同的物料上，开发者可以追踪到用户都是从哪儿识别进入到小程序，让商家清楚了解到各物料的投放效果。

另外，还可以按照实际的需求，生成即时使用的小程序码，不必像过去一样担心限额数量的浪费。

模板信息功能提升。用户在支付成功后，支持商家在 7 天内下发 3 条模板消息，将消息多次触达到用户，如：提醒用户订单，物流状态的变更等，可以更好地增强用户黏性，提升售后服务质量。

（七）“用户画像”让产品优化与运营更便利

支持查看小程序新增或活跃用户的性别、年龄、地区、设备分布，开发者可以在后台或者小程序数据助手清晰地了解到每位用户的“用户画像”，更好地分析小程序数据，在此基础上做更精准的决策。（数据每天早上更新）

另外，开放自定义数据上报接口。开发者可以通过接口，上报用户在小程序内的行为，并直接在小程序的后台查询、分析数据。

“小程序数据助手”还新增了页面转发功能，运营者可以直接分享数据，让数据分享变得更加灵活。

第五节　小程序与公众号打通线上线下

一、 公众号如何引流小程序

公众号如何绑定小程序？

公众号＋小程序会带来什么效应？

公众号的小程序都有什么玩法？

公众号向粉丝发送通知。

公众号在关联小程序时，给粉丝群发消息，若粉丝点开通知消息，就可以打开小程序了。该通知并不占用公众号原有的群发次数。

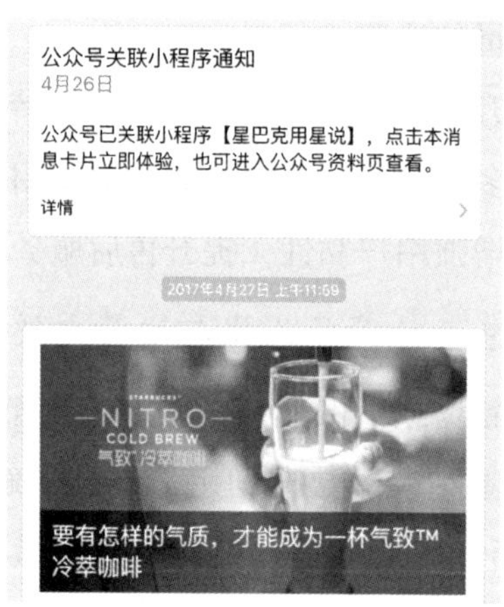

图6－2　公众号关联小程序通知

1. 公众号资料页可见关联小程序

现将公众号关联小程序，然后勾选“公众号资料页展示”，粉丝在资料页就可以点击和查看到小程序了。

图 6-3　公众号资料页

2. 在公众号自定义菜单中加入小程序

小程序的入口，也可以设置在自定义菜单中，更加方便粉丝进入。

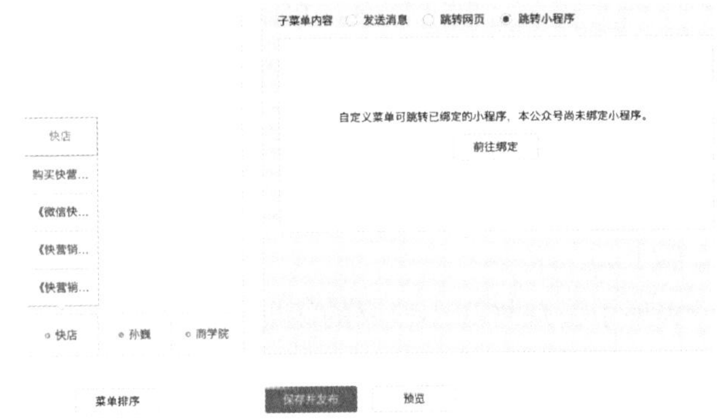

图 6-4　公众号自定义菜单

3. 公众号图文消息置入小程序

当然，小程序也可以配置到公众号的图文消息中，粉丝点击图文消息就可以打开对应的小程序。

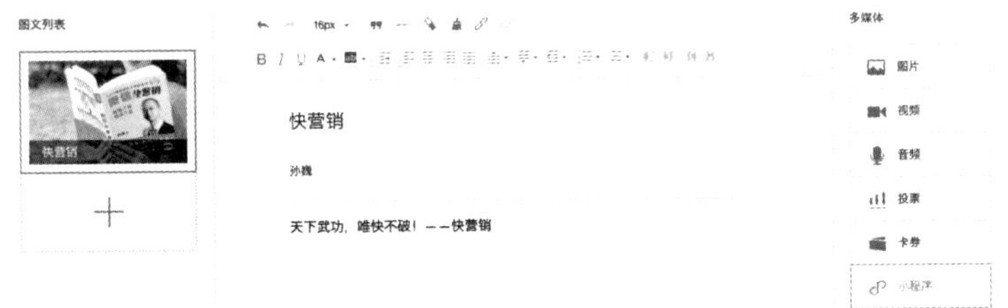

图 6-5　公众号图文消息

二、 小程序遇上公众号，会发生什么

小程序与公众号有着功能差异，但恰好又让他们实现了功能互补，相辅相成。

公众号将是推广小程序最理想的渠道。

早期微信官方是以线下作为小程序的首选入口，但导致了小程序的普及率低，推广速度缓慢。而现在，可以通过扫码、公众号等多种线上入口导流，提升了转化率。

公众号变现的新方式。

有了小程序的公众号，可以将内容和流量进行变现，带有电商性质的微信公众号通过电商类小程序可以实现购买。公众号通过积累粉丝，导流到小程序，再利用内容营销和品牌忠诚度来玩转粉丝经济，实现内容与购买的链接。

打通线上线下。

既然已经实现了公众号和小程序的无缝连接，公众号可以快速积累有价值的流量，而小程序拥有效率和体验上的优势，公众号主导线上，小程序发力线下，从而实现线上和线下流量融合。

三、 线下场景，即流量

线下场景流量还是一块巨大的蓝海。

线下无数的场景，曾经因为各种各样的门槛，无法有效地联网，即便是有了像美团这样的网站帮助他们上网了，但也只是简单地完成了信息展示和交易而已，商家的营销、推广、CRM 管理、提升翻台率及优化人员效率等巨大的需求都尚未得到满足。

有了微信这个“连接一切”的连接器，通过小程序可以非常简便、低成本地联网，并且完成诸如客户自动点餐、自动下单、自动支付等一

系列操作（以后商家的服务员、收银员全部都可以不要了）；极大地节省了人力成本，提升了运营效率。并且，未来肯定还会接入更多地生态工具，解决商家端的一系列需求，有无限的想象空间，很可能带来移动互联网第二次的爆发。

微信借用小程序获取更多的使用场景，再反向给微信平台“赋能”：支付、交易、客流等，从一个通信工具转变成一个超级平台，超级生态系统。

四、 商家赋能，连接即效率

场景即流量，以肯德基为例，肯德基全国门店每天都有大量的客流量，通过线下的方式完成订餐、支付和消费。有了小程序，这些全部都将线上化。肯德基线下巨大客流量也将成为微信场景流量的一小部分。

下面我们以肯德基为例，来看下微信小程序是如何利用线下场景流量，通过微信给商家赋能，帮助商家提升运营效率的。

在推出小程序之前，微信跟肯德基之间除了微信支付以外基本上毫无关联：微信支付接入肯德基，通过肯德基巨大的客流量增加了又一个支付场景。

而小程序让整个流程再往前延伸了一大步。从纯支付介入到了肯德基整个的交易闭环，可以轻松掌握肯德基大量的消费数据。

有小程序之前，顾客吃到肯德基需要 4 步：

- 排队；
- 人工点餐；
- 支付；
- 取餐。

有了小程序之后，顾客吃到肯德基只需要 2 步：

- 打开小程序点餐、支付；

• 取餐。

顾客甚至都不需要去店里，直接打开微信小程序下单，就可以等外卖送过来了。

这对于用户来说，极大地节省了排队等待时间，全部自助式完成，轻松方便。

有小程序之前，肯德基完成一个订单需要 3 步：

• 人工点餐；

• 人工收银；

• 配餐。

有了小程序之后，顾客吃到肯德基只需要 1 步：配餐或外卖。

图 6-6　肯德基小程序

图 6-7　肯德基自助点餐

对于商家端来说，极大地提升了运营效率，减少了用户等待时间；可以将人员更多地投入到后厨的配餐环节，未来前台的点餐、收银人员将会逐渐减少，甚至取消。

第七章
微信生态营销的实战方法

第一节　如何利用微信生态打造品牌

一流的公司利用微信打造品牌；二流的公司利用微信销售；三流的公司利用微信加人。微信打造品牌有三招：流量、口碑、娱乐。

一、 品牌流量

在互联网世界里，流量就是客流。品牌吸引的流量越大，品牌曝光量越大，从而知道品牌的人就越多。流量思维，就是打造知名度。

在流量思维中，获得更多的流量才是关键。通过流量来曝光品牌，实现了品牌传播。过去是通过百度、门户新闻，现在则是通过社交方式，如微博和微信。下面我们来谈谈微信的流量思维，即我们如何利用微信的流量来打造品牌。

80%的微信流量在公众号和朋友圈。

从公众号和朋友圈获得流量的方式有两种：

- 付费推广。腾讯的广点通广告系统，可以帮助你的品牌在公众号和朋友圈做推送广告，你只要提交广告文案并审核通过后，便可自助充值，自助投放广告。
- 利用自媒体资源。自媒体资源包括企业自己的公众号及公关合作账号、微信群，以及员工及粉丝的朋友圈。

如何打造自己的企业公众号，详见本书企业公众号运营章节。

如何朋友圈营销，参考本书文章《如何通过朋友圈打造品牌》。

付费推广和免费推广有何区别?

- 付费推广有成本，没有一定的广告预算是万万不能做的。
- 付费推广效率高。可以精准直达，随心所欲。
- 付费推广一定要大覆盖，才能产生好的 ROI，小投入效果并不好。
- 免费推广就是采用快营销模式：人人都是自媒体，发动群众营销。

二、 社交口碑

我在《快营销》中率先提出“让粉丝帮你传播，让顾客帮你卖货，让伙伴帮你建设，让产品帮你说话”。

社交口碑传播才是最有价值的传播。这是因为口碑传播不仅带来了流量，而且还在转发中做了推荐。推荐就是好感，就是点赞，就是品牌满意度。

因此，社交口碑传播是快营销的核心。

如何实现口碑传播呢？体验！

在微信生态中的体验，包括四种：

一种是内容体验，一种是产品体验，一种是购物体验，一种是社群体验。

一篇文章内容精彩，必然引起自动转发；

一个产品体验好，必然引起顾客推荐；

一次购物体验好，顾客还会再来；

一个社群有意思，粉丝的黏性就高。

所有的这些体验，最终会演变为品牌口碑传播。

因此，作为厂家，你要尽可能提升产品体验，超出顾客的期待；一个品牌公众号传播，你需要提升内容的内涵；一次微信购物体验，你需要用至诚来对待；一个社群的运营，你一定要用热情来浇灌。

三、 娱乐传播

社交网络，是最佳虚拟释放平台。

微信传播，也需要融入娱乐元素。

图 7-1　杜蕾斯

杜蕾斯，天然地以“性”趣撩动年轻人，获得极大成功；

国家大剧院公众号，一如既往地推送艺术盛宴；

捷豹公众号则是用视觉传递驾驭的愉悦。

这三招听起来容易，做起来其实不易。关键是要去练，手艺是“炼”出来的。

熟能生巧，无他，唯手熟耳！卖油翁如是，庖丁解牛亦如是。多年的苦练琢磨，必将距离成功更近。我想，那就是所谓手艺的“道”的境界。

第二节　如何利用微信实现产品销量

利用微信卖货，需要系统的设计和运营。

通过微信卖货的有个人，有团队，也有公司。不同的组织，采用的卖货方式有所不同。

一、 六种微信卖货方式

根据操作的难易程度，我总结为六种：

（一）微商卖货

微商，人人都能上手，人人都能做微商。

微商的进入门槛很低，但做好微商并不容易。

微商如何卖货？通常步骤如下：

选好货源，适合自己的朋友圈；

扩大朋友圈和群资源，把微信加满；

能说会道能推广，能带团队能培训；

要占领微商的上游，快速开发微商市场。

微商，女性具有天生优势，尤其适合这领域。

（二）淘宝导流

如果你开淘宝店，如果你是人群里的领头人，你有粉丝成群结队，那么，你可以在微信朋友圈推广你的淘宝店，让大家去淘宝店购买你的产品，通过微信群里进行客户服务和互动。

通常，人缘好，服务热情的，淘宝店都做得风生水起；通过微信发展粉丝，再引流到淘宝，也是可圈可点的。

（三）微店卖货

你也可以在微店、有赞等 APP 上开自己的店，把自己的商品上架，在朋友圈、微信群等地方进行推广。通常利用一个单品活动，定期进行促销和引流，还是不错的。微店的不足就是没法留住粉丝，而自己又比较封闭，这样店主客源开拓，还是要依赖于微信，而无法将微店平台上的客流引导到本店。

有了微店，朋友圈卖货更方便了，微店是开店好工具。

（四）公众号流量卖货

公众号是发展粉丝的好工具。

对于会做内容和运营的朋友来说，如鱼得水。

你通过公众号的传播，积累了数万粉丝，这些粉丝是可以引导为顾客的。

公众号可以直接申请微信认证和商家信用认证，开通之后，你就可以直接卖货；同时，你也可以通过微店和公众号栏目连接，实现卖货交易，这样流量转化为销量就容易了。

深度运营，需要你进一步把顾客从公众号拽下来，让她加你微信。你可以通过朋友圈或者微信群再次做好服务，再次经营和产生复购。

（五）众筹卖货

和美国众筹不同，众筹在中国某种程度上成了预售。

有些众筹数据造假，制造火爆的销售数据，用刷爆来诱导客户来为情怀买单。今天做众筹，你要有资金去购买广告流量，如果没有广告市场费用支持，其实做起来很难。

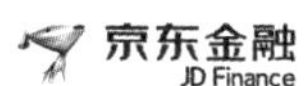

图 7－2　众筹

如果你的产品有亮点，或者有情怀，可以尝试通过众筹来卖货。

众筹的好处是先收钱，再生产，再配送，降低了库存的风险。

众筹只能偶尔来一次，不能经常重复，因此，众筹只能作为常规性销售的一种补充了。

如何做好众筹？主要有以下几点：

挖掘产品和互联网粉丝之间的情怀；

产品的买点清晰打动人；

图片设计和内容编辑颜值高；

牛人帮忙背书；

证明你的产品好。

（六）社群卖货

一切关系皆渠道。

社群是什么？围绕某种主题目的，吸引一群志同道合的人，一起扩大影响力，吸引更多的人来参与，把影响力变大。

社群也可以卖货，也可以引爆品牌。

社群要依赖于工具，如微信群，方便提高运营效率。

社群运营投入较大，包括热情、精力和资金。运营好一个社群并不容易，很多社群不疾而终，也较常见。

社群运营的关键手段：

社群要有宗旨、活动、组织者；

社群要为成员提供服务；

社群运营需要成员的参与；

社群对成员的参与给予激励；

社群要激励成员的分享和奉献；

社群卖货，不适合强制性推销；社群要高于卖货；让社群成员成为新产品的体验者，以及志愿宣传者，更为有趣。

二、社交电商：利用快营销帮你卖货

若有志于实现可持续地打造品牌和卖货，那么，就需要系统地利用快营销思维来设计卖货。

具体思路如下：

目的：打造品牌和实现销量可持续增长。

传播路线：公众号——社群——朋友圈的打通，疏通传播发动通道。

关系路线：渠道——粉丝——传播者设计，设计好利益体系。

品牌积淀：微店和社交电商工具连接，互联网品牌依赖于可视化点评和销量，以取得陌生顾客的信任。

会员发展：为优质顾客提供更深入的服务，增加黏性关系。

发动群众：砍价、拼团和PK，社会化卖货发动手段。

新品开发：要定期推出新品，以丰富产品链、满足顾客需要和提升客户价值。

朋友们可以吸收其中的思路，并创新地用于工作实践。

第三节　如何提升微信营销的精准度

销售管理里有一个模型叫销售漏斗。

什么叫销售漏斗？

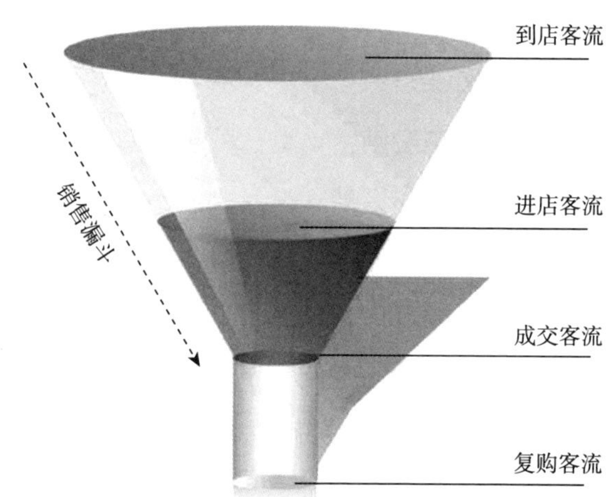

图7－3　销售漏斗

如果你是开店的老板，经过你店门口的客流、进店的客流、最终成交的客流、复购的客流，他们之间是有一个比例关系的。通常到店面的顾客，如每天有10000个人从店门口经过，可能进店面的人有1000人，买东西就200百人。那么这个关系就有点像漏斗一样，一层层漏下来了。

在微信运营里，公众号也有销售漏斗一样的关系，我们前面讲的流量、转化量及销量，对自媒体来讲，通常100个阅读量里可能会产生一个关注量。我们把这个叫作漏斗模型。

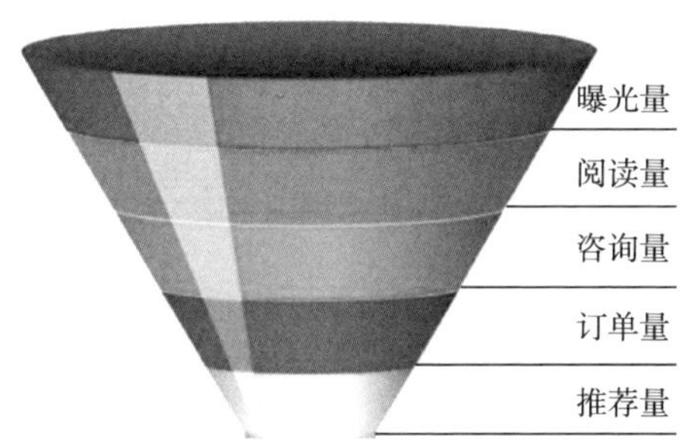

图7-4 漏斗模型

我们也曾看到很多公众号做一些红包等促销活动，但做着做着就不继续了，为什么呢?

因为举办了这些活动，送出这些东西以后，会发现带来的流量是“假的”流量，因为粉丝不是冲着品牌购买的，他是为了占便宜而来的，当没有便宜可占的时候，他们也就走了，他也会取消对你的关注。

这就是如今朋友圈集赞送个东西等活动越来越少了的原因。这种活动的方式太简单，也没有难度，带来粉丝的质量是相当低的，这种粉丝很难转化成为销量。

因此当我们做企业公众号的时候，一定是要有品牌的概念，我们要推送的内容，我们做的活动一定要把真正感兴趣的粉丝吸引进来，哪怕这样的流量、这样的粉丝少一点，也没有关系。因为这样带来的客户是精准的，是有价值的。

当这些精准的粉丝来了以后，我们更有精力去服务好他们。当来了很多乱七八糟的粉丝以后，你会发现他们会扰乱我们的注意力，他会导致我们没有精力去管理粉丝，分不清哪一个是我们真正的VIP客户。

所以，一定要通过品牌的内容、活动，吸引精准的客户，而不是做一些很低门槛的，让人家占便宜的活动去吸引流量。

一、微信快营销的销售模式

他和销售漏斗有相似的地方，但又不完全一样。我把它总结为一种葫芦模型，什么叫葫芦模型？他分上半部分和下半部分，上半部分有点像销售漏斗，因为微信是一个社交平台，他的传播是扩散式的、螺旋式的，他有很重要的转发、分享功能。所以他里面会产生一个新的葫芦的形状，我们叫葫芦模型。

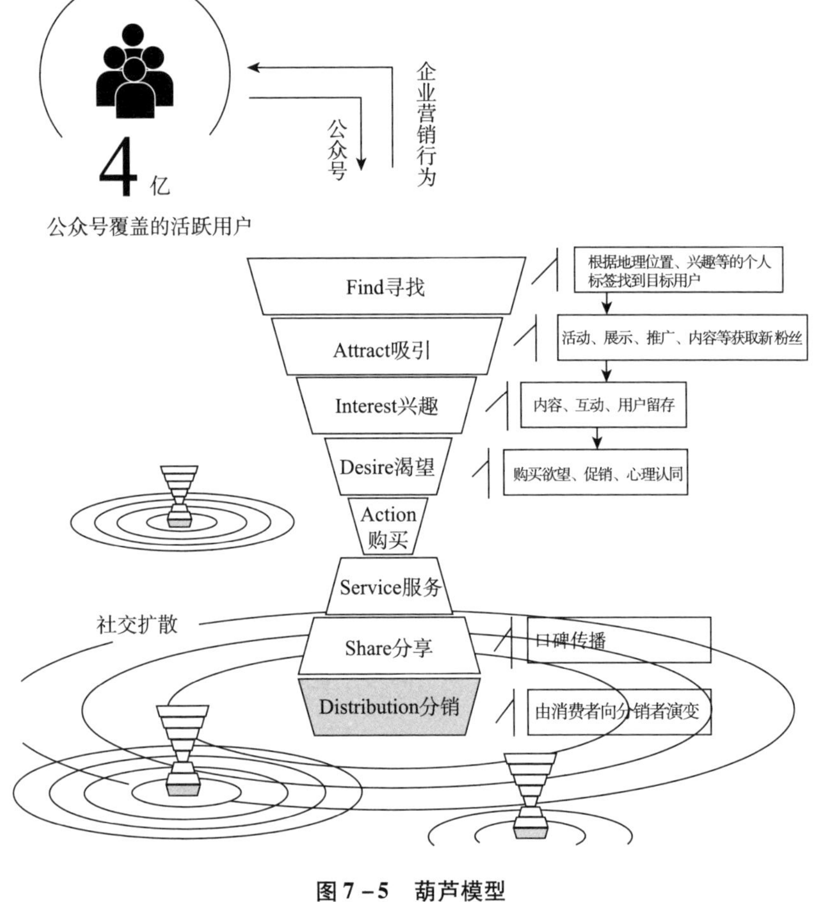

图 7－5　葫芦模型

图 7－5 就是微信生态里营销的时候，通常消费者的行为模式。

在葫芦的上半部分，可能根据地理位置和兴趣等搜索寻找目标客户。找目标客户的这种行为，被微信挖掘为社交广告的营销广告，如我们经常看到的朋友圈广告；如北京人看到北京本地的广告投放，就是基于地理位置找到你，然后向你投放广告，这就是精准的寻找方式。

图 7－6　苹果广告

你在朋友圈看到这些广告以后，它会吸引你的注意力。它可能是一个活动，也可能是一个品牌的展示。有的人会感兴趣，想深入的了解，就会点击进去看一下，进去以后，可能发现是个游戏，也可能是活动内容，也可能是企业品牌介绍等。你可能被这些文案、这些内容、这些好玩的东西所打动，产生一种购买的欲望。如果这个时候他再有促销活动，你有可能马上想买单了。

上面五个步骤，就是社交广告的基本流程和步骤，社交广告的投放也就是根据这些消费的行为特点来进行设计的。

这种方式，我们在线下营销活动中也是可以借鉴的。线下和线上进行连接的时候，把线上的流量转化为线下；或者线下的活动，通过线上进行宣传的时候，都可以利用这个模型去做。

如何做好微信快营销葫芦模型的第一个阶段?

第一个阶段我们也叫吸粉的阶段，即获得流量的阶段。

这个阶段就是找到目标人群，通俗来讲，就是怎样精准吸粉？大家现在做的基本都不是精准吸粉，而是内容吸粉。内容吸粉是用户根据文章内容来关注你的公众号，他觉得这一期的主题好，就关注了，并不是为你的产品、服务、品牌而来，所以内容带来的粉丝，看起来有量，但是粉丝质量还是不够高。

通过内容带来的粉丝变成顾客的概率，根据我的估算，大概有千分之一就不错了。所以很多几十万粉丝的公众号，如果让他卖东西的话，是卖不动的。比如你想和她合作，让她帮你卖货，她一般不愿意，因为她自己也试过，把自媒体上面的粉丝转化为销量是比较难的。因为那些粉丝是冲着内容而来的，而不是冲着品牌、产品、服务来的。所以这种粉丝我们叫“泛粉丝”，“泛粉丝”帮你分享传播的价值，没有销售的价值。

精准吸粉的内容，要通过做活动，做产品去吸引粉丝，这种活动可以在微信上举办，也可以在线下举办。通过这种活动带来的粉丝相对来讲，比内容带来的粉丝要精准很多，带来粉丝的转化率可能能达到10%左右，这是非常精准的。

也还有别的方式，如通过微信朋友圈发布社交广告的方式进行曝光，带给用户感兴趣的内容，吸引他们点击进去观看，然后关注我们的微信公众号，这个也是比较精准的。这类通过大量的曝光带来的关注，带来的粉丝也都是千里挑一的，所以也比内容带来的粉丝要精准很多。这就是很多大品牌更愿意直接投放朋友圈广告，也不愿意在内容上下太多工夫的原因。因为广告带来的顾客，要比内容带来的顾客精准、更有效率。

展示也能带来精准粉丝，做一些展示性的内容，可以是户外，也可以是终端店门口的广告牌等，这种展示带来的粉丝也是非常精准的。一个粉丝精准不精准，在于场景是不是精准。

当用户关注了我们的公众号以后，就要考虑用户能不能留存下来，这个特别重要。

二、 怎样把精准的粉丝长期留存下来

有两种手段，第一种手段是至少每周给他们推送一些真正有营养有价值的内容，这些有营养的内容，一定是和你的产品、你的服务、你的品牌有关系，同时让用户能受益的内容。大家看海底捞的公众号，发的内容都是与吃和健康有关系的，教你怎么做菜、怎么养生、怎么既能吃得好，又吃得健康，而且吃得有趣的内容等。

第二个手段是及时与粉丝互动。粉丝今天关注了我们的公众号，我们要第一时间和她进行互动，打个招呼。微信公众号里有自动回复的功能，这虽然也是一种互动，但是现在大家都明白这种互动是一种机器和人的互动，是没有感情的。我们的客服若能每天抽出专门的时间，24小时之内和这些新关注的粉丝互动一下，这种感觉是非常好的，给新粉丝留下的印象也会很深刻。

除了及时和粉丝互动以外，还可以给粉丝一些福利、红包、券，邀请他们参与一些有好处的活动等，这也属于互动的方式。通过这两种方式，我们基本上就能做到比一般的企业公众号好很多了，基本上就可以最大限度地把精准的粉丝留存下来。

当我们把这些精准的粉丝留存下来以后，还要及时激发她们购买的欲望。我刚才讲过，粉丝对于一个公众号的热恋期最长是三个月时间。因此我们一定要及时地激发她们的购买欲望，把流量转化为咨询量或者销量。通常来讲有两种手段，一种手段叫文案策划，我们找一个节日，如三八妇女节、愚人节等，策划一个好的文案推送给她。

另一个手段是我们要长期和粉丝互动，通过这些文案策划，吸引她们和我们互动，我们再通过销售咨询、促销等方式把激发的欲望转化为订单。这个我们无论是在公众号里面做，还是在朋友圈做，还是在微信

群里做，或者通过一个电商平台去做，其套路是一样的。

另外，尖叫的服务体验也特别重要，从目前来看，互联网上成功的企业，这些电商平台，做得好的基本上都是提供尖叫的服务体验，包括两点，一个是配送到位，配送及时，不让顾客等待和操心。今天京东的配送是最快的，京东的自营服务在互联网是最快的，所以很多人宁愿贵一点，也要以最快速度拿到这个东西，这就是京东成功的秘密，在互联网上这种快就是一种尖叫的服务体验。另一个是服务要体贴一点，站在顾客的角度去想、去推荐产品，并且把这些服务做到位。比如你买一袋坚果，有的淘宝店不仅会送你工具、送你一次性手套，还考虑到顾客可能在外面，提供装坚果壳的简易垃圾袋等，这样的服务就很体贴。

在微信里我们做的服务都做不好，一方面是服务场景不够人性化，另一方面是大家也没有用心做服务。但是如果我们想在微信的生态里做出电商的效果来，就一定要把这个流程理顺。

这个目前证明是没有问题的，社交电商还处于黎明前的黑暗阶段，现在就是处于缺乏一种工具、一种流程、一种成功案例的阶段。目前我看到一些成功的案例，对于普通的企业很难标准化推广。

三、 如何激发粉丝口碑传播

什么是口碑传播？

口碑传播就是粉丝自发地替你宣传，或者品牌 IP 激发用户替你宣传。她购买你的产品或者正在参与你的产品，在整个参与过程以及购买服务、体验的过程中，她都可以替你去宣传。这就需要我们去设计，怎么样才能让她们替我们宣传。

三种激发口碑传播的手段：

第一种是产品足够好，产品的包装设计、功能体验，一定体现产品很牛的卖点。产品好，消费者会产生愿意帮你传播和分享的欲望。

第二种是分享激励，我们鼓励她们帮我们去分享。比如她可以集赞购买减免 20 元、可以邀请她的朋友来帮她进行砍价，可以邀请朋友和她一起购买以享受更低的价格，甚至是买一送一的服务等。

第三种叫超级优惠，通过一些活动，再送她很多产品，让她在这个特殊的时候享受优惠。很多对价格比较敏感的消费者，会对超值优惠非常感兴趣。当她获得超值优惠的时候，就特别愿意把他分享到朋友圈。她在分享的时候带有我们的二维码，这个时候也是替我们进行了免费的宣传。

所以一个完美的口碑传播一定把这三种方式同时策划出来，把各种引爆的效果发挥到极致。

第四节　微信生态营销：连接线上线下

一、微信生态和微信营销越来越重要

当前，微信的月活用户达 10 亿人，相对于上次的统计增加了 3000 万的用户，增速达 30%，这是非常高的速度。

而微信公众平台呢？上一次统计是 1600 万人，现在已经 2300 万人了。这说明微信公众号越来越重要，微信生态越来越重要了。

令人欣慰的是，企业在微信公众号上的投入也越来越多了。根据微信的统计：每年投入超过 50 万元的企业已经接近 100 万家。为什么企业对微信公众号、对微信营销越来越重视呢？我想非常重要的一点是企业已经从微信生态里看到了很多潜在的资源，或已经获得了很多的收益。

最近我们也发现，微信朋友圈的社交广告越来越多了，几乎每天都有，如汽车广告。这也正说明了，微信对生活、对消费者、对用户、对商业的影响越来越强大。我们今天学习微信营销，未来可以派上用场的

机会会越来越多。

二、 线上线下打通，微信营销效果更好

移动互联网营销环境的最新变化

根据大数据反应及我自己的估算，今年线上营销成本上涨了30%。线下的营销成本也一直在涨，这给企业带来了很多挑战。马云正在推动新零售，新零售的核心就是讲线上和线下的卖货打通，交易数据化、用户数据化。无论线上卖还是线下卖，只要以用户为中心，线上的用户在线下买，或者线下的用户在线上买，打通实现全场域融合就是新零售。

马云：新零售是全场域融合与打通

打通以后，获客成本就能降低了。我们最新提出了快营销的O2O2O，讲的是线上和线下打通，线下又和线上打通，形成一个闭环。就是说对于一家零售企业来讲，在线下如果有店铺的，那么适当地要在线上建一个店铺，把用户吸引到线上，再把线上的用户吸引到线下的店铺里，也可以直接在线上进行成交。

也就是要反复地和用户互动，无论用户在线上还是线下，都要建立连接，形成这种互动的关系。因为我们的用户，有的时候习惯在线上交流沟通，有时候习惯在线下走到你的店里面去，走到你的品牌活动里面去。因此我们的营销方式一定要随着用户的习惯、用户的体验去设计，不管是线上体验还是线下体验都要这样设计。

我们需要把各种场景设计出来，无论线上的还是线下的，这些场景都是用户所需要的。当我们把线上的场景和线下的场景都实现了，他们之间就可以通过互联网工具进行连接，这时我们获取客户的成本，以及维护一个客户的成本就是最低的。而且这个客户，你还可以反复地高频次地进行推送广告、开展客户服务、进行客户的二次、三次开发，提高客户的复购。

这种方法本质上来讲，就是用二维码来打通线上和线下，利用微信

进行吸粉和留存，然后实现重复消费，这些就是未来社会化营销的核心。我们不仅仅是要做线上的传播，还要做线下的连接和传播，实现客户关系的管理和客户之间的长期互动。

三、O2O：如何打通线上线下

（一）二维码实现线下与线上连接

线下的活动有两个元素。一个是广告牌，在这个广告牌里有二维码，扫描以后是一个广告，这是第一个设计。就是把二维码植入到户外地推的广告里面。

图 7－7　联通线下活动

比如图 7－7 中联通的线下活动引流线上的设计，四个美女引起围观和疯传。很多人看到美女以后会拍照发到网上去，这个是线下地推的活动，大家可以扫描这个二维码看看背后隐藏着什么？扫描以后发现原来是中国联通卖手机的一个广告。这个广告通过地推的方式及模特的参与引发大家的围观，然后进行销售。这是地推如何与线上进行连接的一个案例。

这种线下地推与线上连接的案例，在教育行业、美容行业、餐饮行业、互联网行业，以及房地产行业，都可以使用。这是一种互联网快营销方式。

（二）线上线下如何吸粉

一种是线下的吸粉方式，包括超市、商场、终端店、社区、三公里半径的营销、线下活动等场景。

线上的方式一种是通过内容来吸粉，一种是通过发动粉丝在朋友圈传播带来粉丝，还有一个方式是通过联合行业里面的大咖，一起做背书/代言，这是大咖推荐的方式。

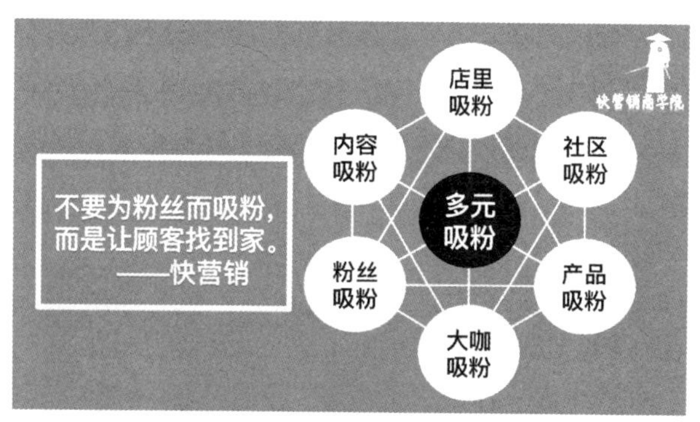

图 7－8　让顾客找到家

在吸粉的过程中，不要为粉丝而吸粉，而是让顾客找到家。我们吸引的是顾客而不是假粉丝，现在有很多加粉的软件，加的全是僵尸粉，没有任何价值。我们通过多元化的方式吸引粉丝，吸来的粉丝一定是精准的，是想购买的，我们叫潜在的顾客。

（三）几种常见的二维码营销

二维码是互联网流量的入口，是程序化营销工具。我们谈社会化营销，无论是在线上，还是线下地推，都不能离开二维码。今天我们不管是微信支付、支付宝支付，都需要扫描二维码，又或是买了一个产品，产品的背面有二维码，可能是公众号的二维码，也可能是产品的溯源码等。

今天二维码已经越来越深入我们的生活里面了，二维码营销越来越重要了。没有二维码，互联网营销是没有效率的，营销成本长期来看会很高。过去很多的营销都是线上的，那个时候没有二维码，比如我们做百度推广，直接把用户引到网站上去。现在我们如果从一个屏幕到另一个屏幕，进行跨屏营销的时候，就必须有二维码。现在移动互联网最核心的就是二维码，比如你在电脑上看到一个特别好的东西，想通过手机付款的时候，就需要扫二维码，进入到付款的页面去。

公众号二维码营销

公众号的二维码，大家是非常熟悉的。通常我们在微信公众号文章底栏，会看到一个让我们关注的二维码。

图 7－9　公众号二维码

还有广告＋二维码，就是一个广告加上一个二维码（如图 7－10）。这就是公众号的二维码营销。

图 7－10　广告＋二维码

添加客服的二维码

这是个人微信二维码，由公司统一配备与管理，交给客服使用。当要把感兴趣的潜在顾客，转化为咨询、转化为销售的时候，要通过加客服个人的二维码进行实现，这是非常关键的。我们看到这个二维码跟我们平时的二维码不太一样，是第三方平台制作的，看起来漂亮一点，更吸引人一点。

图 7－11　广告二维码

我们再看这个二维码，大家来扫一扫，这个二维码和前两个二维码又不一样了。当各位扫描这个二维码以后，会发现里面是一篇文章。假如我们需要有一个产品说明的内容给用户看，就可以使用这个方式，就不需要像过去用印刷彩页给用户了。

图 7－12　产品二维码

数字化体验越来越普遍，消费者可以通过扫二维码了解产品的信息，如在博物馆你可以扫展品二维码来了解详细资料；在工厂车间，工人可以扫机器旁边二维码来了解操作介绍；快消品企业可以做二维码产品目录，这样可以及时动态更新信息，又不用像印刷册那样需要反复修改。

大数据时代，企业的一切活动都要数据化。活动的数据化，就要进行统计，二维码可以实现一人一码、一活动一码，实现市场活动的统计和市场活动人员的工作效果的统计。如图 7－13，这是基于微信生态的一人一码。

图7-13 基于微信生态的一人一码

这个二维码可以用于线下活动、线上活动，对每个市场人员的工作努力进行统计和评估。

第五节 微信营销，关键是抓住6个目标

微信营销比过去的营销更加复杂。实操发现：微信营销的目标更明确了，目标一旦明确，就可以更好地帮助企业从传播到转化，到成交，到客户关系管理的实现，这就是微信快营销的精准原理。

过去几年一直刮的是个人自媒体的风，个人自媒体内容的传播是为了实现阅读量继而实现广告变现，并不去谈传播给企业带来的品牌营销价值和销售的价值等。个人自媒体只谈一点，我有多少的粉丝，我有多少的阅读量。但企业更关注的是有效的传播，有效的资源量，有效的转化，有效的成交。因此我们谈微信生态营销的六个目标的时候，已经非常前瞻性地围绕企业的需求去分析。

一、微信营销第一个目标：通过微信生态进行品牌传播

微信的品牌传播，有三大场景：一是自己的公众号，二是通过公关活动让更多的自媒体报道企业的活动，三是投放朋友圈的社交广告。比

如我们看到的京东社交广告，苹果的社交广告等，这些都是品牌传播。

对于中小企业来讲，通过公众号发布内容，在内容里面呈现产品信息，这也是品牌传播。对公众号营销来讲，品牌转播最基本的功能基本都能得到满足，但企业的需求不仅仅满足于品牌传播，企业的需求越来越高。

公众号 + 朋友圈 + 微信群

我们通常是通过公众号发内容，在内容里面植入我们的产品广告，通过这种方式实现从阅读量、传播量到销量的转化。这还是初级做法。也有的朋友会把产品图片加上支付二维码发到朋友圈，这只是入门玩法。高级的玩法是把多种方式组合起来，实现微信生态营销，引发连锁规模效应。

二、 微信营销第二个目标：吸引粉丝关注

这个关注指的是精准的关注。包括现有的顾客、线下的顾客、通过社会化营销带来的潜在的顾客对企业的关注。因此这里的吸引关注，不仅仅是通过公众号发布内容带来的粉丝，还是通过各种渠道、各种活动、各种方法所吸引到的精准客户。这和个人自媒体吸引的内容粉丝是完全不一样的，企业要求吸引的用户、吸引的粉丝是非常精准的，企业是以品牌营销为导向的，以企业的品牌传播、产品的销售、渠道的建设、线下的动销为导向。企业对粉丝的要求，对用户的要求会更高，更精准，吸引精准客户的关注才是企业真正的需求。

三、 微信营销第三个目标：通过社群把顾客进行集中管理或服务

有的通过公众号进行集中管理，有的通过微信群进行管理，有的通过 QQ 群进行管理，这是目前主要的三种社群管理手段。

社群集聚这些粉丝、用户、顾客的目的是为了能和他们建立长期的关系，希望品牌、产品能长期地和他们发生互动，也希望他们向朋友圈推荐，当然，也包括在进行新产品开发的时候，这些用户能够提出一些建设性的意见来，甚至是参与到企业的品牌推广中。

四、 微信营销第四个目标：诱发客户咨询

这是一个比较重要、高级的目标，通过社会化营销，企业希望关注到企业广告、产品、内容的粉丝和用户能够产生咨询量。咨询就意味着对企业品牌、产品产生了兴趣，而这种兴趣有可能转化为销售。我们做社会化营销最核心、最关键的一步就是第四步，即我们在做推广、宣传、营销的时候，能不能引起粉丝的兴趣，诱发她们咨询？

所以我们每一次的策划活动，无论是线上的还是线下的，无论是在微信里面的，还是在微信之外的互联网里面的，还是线下的店铺里面，还是店铺之外的三公里营销等，我们的宣传页、落地页的目的就是诱发流量产生咨询。

这一点企业要特别关注。第四个目标和过去单纯做公众号内容完全不一样了，诱发咨询式的内容、文案、宣传是一种更高级的需求，这种需求是和销售转化联系在一起的，这才是企业做公众号运营的正确姿势！根据我们的测试，诱发咨询的内容阅读量未必非常高，所以企业一味地学个人自媒体追求阅读量、粉丝量，是完全错误的。

个人自媒体是要做粉丝量，做阅读量，最终是靠广告变现，但是他的内容对于企业来讲，带来的客户咨询量往往不高。而且这些阅读量带来的粉丝未必是我们潜在的客户，很难把她们完全转化为我们的客户。因此以成交为导向的这种诱发咨询式的内容，就是我们的创意文案，就是我们的创意内容。今天企业已经看到，单纯的自媒体玩法，是没法给企业带来真正的品牌传播和资源销量。

五、 微信营销第五个目标：促进线下动销

这比诱发咨询的营销目标又高了一层，现在在微信生态里面，线上下单这种功能是可以的，效果也越来越好，微信生态由过去资讯的场景，逐渐向商务的场景加强。所以我们也看到朋友圈的社交广告出现得越来越多了。用户会越来越习惯微信生态里的销售，所以线上下单是非常重要的目标。

传统线下营销的现状非常不好，但也有的企业做得不错。最近我去成都糖酒会，发现最近两年做得比较火爆的一些新品类、新产品，都是线下和线上互联网营销紧密结合在一起的。他的产品可能在终端店里销售，可能在餐饮店里销售等，但一定是在线上引爆，然后通过场景营销的方式打通线上和线下。这里面最重要的一个工具就是微信，通过微信朋友圈的宣传，通过微信群，通过消费场景的二维码进行连接，把线上和线下连接起来。从这个角度讲，线上的社会化营销也能促进线下的动销，这是目前非常重要的“传统营销 + 互联网”的营销方式。

无形产品的宣传、营销和销售，线上线下是一体化的，我们做无形产品服务，互联网是最好的营销工具，成本也是最低的。比如我服务过的国际教育和外语培训，就是如此，除了无形产品，更大的一个市场就是有形产品，有形产品通过线上进行宣传、展示和电商平台销售，这是一种情况；还有一种情况是线上宣传展示，然后通过线上进行销售，大部分的快销品都是通过这样的方式进行销售的。

线上主要通过互联网进行宣传和与粉丝互动打通线下的场景，最终促进线下终端体系的销售。这是有形产品的营销，把线上场景的宣传和线下的场景动销结合在一起。对于不同的行业，不同的品类，不同的产品来讲，我们在做社会化营销，将线下和线上进行融合、打通的时候，会采取不同的方法来做，每一个行业，不同的企业，做法一定是完全不一样的。营销就是个性化的，根据企业的优势，根据企业的能力、特

长、资源找到最佳的营销方式。

六、 微信营销第六个目标：活动售卖

假如做一次活动售卖，我们希望活动引爆，让很多人关注这个活动，引爆以后带来很多的粉丝实现很好的销售，应该怎么做？根据实践，通常包括四大步骤。

如何在微信里策划一场热卖？

第一个步骤：预热风暴。

做一个活动要提前三天甚至一个礼拜广而告之，在朋友圈、微信群、公众号里面进行预热，告诉粉丝我们哪天有非常惊人的、非常低价的、非常优惠的活动，马上就要亮相了，让看到的人感觉这是一次千载难逢的机会，把他们的注意力吸引过来。这整个策划叫预热。

第二个步骤：活动首发。

预热以后，到活动的那一天我们做首发仪式。做首发的时候，一定要在首发的第一天、甚至第一个小时里实现非常好、非常高的销量。这个控制是非常重要的，大家是否还记得每年“双十一”的活动是怎么策划的？在活动的当天第一个小时突破了两百亿元销售额，又过了两个小时突破了多少，不断地给你期待，引起所有的用户持续的关注。对这次活动感兴趣的人，关于活动的整个进展，一定要及时释放给他们好的消息，制造非常火爆的万人疯抢的气氛。让很多犹豫的人着急起来，产生一种想去抢、再不抢就来不及了的感觉。所以活动的首发特别重要。

第三个步骤：活动刺激。

当活动进展到一天、两天，就会发现想购买的用户越来越少了，大家那种疯抢的状态变少了，这个时候我们的玩法要适当地做一些变化。在这个时候做一些很吸引人的活动，再一次吸引更多的人参与到这次活动里来，再次把活动推到新高潮。

第四个步骤：案例营销。

当活动经过三天、一个礼拜以后就结束了，但活动结束后我们的营销并未结束。我们看到很多成功的案例，尤其很多互联网营销的案例，虽然不太成功，但是也会包装为成功的案例，譬如“24 小时实现 1000 万疯狂销售”，然后通过案例营销再一次吸引更多人关注其品牌或公众号。这是案例营销的套路，我们也要借鉴和使用。

图 7－14 有 3 个关键点，第一个关键是多元吸粉，在活动引爆、预热的阶段，我们目标是让更多的人关注、了解、知道活动。这个叫广而告之，广而告知的目的是通过多种渠道吸粉，吸来的粉丝用来参与这次活动。“蓄势才能引爆”。能吸来多少粉，意味着这次的活动能引起多少人关注。

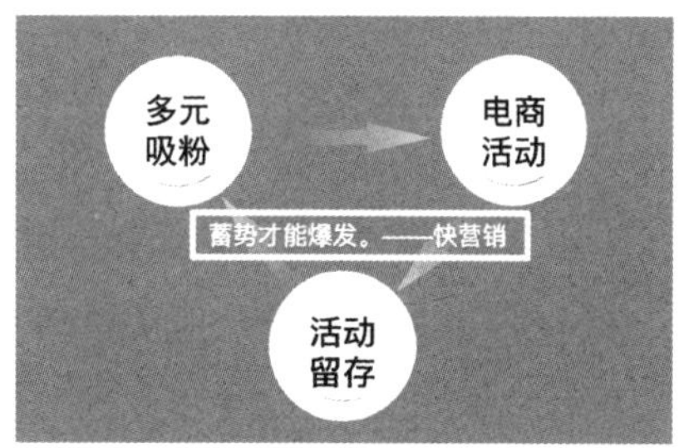

图 7－14　案例营销

第二个关键是刺激再刺激，以及节奏的控制，不断地创新营销手段，不能一招用到老，守正出奇。

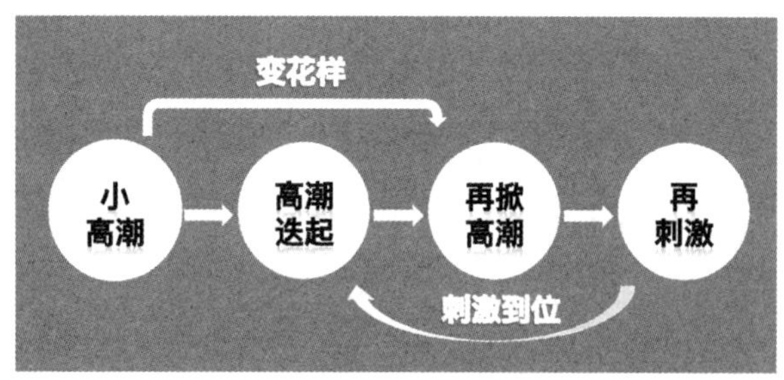

图 7－15　不断刺激

第三个关键是活动的留存，这次活动结束以后，通过这个活动存下了什么？除了销量以外，更重要的是通过活动存下一些忠实的粉丝和用户，为下次活动的引爆打下基础。一次成功的活动策划必然要在这三个阶段都做得非常极致漂亮，否则也很难成功。

第六节　微信产品自营销

虽然，张小龙一再声明微信是社交平台，而非营销通道。

但事实上，很多人都通过微信平台，取得了不错的营销效果。

我们在朋友圈经常看到不错的产品，通过微信营销，取得了不俗的成绩。

什么样的产品能在朋友圈火？最主要的是产品本身能够实现自营销。

一、什么叫产品自营销

产品自营销就是产品自己具有静销力，产品一旦进入人们视野，就会自动自发地实现传播和销售。这是社会化营销时代的机遇，对于有故事、有颜值的好产品，会自动地实现自己的传播和营销。

好的产品放在货架上，即使静静躺在那里，勿需额外的广告或其他推广，他也能很好地吸引消费者的眼球，自动卖起来，而且还会卖得很好，这样的力量就叫“静销力”。自营销就是具有超级静销力的产品营销。

营销之父菲利普·科特勒说：“营销绝不只是为产品安上一个名称，编造一个故事，营销是对伟大理想的表达和解读。”只有将营销融入产品的设计过程中，让好产品与好营销共舞，才能完美传递伟大的商业理想。

当产品最终上市营销的时候，可能出现 4 种结果：

- 产品没有故事，营销也没有故事；
- 产品没有故事，营销编了一个故事；
- 产品有故事，但营销讲的是另一个故事；
- 产品有故事，营销把他唱成了一首动听的歌。

只有当产品与营销唱着同一首动听的歌时，企业才能成就他想要的未来。

二、 朋友圈自营销产品的五项基本原理

朋友圈能够实现自营销的产品，有五个基本原理：

（一）有故事

唯有故事，才能和粉丝产生共鸣。

一个品牌，一个产品，不仅仅是品牌名那么简单，而是品牌名背后的故事。

小米背后的故事是科技发烧友。

iPhone 背后是乔布斯的传奇。

锤子背后的是“匠人情怀”。

（二）有颜值

腾讯研究报告显示：“90 后”多是颜值控。

朋友圈的照片当然要颜值高。颜值高，一眼看见。

爱分享的主流人群是“90 后”，因此，一定要抓住这个群体。

什么样叫颜值高？

符合你定位的阶层的品位，即是颜值高；大俗大雅，各有群体。

像 iPhone 的审美，注定了非大众市场。

颜值即是竞争壁垒。产品外观、产品照片，真正要做到美观、有逼格，需要花费很多功夫，这是高水准手艺，一般公司还真做不出来。

女性关注的颜值和男性不同，因此，多去摸索你定位的群体的审

美观。

商业美学，暗示的就是你的品位。

（三）有品质

任何想可持续发展的产品，必然要满足行业中的品质，并保持稳定。

品质是产品之本。品质不能符合要求，产品营销就苍白无力，营销人员就会缺乏信心。

满足了基本品质要求，还需要在卖点上提升品质。

譬如国产手机品牌主打电池续航。

图 7－15　国产手机主打电池续航

（四）有体验

消费者要购买的是完品，完品包括品牌＋产品＋体验。

体验为王，超出粉丝期望的体验，必将引发粉丝尖叫，以及疯狂转发。

iPhone 的口碑建设，就是从体验开始；

大屏幕，上网快。

体验即是竞争壁垒，体验是细节活。

朋友圈关于引爆、关于爆款，谈得太多了。但真正做到爆款，有那么容易吗？你做款高颜值、体验好的产品试试？真的很难！1% 比例都达不到。

因此，做产品，不是打嘴炮；是功夫活，是手艺！

（五）性价比

若不偷工减料，同样质量同样功能，成本低就是最大的优势。

性价比产品是全面质量成本的成果，在中国这是最大的竞争法宝。

一般厂商，同质化产品要么是把成本做高了，要么就是质量达不到竞争要求。

成本比对手领先一步，那么在渠道板块就领先对手两三步。

最近在做产品，我深知成本控制是多么重要；一分一块都要削减。

这是没做过产品开发的人不懂的。

三、自营销的连接和放大

产品自营销，无声无息。

他的好，他的吸引力，需要连接媒介。

公众号、微店、图片二维码就是最好的媒介。

公众号的价值是用来传播和扩散。

微店的价值是用来实现买卖交易。

产品图片二维码是一目了然的口碑宣传。

这三者各司其职，最终连接为社群。

虽然社群营销，我们说本质是人和关系。

但实践的角度来看，体验和需求才是最终自营销的原动力。

第七节　微信营销与众筹

咖啡馆可以众筹，虽然咖啡馆众筹有成有败；

图书可以众筹，2015 年《快营销》茶馆在京东取得了成功；

股权可以众筹，股权众筹未来是创业者的福音；2018 年回看历史，股权众筹失败多。

……一切皆可众筹。

图 7－16　《快营销》茶馆

一、众筹那么火，你真了解吗

什么是众筹？即大众筹资或群众筹资，是一种通过互联网方式向网友募集项目资金的模式。通俗的说法就是，彼此成就梦想，大家筹钱完成一个任务。

众筹是一个舶来品，众筹是 Crowdfunding 的意译，按照维基百科的解释，他是指“通过网络平台展示、宣传原生设计与创意作品，并与大众解释让此作品量产或实现的计划；有兴趣参与及购买的群众，可借由预购或者赞助的方式，让此计划实现”。

现在众筹通过互联网方式，发布筹款项目并募集资金。

众筹不同于互联网预售和团购，看似非似。预售是 B2C（B2C 是 Business－to－Customer 的缩写，零售的意思），众筹偏向 C2B，就是筹客先有购买或投资的意愿，筹资人按需组织生产。

二、众筹是未来趋势，何不利用

随着互联网普及化和成熟化，众筹未来会越走越远。

众筹降低了创业者融资的门槛，比起每年仅有几千创业者拿到投资，众筹可以让更多有情怀有机会的创业者多了一个融资渠道、实现梦想的可能；众筹不仅能筹到钱，更重要的是可以筹到资源、筹到智慧、筹到种子用户，即对你的产品或服务最感兴趣、最有包容度的用户，这是花很多市场营销费用都未必能获得的；众筹可以让很多资金进入实业，进入股权投资范畴，比炒股、炒房综合回报率更高。

前面这段文字是我 2016 年撰文，今天来看，众筹衍生为事业合伙人更为靠谱，更能落地。

三、 玩转众筹，你需要了解三大特性

• 排他性：即处于众筹期限内的产品仅在单一渠道发售，在其他渠道享受不到相同的产品回报和服务回报；

• 预售性：即出资人先付款，筹资人经过一段时间的生产制造或进行服务前期准备工作后，再给予出资人产品回报或服务回报；

• 有下限：即众筹项目的成立需要募集的资金到达一定的规模下限，否则项目不能成功启动。

四、 选择适合你的众筹方式

目前众筹方式主要分为 4 类：

• 债券众筹：投资者对项目或者公司进行投资，获得一定比例的债权，未来获取利息收益并且收回本金；

• 股权众筹：投资者对项目或者公司进行投资，获得其一定比例的股权；

• 回报众筹：投资者对项目或者公司进行投资，获得产品或者服务。比如快营销茶馆就是这类回报众筹，也叫产品众筹；

• 捐赠众筹：投资者对项目或者公司进行无偿捐赠。

目前，比较流行的是股权众筹和产品众筹。我们重点交流产品众

筹，因为其应用比较广。

五、 股权众筹怎么玩

一般情况下的众筹流程是这样的。

1. 项目介绍

项目简介，你们从事的是什么样的一个事情？目标用户是谁？目标用户的需求是什么？计划如何满足目标用户的需求？做什么样的一个产品？这个产品有着怎样的前景？如果有非常棒的PPT（给投资人看）或者视频（方便传播）介绍项目，将会达到意想不到的效果。

告诉投资者你们在做什么样的事情！

2. 团队、公司或品牌介绍

成功运作过哪些项目？还是有哪些经验？或者是你们的态度是什么？告诉投资者你们是怎么样的一个团队在从事这个事情，为什么是你们在做这个事情？

如何说服投资者相信你们可以完成这个事情。

3. 众筹模式的设计

目前众筹方式主要分为4类：

- 债券众筹：投资者对项目或者公司进行投资，获得一定比例的债权，未来获取利息收益并且收回本金；
- 股权众筹：投资者对项目或者公司进行投资，获得其一定比例的股权；
- 回报众筹：投资者对项目或者公司进行投资，获得产品或者服务；
- 捐赠众筹：投资者对项目或者公司进行无偿捐赠。

项目发起人，心中要有一个基本的众筹模式，是若干种模式的组合还是某一种模式。

告诉投资者他可以获得哪些收益。

4. 宣传造势

造势是吸引人们眼球的必要手段，许多众筹活动在第一天就获得了人们的密切关注，并在推进过程中引起了持续的讨论。造势的另一种重要方式是吸引人们讨论你的公司。有 60% 的众筹没有达到融资目标，而未能持续地成功造势是其中一个重要原因。

被媒体和社交网络关注得越多，你的众筹页面就能获得越多的流量，潜在的投资人数量也就自然多了，而关注项目的投资人数量是是否可以达到众筹目标的关键。

5. 领投人

一个项目的众筹金额较大时，是否有领投人将是该项目是否可以达到融资目标的关键之一。领投人需要做尽职调查，让更多的投资人更好地了解项目风险和前景。有投资行业的知名人士领投，在投资行业将可能会有一批人跟风投资，他们会认真考虑领投人的投资建议。如果是区域性的项目，当地的知名人士或者企业参与领投，将会降低当地人的防范意识，至少他们不会轻易考虑是否会上当受骗。

毕竟人们对于没有见过面的陌生人的项目存在天然的抵触防范心理，领投人将大大增加人们对项目的认可度。

6. 与投资者沟通

众筹的机制意味着你无法与投资者面对面交流。而对投资者来说，他们总是希望能亲眼见到所投资的对象，并亲耳听听他们将如何花掉融资的资金。以往，企业需要举行投资者会议，展示各种图表，使投资者得到他们想要的信息。

在众筹时代，重要的一点是以合适的方式，与你的投资者保持持续沟通。你需要做的不仅是告知他们信息，还要与他们互动。另一种与投资者互动的好办法是亲自去见见他们；你不能去见每个人，但这样的线下会面和演示将有助于提升投资者的信心。

7. 备案

如果项目达到众筹目标、超出众筹目标或未达众筹目标，怎样处理相关后续事宜?

六、 产品众筹怎么玩

产品众筹的平台比较多,我推荐京东众筹、众筹网。

1. 选择哪个平台

京东众筹的好处就是品牌优势,对参加者有品牌背书,但门槛高、操作流程很长;众筹网进入门槛低,效率高,由于进入容易,所以你看到网站上的项目失败率会高一点。京东把关严格,所以你会觉得成功率高。其实呢,关键是你的项目好坏,以及你的资源和粉丝是不是很强大。如果你强,在哪个平台都能成功。

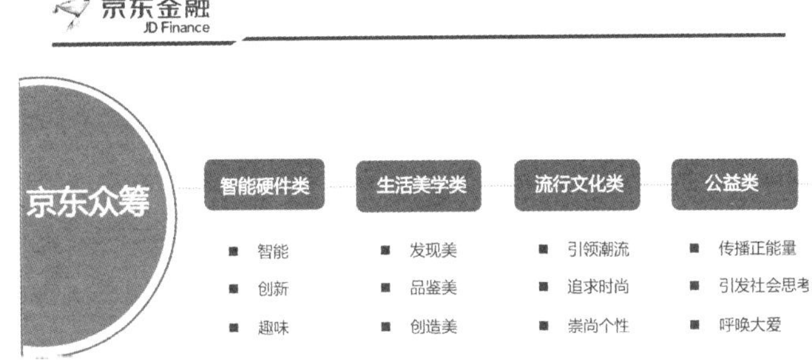

图 7-17 京东金融

2. 京东众筹流程

京东众筹定位:智能硬件、流行文化、生活美学领域,新奇好玩、具备生活品质的项目。支持彼此的梦想,注重参与感。

如果想上京东众筹,首先拿着自己的产品给他们看。如果产品不错,他们就会请你填表格备案,然后派专人跟进,沟通产品图、文案等各种细节。

团队这边,需要两个并行,一个是研发生产团队,一个是宣传推广团队。应对京东众筹申请表格、文案、图片等宣传推广部分,有两周就可以了。然后就是等待产品这边出手板,测试。京东众筹要求你一定要

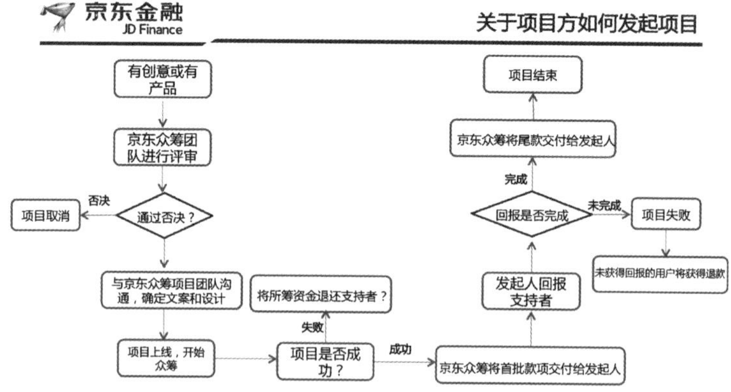

图 7－18 京东众筹项目发起

有产品实物才能上，甚至对包装盒都会严格审核。

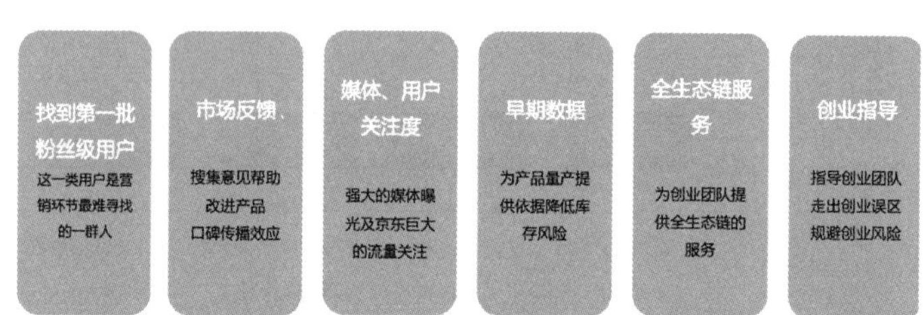

图 7－19 京东众筹给新品带来什么价值

另外，众筹的东西一定要有差异化，真正是能够在市场上有亮点的东西，否则，京东宁愿不做这个项目。

3. 研发生产和供应要保证

（1）优先考虑供应链

一个产品，在设计的时候就应该先考虑供应链。第一，产品的质量和成本是设计出来的；第二，涉及生产中器件的供应和可获取性。所以在实现这个产品的过程中，在创意设计阶段，供应链问题都要考虑讨论、固定下来。

我在做快营销茶馆的时候，一开始就要确定好茶馆的方式，以及如何交付服务。最先考虑在 YY 平台来做，后来考虑到大家用 YY 比较少，如果要下载，估计比较烦琐，很多人还不习惯，所以最终采用了微信平台。

（2）找大牌供应商

在产品研发生产过程中，一定要找大牌、有资料的供应商，让他们给你做保底。我们小规模的创业公司因为各种原因往往会选择小规模的厂商，他可能不是山寨，但如果跟这种在工艺上、产能上、在整个风险的控制上，都没有经验的公司合作，以后可能会有发生意外的情况。这就会影响众筹。

我在做快营销茶馆的时候，书的合作伙伴选择了电子工业出版社。因此，书的编辑和印刷质量都比较好，而且定价合理。

（3）创意文案

第一，商标和知识产权问题。

在京东众筹的时候，京东会要求你提供商标或知识产权证明，你如果有就尽早准备，如果没有，估计很难上众筹平台。

我和京东合作的时候，因为有和出版社合作协议，所以就比较顺利地通过了。

第二，把产品亮点表达出来。

在宣传时，要从用户的角度考虑。技术的东西，尽量少讲，而是要用“比拟”的广告手法去实现，因为用户不懂技术，你讲多了，他就不感兴趣了。尽量设置很多场景，让用户感觉这些都是发生在他们身边的事，触及他们的痛点。把这个痛点通俗地描述出来，而且尽量用图片、视频的形式呈现，而不是很长的文字类、技术类堆砌。

图 7－20　表达产品亮点

4. 专人负责和京东对接

京东的要求还是很严格，比如，图片的尺寸必须是＊＊×＊＊（如搜索页入口 235～235（尽量无文字），详情页主图 650～420 等），产品的卖点必须有多少个，设置的场景不能太虚，必须是用户很容易理解的。

再比如价格，我们当初有自己理解的定价，但京东在这个方面可能更有经验，他可能会制定更合理、更有吸引力、更有技巧性的价格档位。

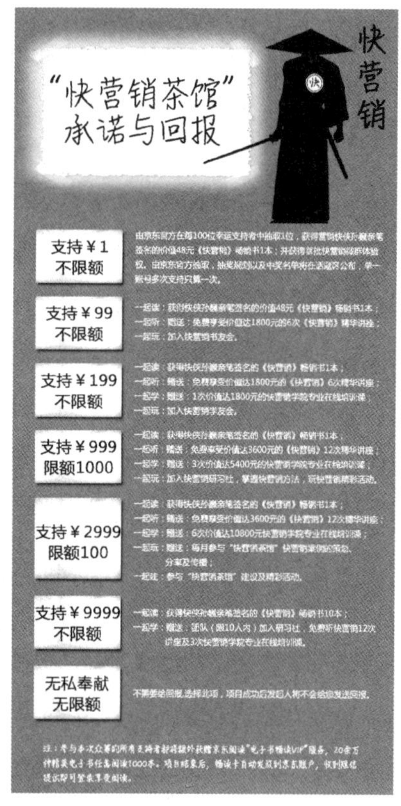

图 7－21 价格档位

京东众筹要求你的产品要与产品说明文案描述一致，像“全球首款”这类的话都不能写，不能虚假或夸大产品功能、特性。

5. **媒体传播**

（1）与媒体建立合作，多推宣传稿

众筹之前的媒体宣传还是非常有必要的，如果这方面多投些精力，成效也会非常明显。一定要利用媒体发布内容，并且制造亮点被媒体追捧，引起自媒体转载。

（2）利用微信

微信公众号、微信群和朋友圈转发最为关键。

充分利用自己的人脉，发动粉丝传播；发动亲戚朋友帮忙，发动合作伙伴参与。

（3）借力网红

如果有网红资源，也可以建立合作，帮忙助推一下。

在流量方面，不要寄望于京东；除非你想做京东广告推广。

七、 众筹的本质是筹足钱、筹对人、筹众智

表面看，众筹即大众筹资，众筹是筹足钱。理想地说，众筹要筹足钱，可以去实现想要干的项目，有了足够的钱，才可能真正实现项目目标。

但是，一些人把筹钱作为唯一目的，项目筹到钱即可，且不管后期项目是否实现，不对参与者负责，结果让众筹变了味，即“众筹即卖货”。

其实，众筹也是筹人，筹对人。比如项目发起人，项目股东，项目支持者。这些人的利益和要求，直接影响后来众筹项目的成败。

众人参与，众筹聚集起来的不仅是钱、人，更是智慧，众筹还是筹众智。

第八章
企业微信营销的 H5 实战

第一节　入门：H5 快营销第一课

似乎就是在一夜之间，各大公司的市场、公关等负责推广和传播的部门人员，纷纷把目光投向了 H5。尽管这个由 HTML5 简称过来的词汇，在大多数人听起来，仍十分陌生且难以理解。

一、 什么是 H5 营销

H5 原本是一种制作网页的标准计算机语言，由 HTML5 简化而来的词汇，如今却借由微信移动社交平台，走进大家的视野。H5 的营销场景主要是在微信朋友圈。

从营销角度来讲，我们不但可以用 H5 在页面上融入文字动效、音频、视频、图片、图表、音乐和互动调查等各种媒体表现方式，将品牌核心观点精心梳理重点突出，还可以使页面形式更加适合阅读、展示、互动，方便用户体验及用户与用户之间的分享，正是具备了这样的营销优势，H5 技术的运用不但为移动互联网行业的高速发展增添了新的契机，也为移动互联网营销开辟了新渠道。

图 8－1　天猫 H5 营销

H5 是集文字、图片、音乐、视频、链接等多种形式的展示页面，丰富的控件、灵活的动画特效、强大的交互应用和数据分析，高速低价的实现信息传播，非常适合通过手机展示、分享。也因其灵活性高、开发成本低、制作周期短的特性使其成为当下企业营销的不二利器，常见于企业宣传、活动推广、产品介绍、会议邀请、公司招聘等。

企业要想应用 H5 营销取得理想效果，就要从 H5 立意、创意、设计，到制作、传播上下足功夫。

首先，要在创意和内容上追新求异。一个让人眼前一亮的 H5 营销一定是一个会制造话题的技术活。创意上要结合品牌调性，达到视、听创新；内容上要做到有趣、好玩、实用、有价值，另外还需紧跟热点，利用话题效应，只有这样才能抓住用户的眼球，才能促使用户进行分享、传播，达到营销效果。

其次，要深挖 H5 的价值点。一个好的 H5 一定具备打动用户的价值点，尤其是功能型 H5，需要根据本身品牌的形象定位及受众的特性设计，将品牌或产品的功能性特征抽象到生活方式或者精神追求的层次，只有这样才能与用户产生共鸣。例如，卖体育用品的可以抽象为体育锻炼与健康生活方式，设计一个改善身体健康状态的功能型 H5。

再次，要从技术上寻求突破。要想让 H5 营销脱颖而出，其核心应用技术也必须“高大上”，必须大胆应用其多媒体特性、三维图形制作及 3D 特效等功能属性，而不是仅体现在触摸、滑动等传统 PPT 幻灯片的简单操作上。

最后，多渠道推广 H5。可以充分调动身边任何可以利用的渠道资源，进行多种形式的推广，比如通过公众号进行图文群发推广、微信群推广、线上线下二维码推广，以及 KOL（意见领袖）转发和投稿等。另外，可以策划开展多样线上线下活动，促进用户品牌倾向性。

二、 H5 营销有什么优势

传播。优秀的 H5 传播力相当惊人，能利用用户的好奇心理来传播。

创意。往往能引起传播的 H5 是创意的，不管是形式上还是内容上、风格上都是值得我们学习和参考的。

符合产品调性。这一点不多做解释，如果一个营销创意跟自己的产品无关，那就没有什么价值。

三、 4 种常见的 H5 专题页

从功能与设计目标来看，H5 专题页主要有以下 4 大类型：

1. 活动运营型

为活动推广运营而打造的 H5 页面是最常见的类型，形式多变，包括游戏、邀请函、贺卡、测试题等形式。如今的 H5 活动运营页需要有更强的互动、更高质量、更具话题性的设计来促成用户分享传播。从进入微信 H5 页面到最后落地到品牌 App 内部，如何设计一套合适的引流路线也颇为重要。

2. **品牌宣传型**

不同于讲究时效性的活动运营页，品牌宣传型 H5 页面等同于一个品牌的微官网，更倾向于品牌形象塑造，向用户传达品牌的精神态度。在设计上需要运用符合品牌气质的视觉语言，让用户对品牌留下深刻印象。

3. **产品介绍型**

聚焦于产品功能介绍，运用 H5 的互动技术优势尽情展示产品特性，吸引用户买买买。比如 LEXUS NX 是其中的优秀代表案例。

4. **总结报告型**

自从支付宝的十年账单引发热议后，各大企业的年终总结现也热衷于用 H5 技术实现，优秀的互动体验令原本乏味的总结报告有趣生动了起来。比如《京东的十大任性》用 10 张横屏页面讲述了京东在 2014 年的十大成就。

图 8－2　京东的十大任性

四、 4 种 H5 设计风格

在确定了专题页的功能目标之后，接下来就是关键的设计阶段了。如何有的放矢地进行设计，需要考虑到具体的应用场景和传播对象，从用户角度出发去思考什么样的页面是用户最想看的、最会去分享的。以下列举几种常见的 H5 专题页表现形式：

1. 简单图文

简单图文是早期最典型的 H5 专题页形式。“图”的形式千变万化，可以是照片、插画、GIF 等。通过翻页等简单的交互操作，起到类似幻灯片的传播效果。考验的是高质量的内容本身和讲故事的能力。

2. 礼物/贺卡/邀请函

每个人都喜欢收到礼物的感觉，抓住这一心理，品牌推出了各种 H5 形式的礼物、贺卡、邀请函，通过提升用户好感度来潜移默化地达到品牌宣传的目的。既然是礼物，那创意和制作便是重要的加分项。

3. 问答/评分/测试

问答形式的 H5 页面也屡见不鲜了，利用用户的求知欲和探索欲，一路选选选，看最后到底是什么成绩。一条清晰的线索是必要的，最后到达的结果页也需要合理不突兀，如果能辅以出彩的视觉和文案，弱化答题的枯燥感那就再好不过了。

4. 游戏

从“围住神经猫”“看你有多色”等单纯小游戏再到一些品牌植入式小游戏，H5 游戏因为操作简单、竞技性强，一度风靡朋友圈。

五、 推荐 4 款 H5 制作工具

感谢网络博主@星爵互动的文章，摘抄给大家：

1. 易企秀

优点：易企秀口号是移动场景自营销管家。是针对移动互联网营销的在线 H5 场景制作工具，有 ios，安卓移动客户端，在手机上也可创建场景应用，动态模板丰富，可以简单、轻松制作基于 HTML5 的精美手机幻灯片页面。

2. We +

优点：We + 口号是三分钟制作互动展示。相较于其他平台，We + 编辑页面功能按钮设计简洁明了，是 Apple 苹果风格，功能强大。行业首发的功能，如地图导航、艺术字体、预约调研等。模板方面 We + 模板更加精致，动效丰富。同时 We + 是业内首家支持 PC 端、手机端、iPad 端多终端适配的平台。同时提供 H5 定制，包括方案策划和新媒体传播。

3. MAKA

优点：MAKA 口号是简单、强大的 HTML5 创作工具。编辑界面有新手（有模板）和高阶（无模板）两种编辑模式，提供一些特效模板，都是设置好的效果。

4. 兔展

优点：兔展口号是像 PPT 一样制作移动 H5 页面。分为免费版、体验版、VIP 版，相对于其他平台而言，兔展的编辑页面简单易上手，DIY 程度较高，动画实现方便。

	易上手度	基础功能	高级功能	模板数量	模板精美程度	付费服务性价比	H5 方案策划	H5 新媒体传播	总评
易企秀	5 星	5 星	3 星	5 星	2 星	4 星	无	无	★★★★
We +	5 星	4 星	5 星	2 星	5 星	4 星	5 星	4 星	★★★★★
maka	4 星	4 星	3 星	2 星	3 星	3 星	无	无	★★★
兔展	4 星	4 星	3 星	3 星	4 星	3 星	4 星	3 星	★★★

图 8 –3　4 款 H5 制作工具

做一些 H5 特效的动态页面，以前需要专业技术团队和设计师才能制作。现在通过这四大平台，几分钟就能免费创作自己的 H5 页面，赶紧动手尝试一下吧。

第二节　技巧：H5 是如何制作的

下面给大家介绍借助兔展这个在线制作工具，可轻松地制作出炫酷的微信 H5 页面。

一、 工具/原料

微信 H5 页面的制作素材，包括图片、音乐、文案等。

二、 方法/步骤

图 8－4 H5 制作步骤 1

2/13

选择模板后，进入创作界面

图 8－5 H5 制作步骤 2

3/13

预览树操作

1、显示的页面的显示顺序；

2、右键调整页面的显示顺序；

3、点击页面右上角的X,可以把不需要的页面删除。

图 8－6　H5 制作步骤 3

4/13

功能—添加修改文字

1、添加文字：点击右侧的文字选项→主编辑区会出现文字输入框→双击修改

2、文字属性修改：右侧文字属性修改选项，包括字体种类，字体大小、颜色等等。

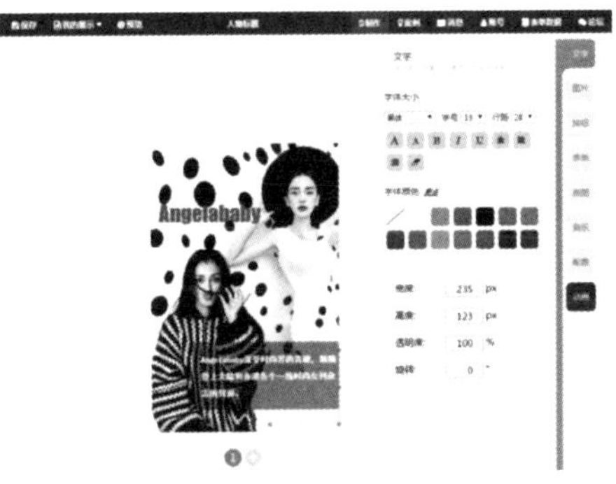

图 8－7　H5 制作步骤 4

5/13

功能—添加修改图片

1、上传图片：点击右侧图片选项→上传按钮→选择图片→确定

2、截图：点击截图按钮→选择图片区域→双击

图 8－8　H5 制作步骤 5

6/13

功能—添加修改按钮

添加按键：点击右侧按钮选项→点击编辑区的按钮→修改文字、链接

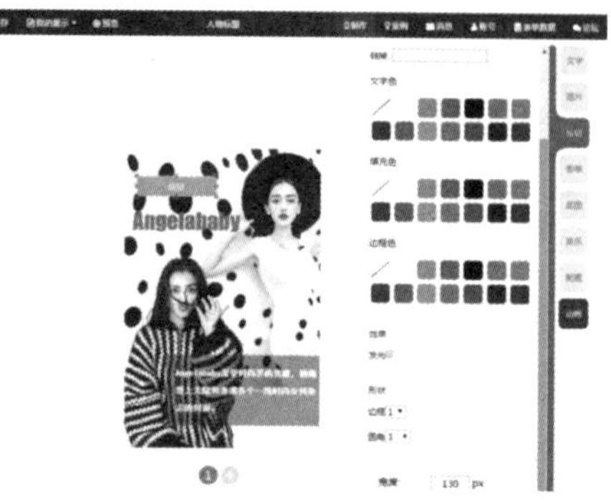

图 8－9　H5 制作步骤 6

7/13

功能—添加修改表单

1、添加表单：点击右侧的添加表单按钮，在弹出的窗口中填写提交数据的名称

2、修改表单样式：在右侧的属性栏中，修改表单的显示样式

3、查看及下载数据：客户提交数据后，可以在表单数据中看到，并提供下载

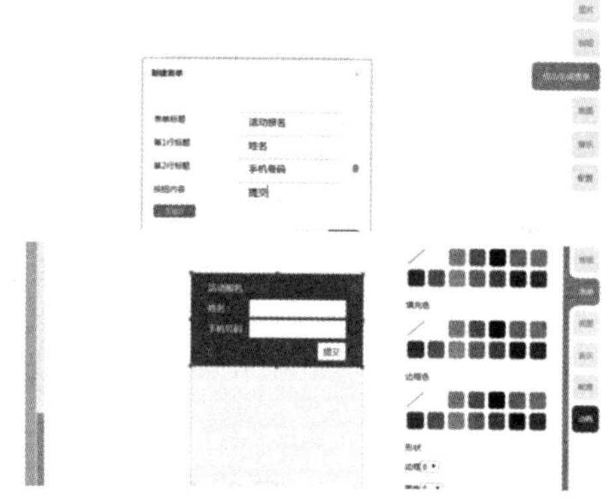

图 8－10　H5 制作步骤 7

8/13

功能—添加修改底图

1、修改背景颜色：点击右侧底图选项→选择颜色

2、上传底图：点击右侧底图选项→点击上传按钮→确定

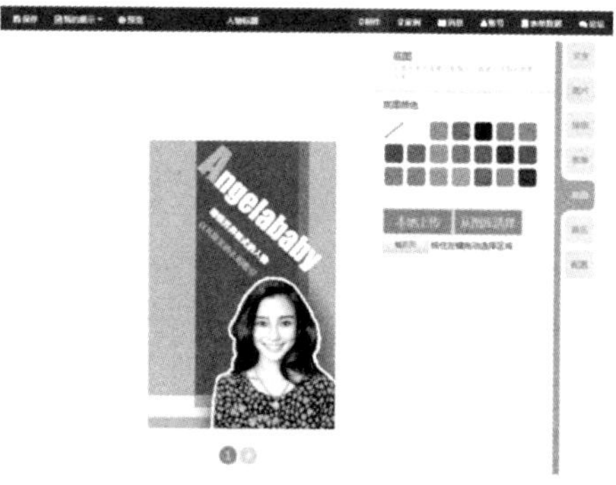

图 8－11　H5 制作步骤 8

9/13

功能—添加修改背景音乐

添加背景音乐：点击右侧音乐选项→点击选择文件按钮→确定→点击上传按钮

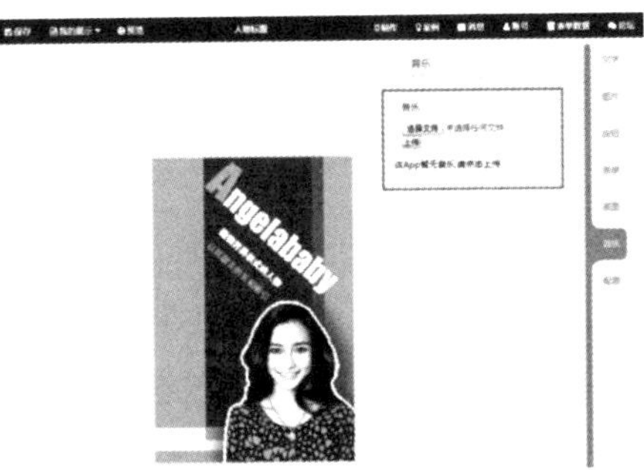

图 8－12　H5 制作步骤 9

10/13

功能—添加修改切换效果

添加切换效果：选择页面→点击配置选项→选择切换效果

图 8－13　H5 制作步骤 10

11/13

功能—添加修改动画效果

添加动画效果：点击添加动画的组件→点击动画选项→点击动画效果

图 8－14　H5 制作步骤 11

12/13

保存

点击导航栏的保存按钮→再点击预览按钮→进入发布页面

图 8－15　H5 制作步骤 12

13/13

生成

1、添加标题、描述、缩略图

2、生成的二维码和链接可以用于分享到微信、微博等

3、点击生成按钮，即完成了一个作品的制作过程。

图 8－16　H5 制作步骤 13

以上内容，在百度上都能搜索。关键是要自己亲手制作，多做几次，经验会丰富不少。

第三节　深入：H5 的人性洞察

为什么制作精美的 H5 页面没人分享？

一天中哪个时段 H5 页面的点击量最大？

H5 页面中哪些因素会导致用户流失？

由腾讯互娱出品的《移动页面用户行为报告》，告诉你真相！

一、 H5 用户研究报告

用户自带计时秒表，他只等你 5 秒。

图 8 – 17　5 秒内加载

饭点和睡前，你的 H5 最有可能被阅读。

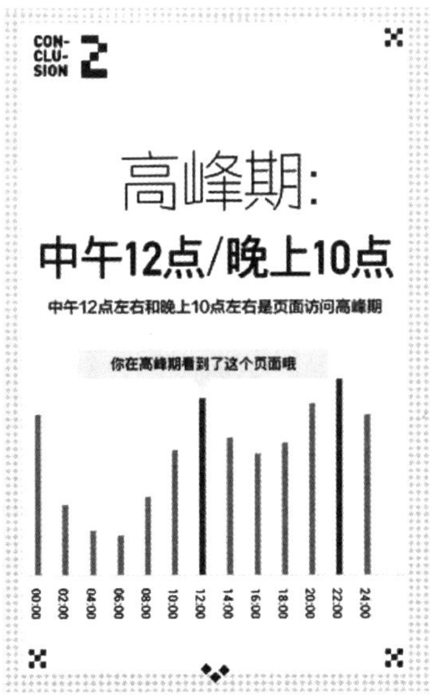

图 8 – 18　高峰期

H5 页面发布的首两天是关键。

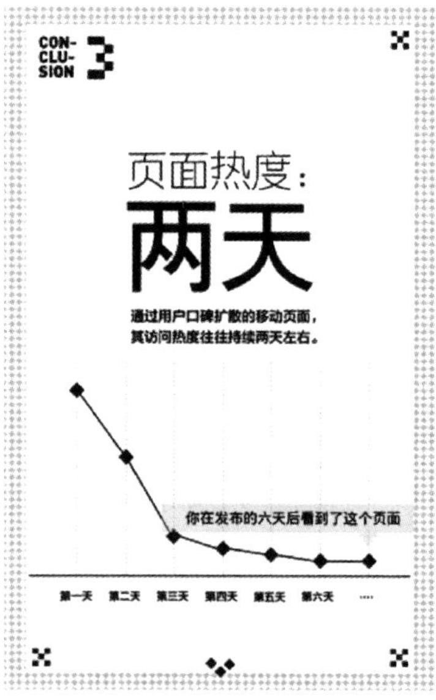

图 8-19　页面热度

往右滑动比向左滑动好，往上滑动比往下滑动好。

图 8-20　操作习惯

切入“正题”要快，别消磨用户的耐心。

图 8－21　流失率 1

你需要制作简单明了的页面，让用户一眼看清信息。

图 8－22　流失率 2

想要用户下载 APP？你的利益点在哪里？

图 8-23　转化率

H5 页面分享是关键，关键是发动。

图 8-24　分享率

二、 H5 用户心理研究

（一） 用户痛点有两类

第一类是主动传播，即用户发自内心觉得好，想要去分享给其他朋友。因为每个人都有分享精神，看到有意思、好玩的，就想分享给其他人。所以朋友圈里面我们经常看到的，一些干货文章、H5 营销页，都属于这一种。

第二类是被动传播，即用户为了得到某种好处，在利益的驱使下去做传播分享。很多公司做的一些传播活动，主要是第二种。

让用户被动传播，成本更低，效果更好。

主动传播剖析一下，用户痛点很多，但是真正要做起来是比较难的，对这个创意和文案的要求都需要比较高的水平。

被动传播则相对容易一些，而且效果可能还会更好。

被动传播主要有两种形式：

第一种是单向传播。例如分享朋友圈领滴滴打车券这种的。

第二种是双向传播。比如“快来帮帮我，还差 350 元就能免费抢手机了”，让用户主动去把这个 H5 分享给身边的朋友，然后拉朋友去帮他点击。

单向传播去年年初的时候比较多，比如 360 手机助手抢码，只要用户把这个 H5 页面分享出去，立即就可以得到一个抽奖机会，会有一定的概率抽到 iPhone8。

再来说说双向传播的案例，今年八一建军节，我朋友做了一款酱酒的促销活动。活动形式就是原价 299 元的习酱酒，用户发到朋友圈，好友帮忙砍价，每一个好友可以砍几元，最后如果能够坎到 81 元，就支付购买，而且是两瓶噢。

这类活动会比刚才提到的单向传播效果更好，因为他会促使用户进行多次分享，而且是主动分享。用户会先在朋友圈里面发，朋友圈里面发完以后，会在自己的同事、朋友群里面发，群里面发完以后，可能还会挨个找微信里面的好友私聊发。这个活动最大的优点是调动用户自主传播的积极性。

这两种传播相比，双向传播的技术门槛高一些，需要技术和服务号的支持。而单向传播的话放到现在微信规则里面属于诱导分享，双向传播的风险会小一些，很少有被封号的。快传和快店都有这种功能和服务。

为什么你会主动传播一个 H5？

我提炼了一下，大概可以分为以下 6 种。

• 有价值。用户可以学到知识。比如管理、运营、营销干货的分享。

• 有意思。如今年年初的时候，微信发过一个 2016 年公开课 Pro 版的 H5。你可以看到自己是哪一天注册的微信，第一个好友是谁，有多少个好友，这是非常有意思的事情。

• 颠覆认知。比如“震惊！闹钟每年杀死人数超过车祸。”这些让人一看就是违反常理的，跟自己之前的认知是不一样的。这种标题就是让人很有冲动去点进去看一下。

• 攀比心理。一些 H5 小游戏，在最后游戏结束可以分享成绩的时候就会有类似这样的文案，我得了 2 万分，超过了 99% 的人。或者是，据说只有智商超过 150 的人才看得懂。

• 情感共鸣。比如之前刷遍社交网络的“我只过 1% 的生活”这种非常走心的，能够引发用户情感共鸣的。

• 同情心。前年的时候有朋友圈里面传的有一张图，叫“年轻人少放点鞭炮，让我的老伴早点回家”，还有“汶川地震，你是第多少万个祈福的人”，这些都属于是同情心。

能够得到传播的 H5，一定是面向大众的。但是现在很多公司都没有弄清楚这点，做微信活动经常是把自己公司要宣传的产品内容特点展示出来就不管了。包括我们在朋友圈里面经常看到的宝马、奔驰的广告，这些充其量只能叫作广告，不能叫作活动，因为他还不具备传播性。

第四节　高手：H5的套路和秘诀

前面讲了H5制作的基本技巧等你掌握了，就不能满足于简单制作了。

很多朋友问，如何才能让我的H5刷爆朋友圈呢？

我这里给大家做个分享，H5营销七步法。

Step1：确定活动目的。

做这个H5的目的是什么？是增加公众号的关注数？还是增加曝光量？或者吸引注册？或者是为了转化购买？

Step2：确定目标群体。

这个H5面向的是现有用户还是社会群众？一定要击中目标人群。

我们必须充分了解用户，洞察用户，找准引爆的痛点。

无论是在文案关键信息的表达上，还是在视觉以及互动元素的运用上，要让用户产生共鸣、有参与和分享的愿望，比如滴滴专车“票选吸血加班楼”。

Step3：确定活动形式。

是采用主动传播还是被动传播？如果是被动传播的话是使用单向传播还是双向传播？

Step4：确定内容创意。

创意是核心，什么样内容最受欢迎呢？如下：

讲故事引发情感共鸣。

传播的最有效的方法就是讲故事，用故事打动人引起共鸣，才会获得用户的主动传播。不管H5的形式怎么变，优秀的内容永远是最重要的，而且H5连贯的页面非常适合故事的呈现，无论是Levis的新年活出趣还是滴滴打车，我们看到好的 H5 传播就是在信息、情节、情绪上充分地采用了故事性的呈现方式，才会打动用户，才会让用户有深刻的记忆。

紧跟热点创造话题。

天天 P 图的“全民 cos 武媚娘”都是迅速抓住热点与品牌做直接关联，并且有非常好的参与性和传播性。

Step5：制作审美和极致体验。

H5 要符合品牌形象。

选择最能体现自己品牌精神和文化的文风和视觉语言。我们既会看到雷克萨斯的沉稳奢华，也会看到一步之遥的怀旧复古风，当然也会看到充满网络暴漫风格的滴滴专车传播。符合自己品牌的路线就是最恰当的路线。

无论是整体画面还是一些细节的设计都应该保持与传播品牌、传播风格的一致性。细节决定成败，整体影响冲击力。

使用流畅和感官体验。

很多品牌在运用 H5 时经常会本末倒置，就是太沉迷于技术的使用，忽视了用户的感官体验，比如有些 H5 画面太复杂导致打开时间过长、画面不流畅，需要重视用户体验。

方便简单的互动方式。

不论是小游戏，还是企业 H5 传播，一定要让用户最快速最方便使用起来，操作使用要符合用户习惯。用户是没有耐心去研究复杂操作的，譬如 H5 的滑动切换是用户接受度最高的操作习惯，而右侧点击习惯也比左侧点击超出 30 个百分点。

Step6：确定奖励。

用虚拟道具奖励，还是实物道具奖励？或者找一些公司做商务合作，如滴滴、大众点评等，去提供一些代金券。

Step7：确定推广渠道。

H5 做好以后，我们有哪些资源可以去推广？如公众号、贴吧、微博、官方网站。如果有费用的话是做广告投放还是软文推广？

Step8：效果达成和监测。

每一次的 H5 营销需要精确进行过程监测和结果评估，每一次复盘都是最好的学习。检查最终增加了多少粉丝，拉动了多少销售，收集了多少用户手机。神州专车的送券活动，直接拉动了预存车费，在销售转化上显著地引导用户进行购买。企业通过有目的的数据收集和分析，将会进一步优化策略、发现传播机会和为用户精准画像。

最后，快营销给你推荐“H5 快营销的六条常识”：

- 在只有微信推送的情况下，页面访问热度最多两三天。
- 页面层级越深流失率越大，H5 设计最好不超过 8 页。
- 奖品尽量大众化，比如购物券、电影票，吸引力远大于小众品。
- 手机操作习惯，尽量上下滑屏，而不要左右或者新窗口打开链接。
- 结合实时热点、节庆等群众感兴趣的话题，能吸引更多的关注。
- 最佳推送时间，控制在 20：00 到 21：00，这段时间流量最旺。

第九章
微信快营销的
行业实战案例

第一节　电动车行业如何利用微信做营销

前两天我受邀为浙江的一家电动车制造公司——王派电动车讲课，过去它是电动车行业的领军企业，但是它的对手在过去的十年里跑到它前面了。

我深入研究发现，王派电动车的主要竞争对手是：雅迪电动车（行业的老大，拥有66亿元的销售额）；爱玛电动车；新日电动车；绿源电动车。王派电动车目前才是10亿元营业额的企业，在行业的位置要靠后一些。

为了进一步了解这家企业的现状，我又去做研究和调查。我用快营销的指数研究他，在快营销的营销指数里有四个指标之前也为大家介绍过。人网、电网、天网、地网，我把这四个大数据作为营销指数的核心指标。

经过大数据研究发现，在天网的体系里面，雅迪电动车有400万个网页在报道他的产品和品牌。爱玛电动车有328万个网页，新日有169万个网页，王派只有18万个网页。

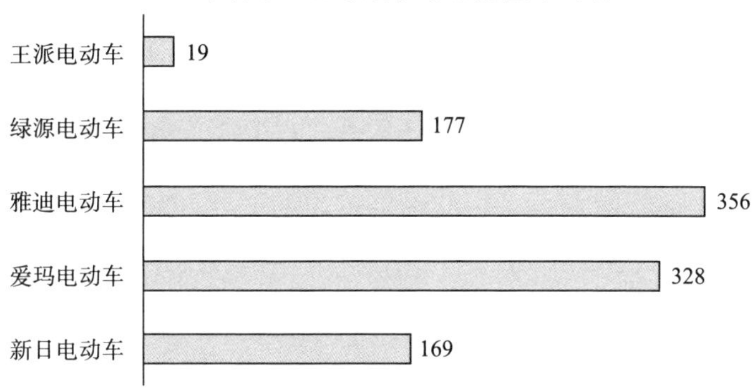

图 9－1　快营销天网：被收录的页面数量

在这个数据的研究里面，我们发现：网页被搜录多的品牌的业绩就是好，而搜录少的品牌业绩就差。雅迪有 360 万的网页搜录，有 66 亿元的销售额。而新日电动车只有 170 万的网页搜寻，它的业绩今天是 23 亿元。

我们接着来看，每天有多少人搜索这些企业、搜录这个品牌的关键词呢？研究发现，每天有 22000 人在搜索雅迪电动车，而新日电动车每天只有 3600 人在搜索。我们知道，一个品牌非常强势，在有很多人知道的情况下，当这些人想购买、了解它的产品的时候，一定会发生一个动作，就是搜索这家企业，查查它的品牌，查查它的相关信息。我们知道，在搜索引擎的世界里，就是搜索品牌关键词，引起销售和购买，这是一个营销行为模式。

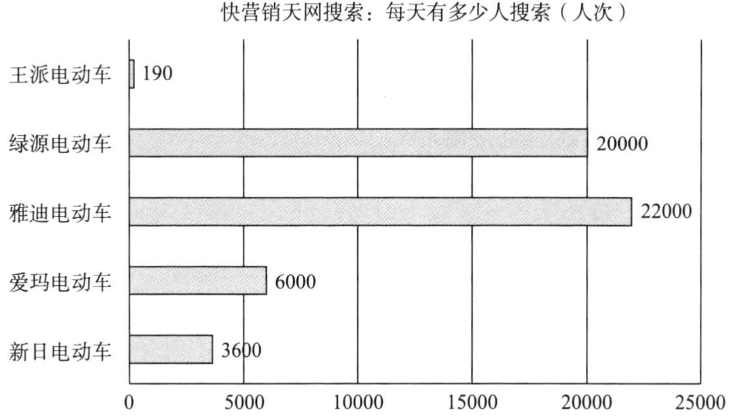

图 9－2　快营销天网：每天有多少人搜索

而王派每天的搜索只有190次，与雅迪是100多倍的差距。也就是说在搜索这个天网的战场里面，王派的营销、王派的网页被搜录的数量，没有任何的优势，而且今天想追赶也来不及了。

研究电网发现，它的对手像爱玛电动车，在天猫等4个电商平台在做。像新日、雅迪、绿源也有两家天猫的店。而王派今天在电商领域还没有任何行动。

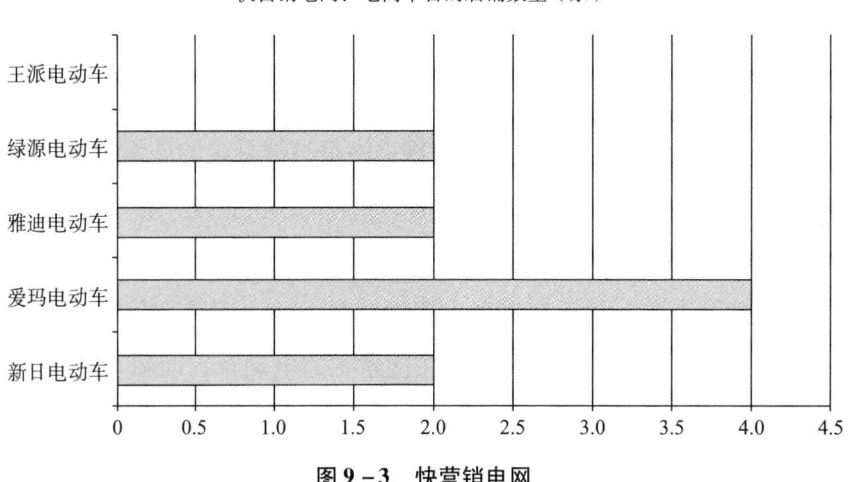

图9－3 快营销电网

我再一次研究人网领域，在微信生态营销领域，对手到底做到什么程度？我是使用了微信指数这个指标来看。我发现新日电动车在这个领域做得最好，微信指数为22211，这并不代表仅22000个人看见，而是品牌在微信社交平台中的曝光度。而王派微信指数是574。爱玛电动车是13005，雅迪电动车是11856，绿源是8500，所以在微信生态营销里面，你会发现王派做的也很落后。

大家想一想，王派的机会在哪里？我们讲商战，营销就是商战，在这个战场里面，如果我们是王派的决策者，想获得战争的胜利，机会在哪里？

首先我们来看，天网一点机会没有了。天网为什么没有机会？因为天网网页搜索，内容是花了十几年沉淀下来的。过去不复来，这是一个存量市场；也就是在PC互联网的世界里面，今天的天网体系里面，如

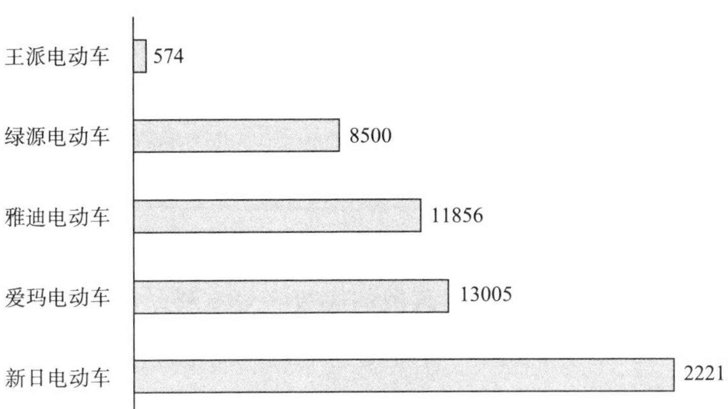

图 9－4　快营销人网

果没有做到领先，就已经没有任何机会了。

其次我们看搜索引擎领域有没有机会？如果你有资本，有很高的市场费用，在搜索领域今天依然有机会。可是往往对于这些做得不好还不够优秀的企业来讲，没有多少市场费用。像对手爱玛电动车，在百度里面做一个品牌专区的投放，起步的资金都是 500 万元，我不知道它投了一千万元还是两千万元用来做品牌专区。

最后我们再看电网有没有机会？就是在电商平台上销售你的产品。经过调研发现，电动车在电商平台，想获高的销量是很难的，因为电动车是一种需要体验、一种物流配送比较笨重的产品，它的快递运输很难。

但是对手为什么要做呢？因为即使销量不够多，做了也比不做好。虽然在电商平台上，由于行业的特殊性，很多产品很难在京东、天猫上进行销售。比如我们做教育服务的产品，很难在京东上展示销售，也很难在天猫上开店销售。同样，你也很难把电动车摆在京东上销售，因为它的配送，它的服务具有行业的特殊性。但是当我们把产品和服务展示在这些网店的时候，我们就比对手多获得一次曝光的机会。我们就比对手更容易让用户获取我们品牌的信息，获得我们产品的信息，我们和潜在顾客之间的距离缩小了。

顾客通过这些电商平台了解品牌，了解信息，这本身就是一种服务，这种服务我们叫互联网体验。你提供了这种体验，就会让顾客感觉我们的品牌、我们的产品具有互联网思维，是先进的，是流行的，是接地气的，是比对手好的。这就是那些领先的企业，即使在天猫上卖不了东西，销量不到企业的1%，却还要在电商平台上展示自己的品牌、产品的原因。

做营销最重要的一点是，营销的决策者要有科学的逻辑思维能力。大营销、专业的营销一把手一定不是感性的，而是理性、有逻辑的，他用系统性的营销思维来指导企业市场部做好营销工作。

在电商这个体系里，王派的机会还是有的。不管对手多么猛，多么强大，他能开的店是有限的，王派如果也能开两家店，即使销量很小，那么在电商平台里，就不比竞争对手落后多少，甚至还可以领先对手。

图9－5　王派电动车的指数

在微信的人网体系里面，对手的营销指数有两万，王派的指数只有一千多，这之间的差距并不大。通过快营销的方法，用半年的时间，能够很快赶上对手。而在天网体系、搜索体系里，没有三五年大量的投入，是追赶不上的，这个原理适合于任何品牌。

第二节　茶业品牌如何用微信营销

传统茶业行业缓慢增长，700 家大中型茶企还没有一个立顿规模大。经济新常态下我们该怎样去销售茶叶？本文是孙巍为峨眉山的茶叶品牌上市公司——峨眉雪芽经销商的培训演讲。

在新常态下经济结构转型，大部分的经济片区都不太好，新闻也曾讲，预计 2017 年 GDP 的增长是 6.5%，但是我们也看到，在一些板块是增长的，高速增长的。比如医药行业，整个行业是 25% 的增长，所以做药肯定赚钱，做互联网也在赚钱。只要你的生意能和互联网沾上边，就有可能借上这个东风。可能我们也听说过，互联网打劫了实体经济，但是有一批做实体的，加入互联网后，早已赚到红利了。我们知道一个行业里，总是有一些人、一些企业，在别人不增长，别人的销量下滑、利润下滑时，他在增长，所以我今天的主题是：经济寒冬下，我们茶业的机会来了！

今天峨眉雪芽集团邀请我来给全国五百多位经销商伙伴讲课，我觉得雪芽这个品牌的增长，销量的增长、利润的增长、用户的增长，来源于上下同欲，为什么这么讲？今天是一个移动互联网的时代，在座的各位应该都用微信，可能一个礼拜都不需要打电话。最近有一个新闻，对中国互联网有很大的影响，那就是张小龙 1 月 9 号发布小程序。做营销的人都知道，企业的官网没人看了，PC 版的网站没有人看了，取而代之的是微信公众号为主的新媒体平台，公众号阅读是官网阅读量的 10 倍到 100 倍。这就是今天时代的变化，流量跑到手机里去了。

大数据研究发现，手机 60% 的流量集中在微信上；也就是说微信生态的流量占移动互联网流量的 60%，微信现在每个月的活跃用户将达10亿人了，所以，我们要重新重视互联网和微信，做门店的时候和微信结合一下，我们的生意机会可能就放大了。门店营销，不管是零售卖茶叶还是卖电器，是一个3公里半径的营销。主动做，可能需要从门店里走出去拜访客户，再开发一些学校的、政府的团购客户。茶叶是一个低频的消费品，它不像快消品一样两天就去一次，茶叶可能一个月也去不了一次，所以这是一个购买低频的行业。

低频的茶叶行业怎样去增长？要用互联网把空间和时间放大。

今天我讲的这堂课就是怎么样去放大它。

一、关注互联网发展带来的机会

首先我们要了解互联网的变化和趋势，这个趋势有的现在已经成为事实。

第一个趋势就是BATJM，即腾讯、阿里巴巴、百度，还有京东、美团点评这些大公司，他们往哪里走？用马云的话来讲，他已经不提电商了，马云新提法叫新零售。新零售是什么？卖茶叶就是零售行业，超市、商超全部是零售，在网上开个店，不管是微店、亚马逊，还是京东、淘宝，全部是零售行业，苏宁、宜家也是零售行业。传统的零售以地面为主，我们叫旧的零售。新零售是网络零售和地面零售结合在一起，我们叫O2O，那么茶叶门店零售也是可以实现O2O的。

第二个趋势是企业互联网化，有的企业慢一点，有的企业快一点，但是所有的企业都会成为互联网企业，只不过区别在于互联网的应用在企业的比重多和少、熟练和不熟练，所以未来没有传统的企业，也没有纯粹的互联网公司了。

第三个趋势是企业O2O化，就是线上线下融合在一起，因为用户既在线上又在线下的多种场景出现。

第四个趋势是电商的增长由B2C转为B2B、新零售，企业对企业的电子商务成为增速区。B2B和新零售都是未来的增长趋势，阿里巴巴和京东腾讯都在进军这个领域。

第五个趋势是社交化，社交的生态主要是以微博、微信这些平台，即以个体为中心的。社交生态平台里最核心的是微信，我们通过微信进行沟通交流、获取信息、交朋友、买卖东西。这些都是社会化的营销，社交化电商是主流方向。我们看到阿里巴巴的支付宝自己要做社交。马云过去做了一次社交叫来往，失败了，所以这一次马云又开始了。但支付宝社交依旧会逐渐被腾讯挤掉。今年我们看到百度的搜索业务，用户每年20%地下降，也就是说过两年百度可能需要开发新的业务了。这就是今天的变化，它们的变化会引起我们的变化!

百度的落后，意味着广告的生态、推广产品会转移到微信等社交和feed流的生态了。微信生态里有3大场景：公众号（订阅号、服务号、企业号）、朋友圈（朋友圈的流量占到微信生态的60%，公众号文章、广告80%的阅读量来自于朋友圈）、微信群（微信群的阅读率是5%，也就是说500人的微信群，我发一个内容，可能会被25个人看到）。微信公众号文章的自然打开率现在是2%，就是你花了很长时间，生产了内容，但是阅读量依旧很低。

阅读量长期低于1000的公众号就不用做了，因为你每发一次不仅不增长还会掉粉丝。所以要做公众号就要做超级公众号，也就是说阅读量要几千、几万人次的。这种生态会导致很多人放弃公众号，当大家放弃的时候我们就进入，我们把整个流量给占领。敌退我进，这是机会。当大家不看好的时候我们进去，大家一窝蜂做的时候我们反而要谨慎一点。所以说今天我们机会来了，但我们要懂方法、勤奋。

第六个趋势是应用社交化。我们在卖茶的时候，不管在门店里卖茶叶，还是在微信里卖茶叶，一定要用社会化的思维。你卖东西的时候，不是单纯卖给一个人，而要看能不能把他的朋友一起吸引过来，增加你的客流量。社会化的概念就是要发动群众帮我们传播。因为这是免费营销。

第七个是人人都是自媒体，只要有手机，每个人都是一个自媒体，你只要有微信、有微博，你就是一个媒体了。比如我们今天的会场有500人，大家把我讲课拍一下发到朋友圈，假如大家的朋友圈平均是1000人，一人发一次大概是100个阅读量，100个人看，500人就是50000个人看见我在讲课！所以你会发现通过新媒体营销的方法非常厉害。

第八个趋势是消费移动化，大家买东西不喜欢用钱包了，只要有手机就可以用支付宝和微信支付。从这个趋势来看，微信支付更加便利，频次已经超过了支付宝。

以后我们卖茶不再是客人到我们店里面了，在朋友圈、在微店一样卖茶，还可以用快递配送，如果他是VIP客户，你可以专门去送这个茶，顺便把别的茶样品也带给他，让他品尝一下，这就是增加了客单量，同时还加深了友谊，这就是今天的营销变成多元化了。年轻人喜欢用互联网的方式与你发生关系，年龄大一点的还是用传统的方式，但是年轻人一定喜欢用微信的方式跟你谈生意、买东西，这已经是一种习惯啦！手机变成我们身上的第三只手，这就是趋势。

这些变化对我们的生意、社交、生活影响非常大，了解了趋势和变化以后要顺势而为。为什么现在茶叶不好卖了？为什么有好多不开店卖得比我们都好？24小时都能卖掉，玩卖萌、颜值、自拍、直播！这种玩法的结果是什么？茶的主要消费者70%是男性，通过女性的营销，卖萌营销等，异性相吸，生意就出来了。

二、 我们要关注三种贵人

第一种是新生代，“80、90后”这批人属于购买力增长最快的群体，未来将带来整个社会60%的消费增量。

第二种是中产阶层的上层和富人。中产分成两部分群体，一部分中产是房奴，被房子压住了，可支配的消费收入很少。中层阶层的上层阶层和富人，每年的茶叶消费应该是超过二万元，甚至几十万元，所以这是我们的贵人。

第三种是互联网的这部分网购群体。互联网板块在十三五期间增速超过30%，所以你会看到阿里巴巴、腾讯、百度每年的财报增长也是30%。

为什么把互联网的版块单独拿出来，是因为在我们传统经济里面，家乐福、沃尔玛每年的增长是-3%，今天肯德基、麦当劳已经把自己在中国的板块都卖掉了。商超领域每年的增长大概是3%，但是我们也看到很多超市倒闭了。有一个板块是增长的，就是便利店这个体系，大概是9%左右的增长率。整个传统零售行业增长大概是4.5%左右，而互联网的消费增长是30%，速度不一样，做起生意的快和慢、难和易不一样。所以开门店的可以结合互联网。

所以我们的增长，比如明年增长50%、100%，就是维护好这三类群体。你看这几个巨头变化以后对我们带来的好处就是电商的社交化，我们的门店、我们的微店、我们的微信结合在一起就是社交化的电商，所以我们有增长的板块。

三、 互联网卖货的三个机会

还要关注卖货的新变化。卖货发生一些变化，这个变化也是我们今天的机会。怎么讲?

第一个就是卖货趋势社交化，这是主流的趋势，板块会越来越大。

第二个是微商常态化，微商板块的营业额，2016年是3000亿元，虽然你可能认为微商不怎么上档次。我们朋友圈卖东西也是微商，只不过没有像他们那样刷屏；微商把整个快消品行业106个子行业蛋糕给切掉了一块，所以我们看到很多上市公司都有两个现象：双下滑，一个是销量下滑，一个是利润下滑，利润可能下滑得更快一些，有的利润不下滑了，但是销量继续下滑。

传统的经销需要重构，过去我们的经销模式是压货，所以王老吉、加多宝压了很多货，结果货把人压死了，资金不流转，因为没有动销。所以这个体系也要开始重构。

第三个是新零售。线下终端正在进行新零售改造，这是马云做的。马云最近在干什么？京东、腾讯在干什么？他们都在收购、整合地面店，微信最近与星巴克进行战略合作，把星巴克中国 3000 家店全面接入微信的体系，不仅仅是微信支付，全部要打通了。阿里巴巴在做什么？阿里巴巴在整合地面的零售商，就是超市、商超、专卖店；苏宁等都进入到阿里巴巴的体系，被阿里巴巴整合了。京东计划未来开 100 万家便利店，2017 年 10 月 18 日，京东和中石化正式战略合作，基于加油站建设的 25000 家加易捷便利店将在京东 Y 事业部的助力下全面开启数字化和智能化升级，这是每天 2000 万人次、年销售额 500 亿元的新零售网络。

他们为什么这么做呢？因为新零售是要把线上线下打通，因为用户在天上、地上都会出现，所以整合在一起效率是最高的，成本是最低的。我们的门店也要用这个思路去做。当这些变化来的时候，我们看到变化、迎接变化、拥抱变化，就比别人快一年甚至是两年。有的人坚持不下来就被淘汰掉了，淘汰以后的市场就是我们的，对我们来讲这就是红利。

机会和红利，我们现在就是一起来研究它。我们讲这个市场的时候，关注两件事情：第一个就是环境和变化，前面讲的是大势第一，我们要顺势而为；第二个就是研究我们的竞争对手和用户，这是微观的层面。

四、 关注对手，携手同行

下面我们看一下调研，我一直在思考谁是我们的对手。我喜欢喝茶，但不懂茶道，懂了就麻烦了，懂了就不知道怎么去营销了。茶叶营销有一个误区就是研究得很深奥，太讲究怎么喝、怎么泡？普通人哪有时间关注这些东西？每天能喝到一杯茶，就是闲的人了，但是你都没有空，每天开会一个接一个，能喝上一杯水就不错了，所以品茶是一个“奢侈体验”。

做生意就是中高端的板块，这是可以形成品牌的地方，低端的地方有销量没有利润，产生不了品牌。没有品牌就没有溢价，所以我们看竞品调研，谁是我们的对手？我们的对手是竹叶青。川茶两姊妹，一个是竹叶青，一个就是我们的峨眉雪芽，对吧？这两个姐妹争风吃醋，暗暗较劲。

另一方面这两个姐妹要面对外来的茶业品类竞争对手，主要是龙井、安徽的茶、贵州的茶等，快营销调查研究，第一个研究就是大数据，我们看这两个品牌每天被搜索的指数是多少，研究发现还是有距离的，峨嵋雪芽每天搜索的人次，包括手机和 PC 端是 160，但是大姐竹叶青是 640 人次，所以是 1:4 的关系，就是品牌的这种被搜索、被记忆，被顾客想得起来要了解的数据，我们的比重是 1:4。我们再看一下龙井，每天它的搜索人次达到 3200，所以我们的差距是 1:20，这就大体能代表我们的市场份额大概数据。

这个数据说明什么？意味着我们的空间还很大，我们还可以有更高的增速。一方面我们要拓宽整个川茶品类，联合竹叶青一起，把川茶的品类在中国的市场份额变大，所以两个品牌要伺机把大蛋糕做起来。第二个就是我们要抢一部分竹叶青的市场，这是基本的策略。这是竞合的关系。

在淘宝系里面我们看雪芽这个品牌的溢价，竹叶青和我们雪芽最终的成交价格之间的关系，大概是 2. 6:1，这是我们主流的成交价。也就是说竹叶青这个品牌的利润率要比我们高很多。它的主流产品卖的是 198，我们是 78，所以我们中间差了 100 元，这 100 元就是利润。这个数据说明什么呢？说明我们要在品牌上下功夫。

再看辣木茶，它和雪芽是属于不同的市场，这是两个不同的品类。那么对于门店和经销来讲，它是一个有效的互相补充，因为我们知道绿茶有一个销售的淡旺季的问题，我们开店有淡、有旺，有畅销品，互补关系，那我们的经销商门店业态就丰富起来了。更重要的是辣木这个茶，包括酒它作为礼品，是有特色的东西，它的竞品比较少，更主要的是它符合一个大的方向——大健康。大健康是国家的政策，所以这也是一个增长的板块。

五、 用互联网快营销实现茶业突围

下面我来谈一下茶业的突围，怎么突围呢？要用互联网快营销。

我给大家做一个简述，就是我们茶业营销的主要方式，大家都知道方式就那几种，商超体系铺了以后不怎么动；终端店，门店做得还可以，但是增长缓慢；天猫、京东、淘宝、微信这些板块都在增长。

还有一个茶文化，这是整个茶行业在做的事情。效果没有那么好，因为商超和淘宝、天猫没有连接，各种玩法之间是各玩各的，没有打通。没有打通的话，就是顾客一锤子买卖，买了就走了。但是你如果连接起来它会变成用户，用户是可以反复地进行运营的。所以用户的运营这是我们要去做的，这是新的思维。

快营销就是要把这些连接起来，快营销有三个主要的观点，我给大家简单地介绍一下：

第一，让产品会说话，打造极致的产品。

为什么很多人愿意把他喜欢的东西拍照分享出来，推荐给别人，这是一种很自发的行为，发到朋友圈做宣传了，为什么呢？是因为这个产品能说话，发出去以后有面子，所以茶叶的包装、设计可能就需要有互联网化。

我们知道茶叶的包装有两种，一种是在店铺里面我们讲陈列的包装，传统的包装营销是一种展台式包装，就是陈列式的展台，就是站在那个地方。但是没人会把这个传统陈列的东西拍个照发到朋友圈，因为没有颜值。视觉呈现——现实中呈现、PC 电脑呈现、手机呈现的影像是不一样的，因为它的像素、它的屏幕的大小、它的色彩重构是不一样的。所以这就解释了有的产品在线下挺好的，放到网上就不行了。因为它没有互联网的原理，所以一个产品如果好，一定会有人帮你推荐，峨眉雪芽我最近尝了，茶真的好。产品好不仅是我们的生产工艺做得好，而是用户说它好，这两个是不同的思维。

第二，让粉丝帮我们传播。

粉丝帮我们传播的时候有推荐的功能，就有口碑的概念了，传播就代表这个东西好，带来正能量。评价我们一个产品好和坏，我们自己人先看一看，自己人愿不愿意发到朋友圈？自己人都不愿意传播，都不愿意转（包括自己公司的微信公众号文章），那意味着它就是不好的。

第三，让顾客帮我卖货。

顾客怎么帮我卖货？这个是设计，东西好性价比高，这个东西还让顾客觉得有面子。这一类的产业是顾客可以帮你去卖的，是可以帮你推荐的。

推荐是传播，顾客帮你卖他就变成渠道了，所以现在互联网有一部分人，我们叫顾客分销商，就是顾客既是你的消费者，他又是你的销售者，只要把利益建好了就可以实现。

第四，让伙伴帮我们建设。

这一定是要把外围的，某一领域的高手整合进来，让专业选手帮你做专业的事情。因为我们知道任何一种包装、设计、传播、营销它是一种手艺，专业人士做专业事。

我们上面讲了快营销的思路就是四句话，就是我们同互联网怎么实现连接，连接的目的是让产品帮我们说话，让顾客帮我们卖货，让粉丝帮我们传播。粉丝为什么帮我们传播，为什么帮我们卖货，原因来自于体验。伙伴为什么愿意帮我们去建设，原因在于利益机制的重新分享，重新定义合作伙伴对我们的价值，经销商门店也都是如此。

过去我们传统的营销是怎么做的？是单线的，顾客掏钱购买然后拜拜，这叫单线的。今天的新营销是闭环的。什么叫闭环呢？就是产品本身是流量的入口，就是产品能带来流量，当你把它放在朋友圈，发到群里面，或者推荐给别人的时候，这个产品如果他们喜欢，这个喜欢就是流量，这个喜欢就是客源。

过去我们讲的客源是在哪里呢？是在门店里，但是现在人家不来了，这招没用了，所以你会发现入口变了，以前的入口是繁华地带，入口就是流量，但今天还在那个地方开的话，房租每年涨 15%、涨 30%……所以这生意就没有办法做了。今天的入口，产品是个入口，品牌也是个入口。品牌很多人都知道，所以大家会主动去购买。

过去的顾客，我们今天要变成用户。过去我们是营销思维，是以厂家为中心，我今天讲人是一切，人是中心，所以我们关注的是人。所以要让粉丝帮我们传播，人比媒体还重要，一个大 V 比一个大 BOSS 影响力还大，可能一个人比一个电视台还重要。我们发动群众去营销，整个思路是怎么样能发动一百个人、一千个人、一万个人，十万个人，一百万人帮我们传播这个事情，打造我们的品牌，而不是通过广告这种方式去做，互联网快营销整个思维是这样的。

你们是不是也在朋友圈转过一些文章，不知不觉帮别人做了广告传播，这就是社会化传播。**互联网营销里面最核心的我们要把茶变成一个可以说话的东西，茶是一个女人，一个拟人化的营销方式。**

在互联网时代我们会发现，转发就是认同，点评就是口碑，推荐就是销售，所以一定要用工具把产品、用户、分享全部链接起来，变成一种一贯性的动作去做。将我们每个人手机里面的三千个、五千个茶友建立一种关系。把我们今天门店的局限立体化，放大化。把地网上升到人网，上升到电网，上升为天网。

过去的包装主要讲传统产品的包装，比如一个茶的外包装，昨天看到体验店的东西，那叫传统的包装。一个场不是一个销售场，就卖不了货。不同的产业链，不同的色调，不同的空间产生的销量是不一样的，销量的转化率也是不一样的。今天在互联网上也是有陈列的，我们在淘宝上开店，放什么样的图片，怎么摆放？这是互联网陈列。不同的陈列转化率也不一样，来100个顾客，购买和销量是不一样的，同样你发产品图片到朋友圈，发一百次，不同的图片产生的效益是不一样的，所以这也是专业。今天我们在朋友圈和互联网分享的时候一定要考虑，虽然是一包茶叶，但是这个茶叶在互联网上是一张图片，不是实体的茶叶，那么它的属性就变了，这两个是不一样的。

我们要进行连接，在互联网上的茶叶是什么？茶叶是有吸引性的，唯美的，能够引起别人点赞的一种有颜值的东西。还要有二维码，一定是要把它连接到产品，连接到公众号或者连接到你个人的微信，没有二维码是没有办法连接的。二维码就像一个转化器一样，它让一切都可以转化。所以一定记得要活用二维码，它是从一个场景转移到另一个场景的工具。二维码是万物入口，以后的物联网、现在的互联网，一切的网都是通过二维码实现的。

地网就是我们地面的门店体系，另外三个网一个是天网，一个是人网，一个是电网。什么叫天网呢？比如搜狐、新浪等。人网主要是微博、微信、QQ这个体系，是用来交朋友的。电网是什么？是电商，电商就是用来卖货的，卖货的场景。这几个网是完全不同的。今天是以人网为中心了，我们90%的碎片化时间都在人网，天网不行了，你会发现搜狐和新浪都不赚钱了。天网还需要，但是没有那么重要了。所以我们要关注人网，要知道人网是成为中心以后，就是微信作为中心以后，我们要做什么？

我们把电网和门店、微店连起来，把人连接起来，让人帮我们干活，帮我们宣传，思路是这样子的。所以当我们把地面的门店，把微信的生态通过方法连接起来以后，我们今天卖茶这个零售就变成新的做法。你不用去投放什么IT的设备，只要有微信就可以了，它的门槛很低，但方法还是要提高的。

当我们把三公里门店营销，上升为空间的、互联网的、以人网为中心的，你会发现我们的空间变得无限大了。也可以把茶卖给新疆朋友，卖给黑龙江的老乡，甚至国际友人了；我们茶叶基地是有限的，但是互联网是无限的。我们每个人都有自己的圈子对不对？每个人会给我们带来一个更大的空间，它是一个圈，不断扩散，把这个扩散开来，也就是我们的生意的边界在放大，这个是可以做的，这个叫茶业的新零售。

第三节　酒企如何做好微信公众号

一、错过微信，就错过未来

截至2017年7月，中国手机网民规模突破7.5亿人次，但是微信用户月活量达10亿人。微信，成为互联网营销的主流阵地。根据笔者团队的研究发现：在2016年，30家大型酒企都利用公众号、微信群和朋友圈开展了大规模的品牌营销活动，比如汾酒藏、剑南春等。

微信公众号已取代企业官网，成为品牌传播的第一窗口。没有公众号的酒企，已经无法适应“80后”“90后”消费主流的品牌认知。公众号的影响力，也代表了品牌的影响力，在某一领域意味着产品的议价能力和渠道招商的号召力。

表9－1是2017年TOP10酒企公众号的运营大数据，由快侠科技和笔者微信快营销团队提供。研究时间：2017年2月10号。

表9－1　TOP10酒企公众号的运营大数据

品牌名	头条平均阅读量	头条平均点赞量	阅读好评度	公众号真粉量
洋河大曲	27540	100	0.4%	25万
五粮液	16874	69	0.4%	15万
国酒茅台	9656	114	1.2%	9万
水井坊	5362	79	1.5%	6万
西凤酒	4157	28	0.7%	5万
汾酒	3812	32	0.8%	4万

续表

品牌名	头条平均阅读量	头条平均点赞量	阅读好评度	公众号真粉量
剑南春	3189	24	0.8%	3 万
郎酒	1926	15	0.8%	2 万
泸州老窖	1005	8	0.8%	1 万
亳州古井贡	204	4	2.1%	3 千
孙巍快营销《微信公众号专题研究》说明：真粉量是指剔除僵尸粉、机器粉后的活跃粉丝量。				

二、 为什么酒企做不好微信公众号

大企业和小企业的区别到底是什么？

是格局。大企业追求品牌形象打造，小企业追求短期销售。无可厚非，两种不同的生存状态，决定了对公众号新媒体的认识，对公众号的不同态度。

公众号做不好的原因，细节上有百条，但最核心的就 3 条：

1. 销售思维指挥新媒体思维

在销售出身的领导的潜意识里，通常都是用销售业绩来衡量一切管理决策。能不能拉动销售？他们往往对品牌的重视不足。因此，在公众号运营的过程中，经常会用自己的销售思维来影响新媒体运营思维。运营，运营，当然不是销售了。如果杜蕾斯公众号天天琢磨着阅读量能带来多少销量，那么今天杜蕾斯也不可能占有 45% 的中国市场了。做公众号的编辑和团队，往往不能被理解，这是因为公众号是新媒体，是社会化营销传播，这是传统的品牌营销思维所不能理解的。

2. 对新媒体重视不够，投入不足

在传统营销出身的领导思维里，经销代理铺货控价才是最有效的，这是熟练的抓手；今天“90 后”已经快 30 岁了，“70 后”“80 后”中年不惑了，在互联网大潮中成长的一代又一代人，他们会如何看待品牌呢？静水深流。

对新媒体认识不足，也就不会重视，不会重视就投入不足。

三种投入不足：

第一，没有组建专业团队。一个公众号一个人、半个人做一做，三天打渔两天晒网，自然就没法吸引粉丝的注意力和保证时间长度。

第二，缺乏有效激励。新媒体团队没有目标激励，做好做不好，没有多大区别，不利于团队的自学驱动和对职业的信仰。

第三，公众号营销活动，市场投入不足。将公众号运营理解为电商后，很多领导想着怎么利用公众号卖货，而忘记了回馈重视粉丝，忘记了互动营销。

3. 公众号运营和营销的技巧需要提升

大多数酒企业舍不得培训培养新媒体团队。大部分小编都是从市场部或者网站编辑转岗过来的，甚至是兼职来做，他们缺乏社会化媒体的内容编辑和传播专业训练。做好公众号需要学习很多专业技巧，比如标题党的 4 大技巧，配图 3 大技巧 8 项注意，排版 4 大技巧和工具，点赞、转发和运营技巧，内容规划和稿源，选题策划 4 大技巧，高引爆文章的写作套路，微信体文案的 3B 技巧，公众号如何带来客源？公众号如何做活动？公众号如何展示产品？如何发动粉丝传播？

这些都是专业新媒体和微信公众号运营的技巧，这是专业团队能力。

三、 酒企做好公众号的五点建议

1. 做好酒企业微信生态营销的顶层设计

没有顶层设计，就没有未来。

公众号是微信生态营销的三大场景之一，公众号、微信群和朋友圈构成了微信新媒体品牌营销的闭路循环。做好公众号，就要有微信生态营销的立体格局。顶层设计就是设计微信新媒体营销在公司品牌营销中的布局，设计微信营销整体思路和方向，顶层设计是战略，是规划，也是落地策略。

微信快营销顶层设计包括：

- 企业品牌微信传播设计；
- 微信矩阵；公众号品牌名；
- 对手定位和客户定位；

微信全员营销设计。

2. **高层重视，投入充足**

就是我们说的一定要投入足够的兵力，足够的人。如果你从一开始没有这么多投入，那么未来你又不能保证投入。那么这个事情我建议大家不要去做，做了也是白做。做了也是一种有始无终的事情。你做了就是投进去了，但是不会产生效益。

所以我们说做公众号这个事情，重新开始你的计划，你要坚持做三年、五年的事情。如果你做不到，这个事情就白费。那么有这个工夫，你还不如多拜访几次客户，不如多干点其他有意义的事情。因为这个就是没有太多意义，因为在网上做内容的人，几千万人都在做。你做不好就没有商业价值。所以就是 0 和 1，做好就是 1，做不好就是 0。

所以无论你是公司的市场部门员工还是企业的领导，我再次提醒各位，要做好公众号，你要记得一年要舍得投入进来。既要投入人，又要投入钱，还要投入资源进来。没这些投入是做不好的，还不如不做。那么资源投入不到位，但是你做了，你做出来的结果就是，和你的对手越做越远。人家投入大，方法得当，一日千里，你们做的情况是越来越远了。公众号这个东西，做得好的，后面增长非常快，做得不好的，还会降粉丝。所以好的是越来越好，差的是越来越差，所以是两极分化特别严重。

3. **就是打造专业的内容团队，输出优质的好内容**

酒企要打造超级公众号，打造有影响的公众号，不是普通的，不是做一做，玩一玩，而是要打造对行业有影响力的超级公众号。因此你必须有一个打造专业内容的团队，这就是我们公司的新媒体编辑部。编辑部应该有主编、总编，有几个三五个编辑、美工来做。

内容第一，编辑第二。我们在做公众号的时候，深刻发现，公众号的核心是什么？核心是内容，内容是1，编辑是0，核心是团队。就是我们在做的过程中，还是团队到底专不专业，厉害不厉害。那么团体里面能不能生成我们自己的比较好的内容。自己做不到好的内容，你只能到处去找内容。找来内容，内容和内容之间是主题没有统一，风格差距太大，文章就是混乱的，他没有灵魂。

只有一个专业的团队打造出的内容，他就像一个人一样，他讲出的风格是一致的。如果不是一个专业团队，你今天编一个，明天编一个，结果你最后编的读者看了之后，就忘了公众号是什么了，这个公众号的IP就没有了。一个公众号做了很久以后，别人可能都不知道你公众号名字叫什么。那么你发的内容就白发了，因此我想一个公众号，最核心的是内容。

4. 公众号+营销，要和粉丝加强互动

你要和粉丝发生深度关系的话，一定把他们引进社区。

让粉丝和我们的小编互动起来，不仅是公众号互动，而且是在朋友圈、微信群里面互动起来，甚至要把这些读者粉丝，转化为我们的顾客，变为更强关系的。把读者变成社群粉丝，变成顾客的，这次关系更加深入，这个深入由弱关系，变成强关系的过程。一个人成为顾客以后，他对我们的产品和服务会更加的信赖，对我们品牌会产生更深的依赖。所以我想对酒企来讲，这三个转化特别重要。从读者变成社群的成员，变成我们的客户，这个特别重要。

因时而变，酒企公众号要和粉丝建立更加丰富的多网的互动关系。这个多网的关系，就包括从公众号到朋友圈，到社群，更主要的是要从线上转为线下，要把线下的顾客转化到线上，就是立体化的，全方位的，通过时间、空间进行互动起来，未来就是多维度的关系。

5. 微信快营销的本质是发动群众

微信生态是社交关系的错综网络。每个人都是一个媒体，也是一个发动机。

酒企的公众号快营销就是要把这种社交关系激发出来：让粉丝帮我们传播，让顾客（酒友）帮我们卖货，让伙伴（代理）帮我们建设，让产品（好酒好品牌）帮我们说话。这就是酒企社群O2O+公众号+朋友圈的互联网快营销。

第四节　微信时代，如何抓住“95后小鲜肉”

《糖烟酒周刊》特约文章

如今，成功推出一款火爆大江南北的产品，越来越难。

尼尔森研究表明：现在推新的成功概率只有0.06%。厂家现在推新品越来越难，而经销商也越来越谨慎，也不敢轻易代理一款新品，唯恐动销不畅压在自己手里。

在这个消费升级时代，消费者拥有更多话语权。

新一代小鲜肉，他们拥有自己的价值观，往往会抛弃父辈的品牌，选择更能代表他们心声、代表他们价值观的产品。

新时期，厂家和分销商应该何去何从？

用专业手艺打造产品，提高成功率非常关键。

一、抓住“小鲜肉”，抓住未来

“小鲜肉”原来是网络语，是指年轻、帅气、有肌肉的新生代男偶像。一般是指年龄在12~25岁之间的性格纯良，感情经历单纯，没有太多的情感经验，并且长相俊俏的男生。

现在也泛指新一代“95后”年轻人，像明星等都是娱乐界“小鲜肉”的代表，也是“小鲜肉”们的偶像。“小鲜肉”明星通常吸引着一大批狂热粉丝，像“95后”、“00后”这些以小女生为代表的年轻新一代。

紧跟娱乐界“小鲜肉”的步伐，快消品界近两三年来也刮起了一阵“小鲜肉”春风，各大厂商相继推出了“小鲜肉”代表产品，品类之繁多，真是让人目不暇接啊！这些“小鲜肉”产品真能打动年轻“小鲜肉”吗？不一定。

成功的“小鲜肉”产品，一定是成功征服了“小鲜肉”的产品，就是能够吸引这些“90后”“00后”新一代疯狂分享、口碑传播的产品。

大数据研究发现，成功引爆的“小鲜肉”产品有三个特征：

第一，颜值高。

名字好、包装设计吸引人，形象萌萌哒，一上来就很吸引人，使这些“小鲜肉”蠢蠢欲动，想尝试。

第二，品质好。

“小鲜肉”产品一上来就有消费升级的味道，无论是内在品质，还是外在口感，都具有焕然一新、一骑绝尘的感觉。

第三，传播力强。

“小鲜肉”产品有内容，有故事，具有自动互联网传播的能力，天生颜值高、卖萌又会耍，产品自己就吸引粉丝帮你传播。因此，成功的“小鲜肉”一定是具有互联网思维的产品，天生就和互联网新一代合拍啦。

“颜值高、品质好、传播力强”，就是具有快营销引爆基因的“小鲜肉”产品。

二、快营销用数据推荐“小鲜肉”

虽然，市场上涌现出来一批批“小鲜肉”产品，但这些产品能不能真正火爆起来？这里，我用快营销指数大数据来给你介绍“小鲜肉”。

快营销指数是反映一个产品在“天网地网，人网电网”四个世界的影响力。

品牌在四个网络中互相促进，通常一个新品由于时间较短，所以在天网和地网领域，往往新品牌不如老品牌，但是随着时间积累，天网和地网的影响力逐渐增加。

新品的成功引爆，一定是要通过人网来率先掀起旋风，在年轻小鲜肉中形成一种独树一帜的号召力。即使采用电视广告、数字媒体，最终也是为了引爆品牌在“小鲜肉”社交群体中的口碑传播。

为了帮助大家理解快营销指数，我特地针对最近三年来市场反馈不错的12个品牌，做了快营销大数据分析，如表9-2：

表9-2 快营销指数

快营销指数：扫描品牌在天网人网电网地网的现状				
品牌名称	**品类归属**	**天网指数**	**人网指数**	**电网指数**
三只松鼠	坚果炒货	12000	120000	2420000
良品铺子	休闲食品	7000	150000	1580000
百草味	坚果零食	5000	25000	2220000
茶π	茶饮料	2200	20000	1558000
小茗同学	茶饮料	1600	3000	22200
溜溜梅	蜜饯果干	600	5000	102000
张君雅小妹妹	休闲零售	400	3000	402000
巧妈妈	果冻布丁	20	25000	9600
董小姐薯片	膨化薯片	60	未收录	55200
卡尔顿蛋糕	西式糕点	60	未收录	36100
宅小翠	膨化食品	20	未收录	660
曼欧福	西式糕点	0	未收录	200
备注：快营销指数是指通过扫描品牌在天网、地网、人网、电网中的数据，来获知其在竞争中的优势和位置；指数越高，代表品牌的竞品中的兑争力越强。				

表9-2是快消品行业12个品牌在互联网上三个维度的反映，也基本和线下动销基本吻合。

这些品牌都是该行业势头发展不错的大小品牌，值得经销商去关注。

首先我们看，像董小姐薯片、卡尔顿蛋糕、宅小翠和曼欧福这四个品牌在人网指数中没有数据，这是因为这些品牌在微信生态中曝光机会太少，没有引起微信指数的收录，这也是品牌在社交网络领域薄弱的一面。

像曼欧福这个新牌子最近线下招商火爆，但是无暇顾及微信生态的口碑传播，尤其是和消费者的互动。而董小姐、卡尔顿、宅小翠，在市场上已经摸爬滚打一两年，微信指数很低，这说明社交营销需要加强，这会成为品牌发展的瓶颈。

通过数据，可以明显地看出来，2016 年 5 月才上市的后起之秀——茶 π，大有超越 2015 年 3 月上市的前辈小茗同学的势头。据一些经销商反映，茶 π 现在的动销非常好，这和快营销指数中线上的数据非常吻合，比如茶 π 在京东上有 155 万的热销评论，远远领先于小茗同学的 2 万评论；同时快营销调研发现，在淘宝天猫平台上的收货人数数据中，茶 π 是小茗同学的四倍。京东和阿里巴巴这两个平台上的数据反映，茶 π 在电商平台上加大发力，远远地超越了同行。

图 9-6　茶 π 天网搜索研究

我们拒绝以偏概全，又做了天网搜索研究，发现茶派的日均搜索量是小茗同学的1.3倍。在微信指数方面，小茗同学则是茶派指数（茶派和茶π双词汇之和）的1.5倍，这是茶π词汇不好拼写和识别造成的遗憾，不利于品牌词汇的传播。小茗同学是茶饮料“小鲜肉”的领军者，而茶π则是咄咄逼人的后起之秀。

图9-7　三只松鼠、良品铺子、百草味快营销指数

三只松鼠、良品铺子、百草味都是品类里的佼佼者。快营销指数也真实地反映出他们实际情况。作为坚果零食的领导者三只松鼠则在电商体系，绝对领先；IP知名度也是最高的。而像百草味通过和京东的深度合作，并在阿里巴巴平台重磅发力，也取得了良好成绩。良品铺子则是线上线下同时发力，由于其在线下拥有2000家店，良品铺子的线下优势遥遥领先。

溜溜梅、张君雅小妹妹也在各自领域里做得风生水起。我们通过快营销指数可以看出，这两个品牌都比较重视电商平台，每天搜索品牌的人也不少，但在社交网络领域，两家品牌的重视还不够，这需要提升。巧妈妈品牌搜索量明显低于董小姐薯片和卡尔顿蛋糕，但是其正在通过微信生态营销发力，提升自己的品牌知名度，这是中小品牌值得借鉴的。

三、 经销商如何玩好 “小鲜肉”

尽管2016年约有100多种饮料新品上市，300多种新食品上市。但是，市场上诞生了的成功新品屈指可数。除笔者上面推荐的12种佼佼者，95%的新品都是昙花一现，无疾而终。

经销商如何玩好“小鲜肉”？

学习发动群众，发动年轻“小鲜肉”。

1. 用户为王，新产品开发要发动“小鲜肉”

年轻新一代，是伴随着互联网的一代。网络崇尚自由，自我价值，厂家推出“小鲜肉”品牌，一定要结合互联网时尚，披上互联网时尚的外衣，你才能和“小鲜肉”们在一起。

图9－8　张君雅小妹妹

首先，产品命名要发动“小鲜肉”。“我是张君雅小妹妹”，这就是“小鲜肉”主张。对于互联网，“95后”最有发言权；我是张君雅小妹妹，就是和那些年轻“小鲜肉”在互动，在打招呼，既具有亲切感，又自信满满。这非常符合年轻“95后”新一代。

其次，产品包装设计萌萌哒。张君雅小妹妹卡通设计真的是萌碎了心，再来一句“再捏我，我会跟阿母讲哦”，让人觉得很童趣，甚至有想到小时候和小朋友之间的嬉闹。在产品创意上，这一包捏碎面下面写着“脸被捏大，长大很难嫁耶……”张君雅小妹妹的语录和表情真的是让人爆笑，有网友说，很多人是冲着萌要去买张君雅小妹妹的捏碎面，袋子可以收藏的耶。

2. 粉丝经济，“小鲜肉”品牌要打造自己的 IP

IP 是英文 Intellectual Property 的缩写，意为“知识产权”，在互联网经济中，IP 代表一种具有故事性的人格形象，IP 具有内容力和自流量的魅力人格；内容能主动发酵，引起粉丝的好奇、喜欢并传播，这样的内容就具有生命力，譬如经久不衰的哆啦 A 梦，或是搭载着移动社交软件 Line 流行起来的布朗熊、可妮兔，其形象背后本身具备足够优质的内容。超级 IP 要有足够差异化的人格，差异化在未来越来越重要，差异化意味着在细分领域中占领顾客心智。金庸武侠小说是 IP，快营销快侠是 IP，哈利波特也是 IP。

小茗同学，就是超级 IP 的典型案例。

小茗同学总会发现，身边的“95 后”，总会有一个同学，他看世界很开心。在复杂苦逼的生活里，依然没压力。纵有大事压顶，也会一笑而过。有时间就逗人笑，没时间，就莫名其妙来一场自嘲。总之，没什么大不了，一切正面就好！

图 9-9 小茗同学广告语

小茗同学形象，大大的冬菇头，所以手无法摸到头顶。发顶有两棵形似“茶芽”的呆毛。眼睛总是露出贱笑，弯成腰果形。一直很认真地在搞笑，搞笑之后你会听见一句贱贱的“呵呵”。性格逗比贱气，用他的冷幽默令生活再也没有苦恼。这就是小茗同学的 IP 打造。这恰恰符合了“95 后”年轻人心声，他们可不是一个个小茗同学？

三只松鼠也是成功的互联网 IP。

当客户第一次接触三只松鼠，会在第一时间给顾客留下难以磨灭的印象，那就是那三只可爱的松鼠——鼠小贱、鼠小酷、鼠小美。三只可爱松鼠的“萌”营销只是表层原因，直接赋予了品牌以人格化，以主人和宠物之间的关系，替代了传统的商家和消费者之间的关系，这才是三只松树的本质意义。客服以松鼠宠物的口吻来与顾客交流，顾客成了主人，客服成了宠物。于是，客服可以撒娇，可以通过独特的语言体系在顾客脑中形成更加生动的形象。

3. 社交时代，品牌要和“小鲜肉”们互动

“95 后”不盲目崇拜，他们有“自己的故事”。

“95 后”巧拼不蛮干，“爱分享”，寻找认同他们的品牌。

“95 后”有自己“特定的圈子”和团体，圈子和部落的载体与形式众多，微博、微信、朋友圈、QQ 等社交媒体都成为寄宿这些圈子的平台。

从 QQ 到微信，再到一些小众社交 APP 软件，在“95 后”的心中，社交网络已经融入到他们的生活和学习之中，几个好闺蜜就可能建个小群，互相分享身边的新鲜事，在朋友圈发个萌萌哒，这个相互影响像病毒一样传播。“小鲜肉”们更在意网络社群的意见与观点，京东、淘宝、天猫等电商平台，无形之中影响着“小鲜肉”消费群体的消费冲动。经销商要抓住“小鲜肉”们好奇尝试、乐于分享的心理，要策划一些互联网元素的活动，将品牌和产品植入进去，如做 H5 游戏。

在了解这些“90 后小鲜肉”的特点后，厂家和经销商要学会利用社交网络和“90 后”互动。小茗同学当年最先在自媒体上用一轮搞笑

图 9－10 小茗同学海报

的海报开始预热，同时，在各大校园内开展了校园包装创意大赛。各种以“小茗同学”为主题的线下活动吸引校园童鞋。紧接着，推出 7 月的宣传大戏——小茗同学独家冠名大型明星校园体验式真人秀节目《我去上学了》节目，又以“95 后”为主题，打造了一支《小茗同学冷泡 NEW 上市》广告片，在东方卫视和爱奇艺双平台进行了传播。9 月份，鬼畜风微表情 TVC 上线；小茗同学又和秒拍合作，号召人们模仿小茗同学的鬼畜表情和动作，上传到秒拍，参与活动。一个个互动活动掀起了消费者们的模仿高潮和参与热度。这就是 IP 打造和用户创造内容，引发粉丝疯狂传播，参与互动。至此，小茗同学成了“小鲜肉”世界的小网红。

很多“小鲜肉”品牌仅仅模仿到了小茗同学的表象，以为设计一些卡通形象就行了，其实不然。一个大的“小鲜肉”IP 的打造，是需要在细节上策划和设计的，必须能够打动“小鲜肉”的心；同时还要舍得投入，花大力气做社交互动，在线上线下和潜在的“95 后”“小鲜肉”们沟通。

成功者总是引来围观与模仿，但是成功者又成功地构筑了护城河。

后来者如何胜出？

唯有用专业手艺提升新品成功率，这是笔者诚恳的建议。

第五节　快消品如何利用新媒体营销

本文是快消品权威媒体糖酒快讯和新食品杂志的视频采访。

一、 罗主编：为什么您会说错过微信，就错过未来

孙巍：昨天腾讯发布了2016年的财报，财报显示微信的活跃用户已经达到8.89亿，这接近9个亿的用户意味着什么？我们知道中国互联网行业、移动互联网的用户数字是7个多亿，微信的用户已经远远超过移动互联网用户，这意味着在今天微信已经处于“统治”的地位。

图9－11　视频地址

我过去做营销咨询和很多企业交流、合作，发现企业的营销也由过去的传统的营销向互联网营销，向移动营销，向微信营销正在转移。事实上微信已经成为企业新媒体营销的主流战场，对于一个新的企业来讲，对于一个新的品类来讲，对于一个新产品来讲，我们发现任何一个成功的品牌，成功的新品类、新产品，如果要获取成功，他一定利用好新媒体，一定要利用好微信。

比如我们熟悉的江小白，它就是典型的中国新媒体和本地环场景的体验来打造的一个新锐品牌。而且这个新锐品牌，今天看是一个强势的

图9－12　江小白

品牌。我们也看到在糖酒会上，老品牌，传统品牌，前10强的品牌，每年都在推出很多新品类，几十种单品，但是每年下来，我们发现99%的产品都是失败产品。因此通过这些企业的实践我们发现，可能我们传统的一些经销的思维，铺货的思维，在今天动销不了了。

为什么动销不了呢?

是因为消费升级了，消费的思维，消费的观念，消费的场、接触点发生的转移。过去我们在超市里面买酒，买新的食品，那么今天可能我们获得这些信息是通过新媒体搭建的，是通过微信看到大家疯传，引起我们的兴趣。因此对于企业来讲，传统的市场部要进行升级换代，要把新媒体加入到我们整体的市场部里面。我们用新媒体的思维来统一线上和线下，打通我们的天网、地网、电网和人网。

新媒体的核心是人网。

新媒体不仅仅是微信，不仅仅是新浪微博，不仅仅是我们手机里面的各种软件。产品也是新媒体，我们线下的场景化也是新媒体，最大的新媒体是我们的人媒体。消费者是最大的新媒体，人是最好的媒介。

如果我们的产品，能够和消费者进行呼应、互动，让他们喜欢我们，追捧我们，他们就产生了一种热情，帮我们在线上，在朋友圈，在社群推荐我们的产品。这样就实现了线上和线下的融合，实现传播到消费的转化。这是新的一代的来临，抓住新媒体，我们才能抓住新的一代，抓住消费升级的红利。

二、 罗主编：企业如何运用好新媒体？如何发动群众

孙巍：企业怎么样利用好新媒体？我觉得有五点：

第一，企业的老板要新媒体化，要跟上时代，自己要去玩新媒体，要学习新媒体，用新媒体武装自己的管理思维以及营销的思维，这是第一点。

第二，要把新媒体营销的功能引入到企业的市场部，这一点非常关键。没有市场部的人，他们的管理还是传统的，那么他的考核指标一定还是拜访客户的多少？进店的数量的多少？等这些传统的指标体系。引入新媒体的东西，才会考虑新媒体的相应指标，然后用这些新的指标体系管理我们整体新的大的互联网市场部。

第三，企业推出一个新品的时候，在产品开发的时候，一定要与新媒体结合起来，就是要考虑这个产品，在我们场景化营销的时候，在线上营销，线上传播，线下动销的时候，怎么样去连接起来。

产品本身就是最大的新媒体，比如张君雅小妹妹。我们的货铺的越多，消费者能亲眼看到我们的产品，在朋友圈看到我们的图片，每一张图片，每一次的视觉就是一种沟通的机会。因此我们开发产品时，产品的口感，产品的包装这些一定要能引起消费者和我们发生互动、对话，喜欢你还是不喜欢你，不喜欢也是一种互动，批评你也是一种互动，这就是新媒体的思维（开发产品）。

第四，利用新媒体，不仅仅在线上，也包括线下，线上有几大场景，比如在微信里面有三大场景。第一个场景是公众号，第二个是朋友圈，第三个是微信群。那么在每一个场景里面，新媒体表现是不一样的，线下表现也是不一样的，如在火锅店，我们产品摆在火锅店餐桌的时候，能不能让产品与消费者在朋友圈互动起来。这是可以做的。

图 9－13　新媒体场景

第五，一定不要用传统的执行标准管理新媒体部门的员工。我们要放权给这些年轻人，让他们大胆地去折腾。年轻人掌握好了以后，我们才能掌握好新媒体快营销的核心原理——发动群众进行传播、发动群众制造内容、发动粉丝帮我们点赞、推荐，做好我们的口碑营销。谢谢。

第十章
个人微信营销怎么做

第一节　洞察微信营销中的人性

微信是个社交圈，每个微信人都是个演员。

有的人用他来交流放松，有的人用他来展示，有的人用他来卖东西，有的人潜伏在微信里，一声也不吭。

营销的本质是对人性的洞察。微信人都在想些什么呢？

我们知道，人们都喜欢受到特别待遇。

比如你称赞他；

比如你肯定他；

比如你在节日问候他。

在营销中，记得让你的顾客占便宜；

在传播中，让粉丝任性分享，让粉丝傲娇。

其实，在微信营销中，有五大场景的人性不得不知：

一、分享转发时的人性

分享转发是微信营销重要的行为。有时候，有的人默默地转发你的文章，有时候有的人在你请求下才帮你转发，有时候，有的人领了红包也不帮你转发。

他们为什么不转发你的文章或广告？他们的心里怎么想的？

- 朋友圈私密性，不随便发。很多人认为微信是自己的小小朋友圈，只能分享自己私人生活、情绪、吃喝玩乐等内容，和自己无关痛痒的尽量不发。
- 不好玩不值得发。也有很多人看到内容后，觉得不好玩或者不靠谱不认同，发到朋友圈觉得自己有损失。
- 没好处不转发。还有的时候，觉得凭什么要帮你转发？有没有什么好处！

担心朋友圈觉得贪图小利，有损完美形象。转发感觉受损，感觉心里吃亏。

那么有时候为什么愿意转发分享呢？

巍哥答：理性利己，感性认同。理性的人，总是会权衡利弊才会帮你转发分享；感性的人，认同你就愿意帮你转发；喜欢分享的人，多愿意分享给朋友圈的朋友，无私奉献利他主义者。

通常来说，微信营销要重点关注六种转发心理：

- 自己的必转。与自己相关性比较强的必须转，比如自己的文章，自己公司的，或者亲戚好朋友的，重要客户的文章必须转啊。
- 合乎兴趣的转。打动了他的，自己认同的，合乎兴趣的内容，容易被转发。
- 体现自己品味的高大上转。很多人愿意转发那些体现自己品味的内容，比如华为又获得了什么成就，自己住了高大上的酒店，在米其林餐厅吃了大餐等。

- 对自己有帮助的转。有的内容是干货，对自己很有启发，说的有道理，也愿意转发给朋友们。

- 新闻娱乐的转。看着很搞笑，很好玩的，或者新闻大事的，甚至娱乐八卦的也愿意转发，窥探明星的隐私也是朋友圈的热点现象。

- 有奖励的转。收了人家红包，不转发不好意思；或者转发朋友圈，可以免费获得奖品奖励。

对于专业营销人员来说，微信营销的可控性很重要。保持微信内容营销、品牌营销，能够达到预期效果极为重要。可控的营销传播管理是依赖于内容营销和转发激励。

除了转发时，每个微信用户有不同的心理，其实每个人在朋友圈的心理也很微妙。透过这些心理，我们来洞察人性。

二、 朋友圈的人性

- 点赞要么认同，要么引起重视。在朋友圈，很多人喜欢点赞，点赞往往有两个心理，一种是他认同你发的内容；还有一种就是通过给你点赞，希望引起你的重视。

- 晒美食酒店聚会，体现高大上。遇见美好，必须分享。分享高大上的体验，引起大家的关注，也是马斯洛社交认同的表现。

- 发广告，促进销售。

- 发照片，吸引异性。女性更喜欢发自己的自拍照，希望引起朋友圈尤其是异性的目光；而男性则喜欢发美女照，以获得更多人的互动。

- 发文字，情绪发泄。更多的时候，很多人喜欢在朋友圈发泄情绪，尤其是悲伤和失望，抱怨和怨恨；可能是个人情感，也可能是商家投诉。

“点赞营销，美图营销，性营销”这三种是一般人最喜欢用的办法，但高手则是制造热点和激发围观者的情绪。

微信群也是人们聚集地，人多的地方，就有故事。

三、 群里的人性

• 潜水，观察者。90% 的微信群用户喜欢潜水，现在群太多了，对群里不熟悉，对群没有归属感的人，喜欢潜水。潜水是一种常态。

• 发逗比，引起关注好玩者。有的群里朋友，喜欢发一些好玩的，希望引起大家的关注。

• 活跃者，乐于分享。有的微友对群的归属感很高，在群里不陌生，喜欢分享一些自己认为有意义的内容。

• 发广告，功利驱动者。更多的时候，很多人把大群当成了营销目标，在群里以各种形式推送广告。

• 发红包，引起关注好玩者。天下攘攘，皆为利往。没有人不喜欢红包的，在群里发红包能够引起大家的注意。

• 发信息，交流分享者。长期分享有价值的信息，能够获得群友的信任。

• 抢红包，贪图小利者。也有的人长期潜伏，遇到红包则一跃而起，贪图小利。

“红包营销，广告推销，人际关系营销”，这也是群里营销常态。

你也许在微信群里或者朋友圈下单购物，每个人都有这样的体验。前两年，大家对朋友圈的朋友推荐，还很新奇；这两年，大家则习以为常了。

四、 购买时的人性

• 超值。为什么在微信里买东西，有时候会觉得超值。

• 抢购，不抢吃亏。东西少，限量购，不抢就没了。

• 便宜，买了囤起来。

• 人家都买了，估计不错。朋友推荐的，值得信任，再说了，人家都买了。

- 刚需。

有时候，购买并不仅仅因为性价比高，占便宜和炫耀则是最大的动力。

五、 渠道合作的人性

- 感觉能赚钱。渠道合作看利，利差越大越有动力；赚钱是魔性，商业总是逐利。
- 认同他们的理念。看好这份事业，认同他们的理念，我也有信心。
- 试试看。听起来不错，试试吧。
- 风险不大。风险不大，可以承受。
- 这东西我需要，市场肯定需要。
- 利润空间大，赚钱挺容易。
- 别人已经赚钱了，我也要。别人成功了，再犹豫什么，机会不等人。
- 对方有实力，品牌支持大。

利用微信发展合作伙伴，一定要了解他们的心态；这是渠道合作的关键。

第二节 微信的批量加好友和精准群发

一般人是如何利用个人微信号找客户的呢？

譬如摇一摇，查看附近的人。

或进群加友，一个一个批量加群友。

这种办法比较笨，还有人通过购买数据库的办法，做个人微信号营销。

个人操作意义不大，建议团队操作，一天微信可加好友在 20 - 130 人左右，好友数量 5000 人。

手机通讯录匹配加好友，通过率是极高的，我们要利用庞大的数据库，利用的就是这个原理。

方法一：通过360手机助手导入购买的微信手机号码到手机通讯录，注意一次别导入太多，会卡死的，导入进去之后；或者用一些软件，可以录制脚本自动加匹配的通讯录好友，不会用软件的麻烦努力动手指。

方法二：利用类似于安卓模拟器，找一个网上通讯录平台，先把通讯录导入到通讯录平台，然后在安卓模拟器安卓通讯录手机端，打开手机端恢复通讯录，就实现了通讯录导入了安卓模拟器，再安装微信，流程跟方法一差不多，如果想自动加的话，就用按键精灵等付费软件工具。

做微商，就要多做一些账号，把每个账号5000人加满；

做微信销售，可以把原来的企业老客户，批量导入到微信里，激活再开发；

开微店的，可以购买一些相关数据库，扩充你的潜在客户群。

快营销管家2.0也会有这个免费功能。

这些都是入门方法，活学活用，不多说。

方法三：一些企业也在利用基于LBS定位技术，设置每部手机在某个地理位置，然后通过“摇一摇”、加“附近的人”这样的微信功能，来“养号”。每个微信营销员操作一台电脑，管理几十部手机，每部手机就是一个“号”，这样每天加人，同时在朋友发信息，引起粉丝咨询，再转化为销售。

一切不能带来价值的信息，都是垃圾。

我们做微信营销的时候，如果随意推送内容，会让收到信息的人讨厌，他可能会拉黑你。你只有将有效信息发给精准的人，才能避免被删，并且提高转化结果。

那么如何才能做到精准群发呢？掌握两个技巧：

- 给每个人建立标签。
- 撰写高质量内容并推送。

一、 如何给每个人建标签

步骤1：为微信好友做精准分类标签，点击微信好友进入“详细资

料”界面。

图 10－1　步骤 1

步骤 2：选取“设置备注和标签”进入“备注信息”界面。

图 10－2　步骤 2

步骤3：点击进入“备注信息”的“标签”项。

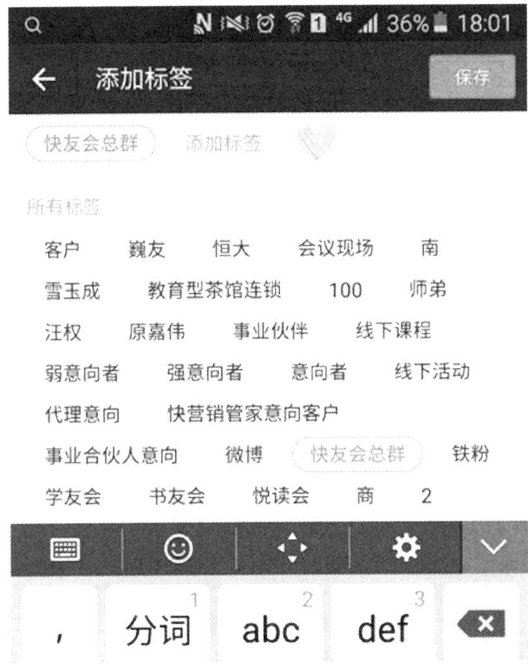

图10－3　步骤3

步骤4：创建或选取标签。

图10－4　步骤4

步骤5：标签选取添加成功。

图10-5 步骤5

步骤6：标签会在“详细资料”界面清楚显示。

图10-6 步骤6

步骤7：在“通讯录”主栏目查看“标签”栏。

图10－7　步骤7

步骤8：“所有标签”列表中找到所属标签进入查看，好友标签建立完毕。

做好标签了，就可以开始群发了。

二、如何操作群发

特别要说明的，iPhone手机最新不能通过标签进行群发，安卓系统的手机没有问题。

步骤1：手机微信底部最右边的主栏目“我”进入“设置”界面。

图10－8　步骤1

步骤2："设置"界面进入"通用"。

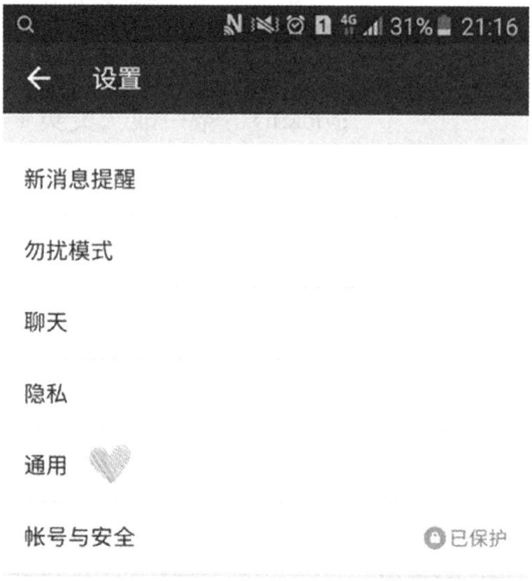
N 31% 21:16
设置
新消息提醒
勿扰模式
聊天
隐私
通用
帐号与安全
已保护

图10－9　步骤2

步骤3："通用"界面进入"功能"。

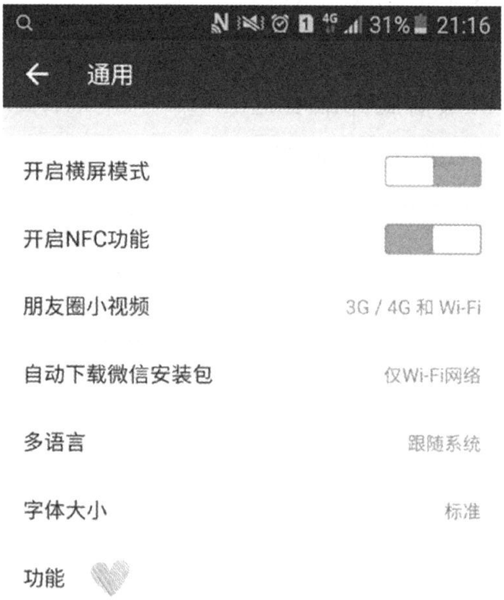
N 31% 21:16
通用
开启横屏模式
开启NFC功能
朋友圈小视频
3G / 4G 和 Wi-Fi
自动下载微信安装包
仅Wi-Fi网络
多语言
跟随系统
字体大小
标准
功能

图10－10　步骤3

步骤4：“功能”界面进入“群发助手”。

图10－11 步骤4

步骤5：“功能设置”的“群发助手”界面进入“开始群发”。

图10－12 步骤5

步骤6："群发助手"界面进入点击"新建群发"。

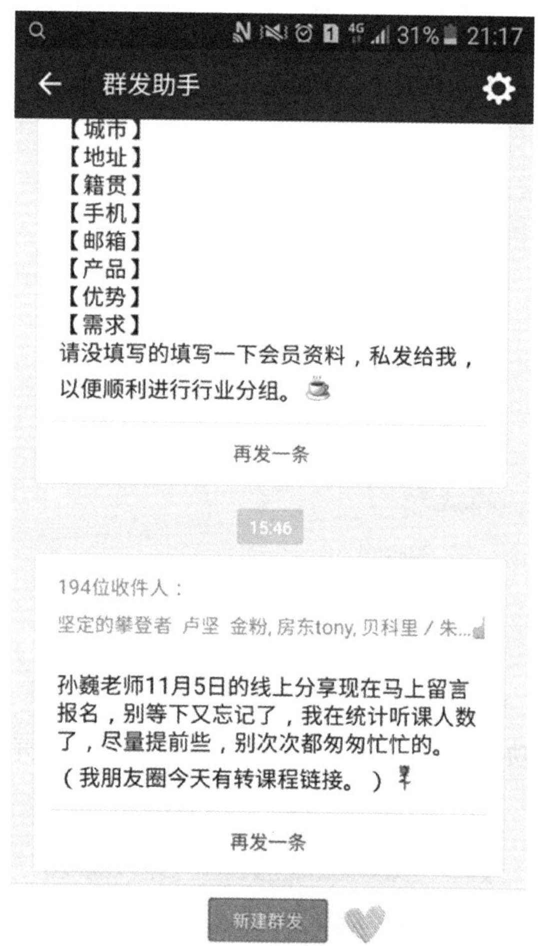

图10-13　步骤6

步骤7：出现“选择收信人”界面，点击搜索。

图10－14　步骤7

步骤8：出现已建立标签列表。

图10－15　步骤8

步骤9：选取需要群发的标签类别，例“快友会总群”。

图 10－16　步骤 9

步骤10：勾选需要群发的成员。

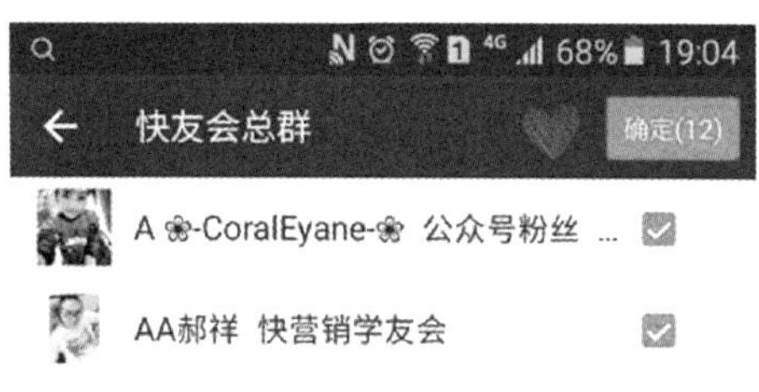

图 10－17　步骤 10

步骤 11：群发成功（目前只支持文字或图片发送）。

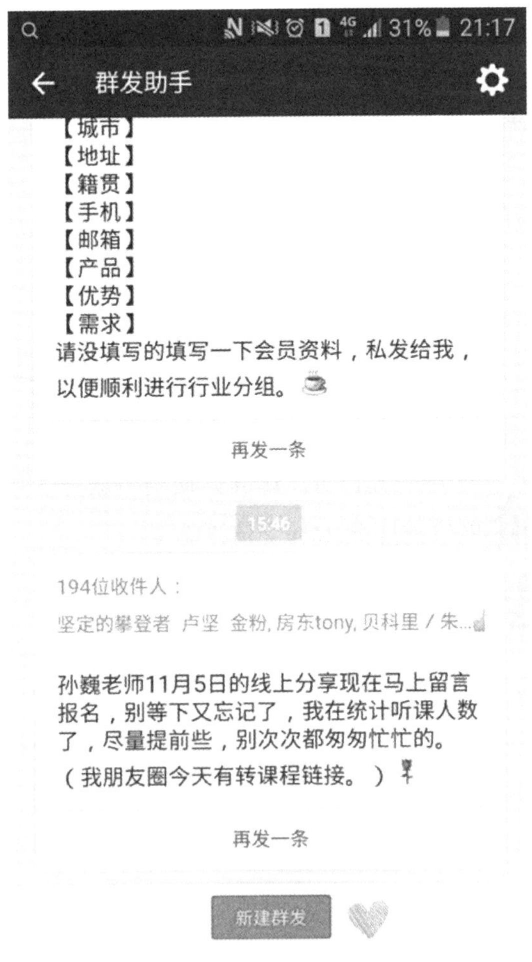

图 10－18　步骤 11

第三节　如何快速建 500 人大群

建群很容易，建 500 人群不容易，很多朋友的微友都没有 500 人，更别说把他们拉到群里。你需要知道相关操作技巧。

建 500 人群容易，建具有共同话题的 500 人群，不容易。那就需要了解社群运营的技巧。

本节讲述如何建500人大群。

一、 建群需要三思

建500人微信大群，群建来做什么？500人从哪来？这些是首要回答的问题。

1. 建群的目的

- 粉丝集中营。将品牌的粉丝集中在一起，提供互动交流、品牌体验和售后服务等社交平台。
- 举办活动。为了一场活动，建群方便统一服务，并容易交流。
- 内部沟通。单位或团队内部交流平台。
- 行业交流。搭建行业相关人士交流的社交平台。
- 教育学习。利用微信群进行培训和学习交流。
- 社交活动。跨界建群，认识更多的朋友。

社群配套。微信群作为社群的一个组成部分，方便社群成员交流。

2. 找到核心发起人

一个人建群不容易，邀请朋友一起来参与，就变得有趣了。

建群可以理解为办一家企业，首先找到联合创始人，愿意在该群共同承担风险把控方向的，可视为核心发起人。

核心发起人和强关系成员为什么要一起参与？

将责权利明确清楚，定好共同目标和运行规则，保证群运行通畅。

3. 找到潜在的微信好友

怎么建？找到适合本群的潜在微信好友。

为建群目的服务，将建群目的相关的资源全部梳理一遍。

比如查看微信好友，多少人和建群目的是相关的，做好标签，标上群名。

发布信息，一对一通知、朋友圈通知、群通知，将要设立的群目的、参与方式、参与好处传达出去。

查找名片夹、通讯录、记事本，看有没有和建群目的相关的人，该加微信的加微信，该打电话的打电话，该 Q 的 Q 对方，现在大家都比较忙，再加上信息爆炸，一定要主动联络，且珍惜对方的时间。

4. 如何持续运营微群

我这里分享快营销快友会的一点经验，供您参考：

- 群主：一票否决权；
- 副群主：联合发起人，2～5 人，参与决策；
- 群精神领袖：具有号召力，能带动气氛、创造话题，1～3 人；
- 轮职群主：管理群大小事务，每月轮流；
- 群助理：常务管理，拉人、汇报、建议、踢人；
- 场控人员：现场秩序维护；
- 活跃分子：群积极分子，有机会培养为更重要角色，占比 30%；
- 普通群成员。

二、 建 500 人群的操作步骤

微信群最多为 500 人。为了避免恶意账号给群带来骚扰，更好地保护信息安全，100 人以上的微信群主要针对已通过实名验证的微信用户：

- 超过 40 人，你的邀请需要对方同意；
- 超过 100 人，对方需要通过实名验证才能接受邀请，可通过绑定银行卡进行验证。

步骤 1：点击右上角“+”选取“发起群聊”，首先要至少 3 人组建一个群组。

图 10－19　步骤 1

步骤 2：进入“发起群聊”界面。

图 10－20　步骤 2

步骤3：勾选核心创始人成员。

图10－21　步骤3

步骤4：核心创始人成员已在群组内，群组已生成。

图10－22　步骤4

步骤 5：同步生成一个仅有 7 天时效的专属群二维码，可一对一、朋友圈、群发送群邀请。

图 10－23　步骤 5

步骤 6：群内发送内容，群组正式建立。

图 10－24　步骤 6

步骤7：群组前40人直接可以扫码加入，不需要验证。

核心成员开始各邀请50~100人强关系成员入群，强关系成员再分别拉50~100人其强关系入群，按核心成员从强关系到弱关系的顺序。

图10-27　步骤7

步骤8：群组满100人后需要验证信息，被邀请人的微信绑定银行卡，开通微信支付功能，这个验证信息链接会发送给邀请方，点击“邀请”。

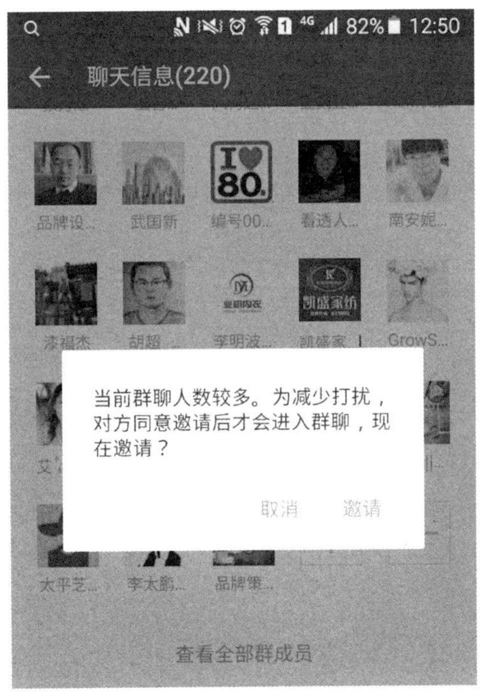

图10-28　步骤8

步骤9：发送邀请链接给邀请方，提示对方同意后将会进入群聊。

图10－29　步骤9

步骤10：直至群满500人，不能再添加群成员。

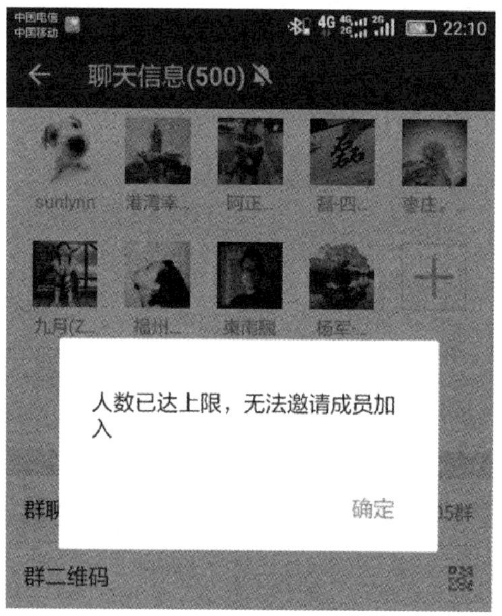

图10－30　步骤10

最新版的微信，群增加了“群收款”“群聊邀请确认”等功能。

三、 如何增加好友

很多朋友可能会遇到一个问题，就是你的微信朋友非常有限，那么你建500人群就困难。怎么办？给你一些增加微信好友小技巧：

1. 好友分类维护

好友分类、标签做好，如：亲人组、同学组（各阶段各班级）、同事组（现在和之前从事过的行业）、工作相关（导师、上下链条、各事项相关成员、现场会议来源类、微信群来源类等）、生活相关（导师、兴趣爱好类、社交场合类、生活必需品类、微信群来源类等）。

2. 旧友资源梳理

找出QQ和手机及云通讯录好友已经开始习惯使用微信的好友，添加他们，将他们分别放入微信相对应的分类，做好标签。

3. 朋友圈形象打造

维护好自己的朋友圈，塑造个人品牌形象，内容可以有价值、有趣味、对方看了会易互动易被感动，有留言及时回应，引荐喜欢朋友圈的朋友介绍好友。

4. 群资源挖掘

积极参与群，多与群成员互动，制造话题，活跃气氛，向群管理团队靠拢，争当群管理，因为互动多，群成员有时会主动添加，群里有喜欢的人、有可能有交集的人，都主动申请添加对方。

5. 多参与社交活动

多参加线下会议、社交活动，现在有微信，都可以扫二维码联结人和进入相关群，这些群可以深度延伸挖掘的效果会相对更好些，学会汇整、交换资源。

6. 主动与人打交道

现在是互联网+联结的时代，你需要利用微信多交往朋友，多添加朋友，并进行朋友管理。看到这里，希望你行动起来。

第四节　如何做朋友圈营销

微信传播的主要阵地不是公众号，不是微群，而是朋友圈。

据大数据研究，朋友圈传播占微信传播量的60%比重。一个品牌的传播，最核心的是发动群众；群众在哪里，在朋友圈晃荡。

因此，朋友圈的营销非常重要。

一、朋友圈营销的方式

朋友圈营销有两种方式，一种是微信广告，一种是人传播。

1. 朋友圈付费推广

微信广告是腾讯广点通核心收入来源，目前有两种付费推广方式。

一种是大数据定投。根据你的投放需求，可以按照地域、手机系统、性别、行业等标签，进行设置；其次，根据你的定价设置，随机出现广告，这也是自助式社交效果广告竞价投放。

另一种是微信新推出的本地化广告推广。这个产品其实不错，早该出来。因为对于大品牌来说，自助式大数据定投是不错的选择，因为粉丝和用户分布广泛。但是，对于小企业来说，他们的客户群比较窄，比如本地化，部分城市化，那么，精准的本地化投放，才能降低广告成本，提高广告ROI。

2. 朋友圈免费推广

免费推广，是常规性朋友圈推广方式。

通常，员工发广告到朋友圈；顾客帮我们发朋友圈；合作伙伴帮我们发到朋友圈等，这些都是比较好的方式。

自媒体免费推广，需要更多的人参与，更持续地推广，这样才能获得良好的效果。

一个企业，如果员工都不愿意帮助公司在朋友圈宣传，说明这个企业的文化大有问题，员工和老板的对立是很明显的。

二、 朋友圈营销的三种形式

朋友圈营销有三种形式，图、文章和举办活动。

1. 朋友圈推送广告图片和文字

直接在朋友圈推送广告图片，这种方式表达直接，视觉直达，一眼让粉丝看到你想表达的。不足之处，就是图片制作成本较高，这适合公司美工统一来设计，全员推送。当然，你也可以用美图软件来处理制作，或者直接拍照发送。直接写文字配图，这个容易操作。

2. 公众号文章

公众号定期推送软文，作为品牌传播或者产品宣传的途径。你可以将这些公众号推送到朋友圈，并发动群众进行转发，让更多的人看见，并且点击阅读。文章类传播的优势，就是方便二次转发传播。这是直接发图所不能实现的高效率。公众号文章发送在朋友圈，这是朋友圈营销最好的方式，因为可以引起二次传播。

3. 朋友圈活动

朋友圈人多，像个小集市；在朋友圈举办个活动，如果策划好，能引来热烈围观；如果我们能够发动一群人复制活动，发布在朋友圈，这样的病毒营销还是很厉害的。

三、 如何发动朋友圈营销

自媒体的营销，核心是发动；朋友圈营销，也是如此。只有发动起来，才能实现轰动性影响力，才能成功地引爆朋友圈。

如何发动朋友圈营销？主要有三种方式：

1. 发动粉丝传播

粉丝在哪里？在公众号上，在朋友圈。因此，需要通过公众号内容或者奖励来发动粉丝，用正能量激发粉丝的热情。发动设计是核心，这是专业能力，这需要接受专业训练。

2. 发动全员传播

员工的朋友圈，是强关系圈，也是最有商业价值的传播层。企业的员工是最持续可以发动的力量，一定要感召员工一起传播企业品牌和文化。但是，我们发现，大部分企业的员工都屏蔽了老板，屏蔽了企业的信息，不愿意把私人空间奉献给企业。我发现，这主要是企业平时太和员工斤斤计较了，搞得员工都和企业计较。其实，朋友圈可以适当发布企业的信息的，因为企业强、员工自身也受益。一定要把个人利益和企业利益挂钩起来，员工不能白白帮助企业宣传，要通过一定的机制把对立变成一致性的利益。

通过全员营销，将员工从过去的雇佣关系变成事业合伙人！

3. 发动群众传播

让利益相关者帮助传播，这个相对容易。但是，如果让陌生人帮助传播，那就不容易了。这就需要高水平的社会化发动。

“炫耀、帮忙、竞争、占便宜、热心公益”，这是 5 种典型的社会化群众的心理特征。设计相应的游戏，去利用这 5 种心理，激发出朋友圈群众的热情，帮助品牌传播。

社会化群众发动，需要借助于 H5、社交传播工具以及游戏小程序，公众号的功能实现有点局限。

第五节 如何做二维码营销

互联网工具的属性就是去中介化，去掉那些效率低、体验差的旧中介。

二维码是目前为止提供最佳信息体验的工具，可以让信息流带动资金流去配置物流，最终信息流、资金流和物流三流合一。

移动互联网的应用更加深化，和商业金融的结合更为广泛。

这是因为手机作为人体器官的延伸已经成为一种行为习惯，一种生活方式。而且，移动互联网让人和物的身份识别变得更加精准和高效。

这一切，源于手机和二维码。

一、 二维码就如品牌商标和互联网域名一样重要

手机作为连接点，把 24 小时中的人都囊括其中，并越来越多地占领人的工作时间和碎片时间。

今天，二维码变得越来越重要，就像曾经品牌的商标，和曾经互联网的域名一样。而今天人们正像过去忽视商标、忽视域名一样忽视二维码。

在三十年前，任何人都可以获得所能想到的任何网络域名，只要你想申请，没人会和你抢。

直到 1994 年，有人注意到 mcdonalds. com 这个域名还没有被注册掉，这个热心人注册了麦当劳的网站域名然后试图把域名送给麦当劳，可惜麦当劳也根本没当回事。

当人们知道了域名的作用，很多域名已经注册不到了。新浪购买 weibo. com、京东购买 jd. com，耗费几千万。

今天，我们广泛使用二维码。但是相反地，因为二维码泛滥，人们对二维码的作用认识还不够深入。

理解了二维码，就知道互联网入口和万物入口的意义。

二、 二维码营销是营销交易的最高效连接

二维码营销则是指通过对二维码图案的传播，引导消费者扫描二维

码，来推广相关的产品资讯、商家推广活动，刺激消费者进行购买行为的新型营销方式。扫描二维码后，常见的营销互动类型有视频、电商，订阅信息，社会化媒体，商店地址等。

星巴克等商店利用二维码简化与顾客互动的方式。顾客不用再排长龙等待付款，而只需把预付费卡和手机应用绑定，就可以更快捷地完成支付，还能更多地了解产品和商店的信息。

二维码营销的目的：

- 以二维码为入口轻松打通商户线上线下发展瓶颈；
- 扫码下单、促销活动、礼品赠送、在线预订等，二维码营销创新；
- 精准、细分营销信息推送，方便对用户来源、路径、扫码次数等进行统计科学化分析；
- 二维码实现了平面到电子、从页面到交易的轻松转换，方便、快捷，提升了顾客体验。据称，二维码在日本和韩国是第三大手机功能应用。

二维码营销的核心功能就是将企业的视频、文字、图片、促销活动、链接等植入在一个二维码内，再选择投放到名片、报刊、展会名录、户外、宣传单、车身、网页、APP、网店、微信公众号等。

当企业需要更改内容信息时，只需在系统后台更改即可，无需重新制作投放。方便企业随时调整营销策略，帮助企业以最小投入获得最大回报。

用户通过手机扫描即可随时随地体验浏览、查询、支付等，达到企业宣传、产品展示、活动促销、客户服务等效果。

三、 电商二维码营销

未来一段时间内，二维码会成为移动互联网入口之一。

目前，二维码主要用于 APP 下载、营销互动、微信账号、个人名片、商品信息、移动购物等领域。

电商企业使用二维码，通常有四个目的：

- 移动客户端 App 或微信公众号、小程序的推广；
- 品牌推广营销；
- 用扫码优惠提高用户活跃度；
- 移动端在线销售。

1. **二维码购物**

电商们已经开始使用二维码营销了。1 号店的地铁虚拟商店、京东的楼宇框架广告牌、好乐买的地铁包柱展示区都曾采用批量展示商品，并在每个商品旁边附上二维码，消费者可选择看中的商品并直接扫码购买。

2. **二维码引流**

品牌商使用二维码主要用于投放线下媒体广告。越来越多的品牌广告会附上一个二维码，扫描后直接进入商品详情页面或者品牌店铺。对于冲动型的客户而言，这种广告是他们乐意接受的，遇到喜欢的产品会立即购买。

3. **产品二维码**

一些淘宝卖家在尝试用二维码刺激消费者二次购物。在快递包裹或者商品包装上加上店铺地址的二维码，并承诺扫描二维码再次购物有优惠，以此鼓励用户返回线上购物。此外，若告知用户在特定时间段上网购物，还能拉动网站低峰时期的流量。防伪技术与二维码的结合，一方面便捷了用户查询防伪，另一方面提供了用户的扫描概率，为企业带来多更多的流量，以及激发用户二次购买。

上述三种情况均属于把消费者从线下带到线上，适用于实物类商品交易。

4. **线上预订－线下消费**

在本地生活服务领域，二维码还可以作为消费者从线上预订到线下消费的凭证。麦当劳、哈根达斯的天猫旗舰店，以及许多团购网站采用的都是这种方式。

四、 微信二维码营销

二维码营销被微信倍为推崇。

扫二维码加好友，二维码订阅公众号，充分暗示了微信对于二维码营销的深刻理解：获取资讯、购物优惠是二维码营销重要的用户驱动力。

1. 好奇是用户扫描二维码的动力

除了获取资讯和购物优惠之外，还有一个容易被人忽视却又至关重要的驱动力，就是用户的好奇心。如何通过有用的信息留住消费者的好奇心，是营销者需要考虑的问题。

2. 利用购物优惠推广微信二维码

二维码其实是用户关注并成为商家公众号粉丝的主要入口，要促使用户扫描二维码，利用其希望获取价格折扣的动机也是一种很直接的方法。搭上微信营销快车之后，二维码营销正在成为移动互联网时代的营销利器。无论是媒体、商家还是移动开发者，都需要认真研究二维码营销的用户驱动因素，利用二维码营销提升品牌、促进销售。

3. 给一个扫码的动人理由

公众号或者小程序必须有足够的诱惑力，能够提供给消费者或读者想要的信息或者产品服务，例如售后、优惠，还有其他大量顾客想阅读的信息。

4. 二维码要连接至移动版网页

当顾客已经被吸引，扫描完二维码后，应该指向微店网页或者公众号文章页面。如果你不想那么费事做移动版网站，可以用二维码服务商的商用二维码，能够快速生成的移动网站，如果手上有素材，花 5 分钟就能建立一个看起来很专业的移动版网站。

5. 内容编排要简洁

用户只喜欢一个维度的内容，稍微复杂的分类，用户就很可能关闭网页。所以指向页面一定要：简单而清晰。

6. 把二维码放在恰当地方，提高被扫码机会

7. 扫码动作提示

比如，扫一扫二维码，有优惠。

第六节　利用微信打造个人品牌

每个人都希望树立起正面的良好个人形象。但是，在微信的日常社交中，很多朋友还存在很多致命性错误，造成自己对很多朋友在日常的微信社交中，还存在很多常识性错误。本文我们重点来交流微信沟通的一些常识。我们知道打造一个个人品牌，主要的方式是通过沟通。沟通不仅仅是两个人聊天、互动那么简单。沟通是一个传播学的词汇，也是社会学的词汇。

我们在微信里面的沟通，基于微信这个工具怎样和别人去交流、互动、分享，建立关系，怎样才能形成给对方一种信任，这就是利用微信打造个人品牌。

一、 为什么要打造个人的品牌

在今天微信这个世界，我们每个人手机里面都可以有 5000 个好友，有的人甚至有两万，做微商的有两万、三万个好友。我们也叫粉丝，有的人叫微友。那么多人在你的微信里面，你怎样去利用他成就你的生意或者成就你个人的影响力呢？我们把这个叫作个人品牌的打造。所以我讲个人的品牌打造和企业的品牌打造、产品的品牌打造，还有一些不一样的地方，这个是基于我们每个人来谈的。

为什么要去打造个人品牌呢？

我想第一个非常重要的原因就是品牌可以带来流量，如果你是一个名人的话，无论你做什么事情都会有很多人追捧你。那么在微信这个世界里面，如果你个人有影响力，那么多微信好友，可能会给你带来很多流量。同时会帮助你把你的生意做得更好，因此从这个角度来讲，品牌就是流量，有流量就有可能成交，有流量可以产生销量，有流量就能够把我们自己的生意做得更好。

第二个原因是品牌就是一种信任，当你在自己朋友圈，在你的微信的5000个好友里面建立了一种信任，就建立了一种影响力。当你再去发动他们，当你需要推销自己的产品，或者要去做一个非常重要的事情的时候，很多人会相信你。减少了由于陌生、由于弱关系对你的不信任。这能够促进我们去卖货，或者具有发起一个活动的时候，得到别人的响应能力。如果说我是微商的话，他就能够降低沟通成本，降低推销的成本。

因此打造个人的品牌，能解决两个方面的问题：一方面是流量，怎么样让更多人去找你，去买你的东西；第二方面是解决信任问题，有了信任以后，你卖什么样的东西，别人都会相信你。认为你的选择，你的推荐是最佳的，是值得信赖的。所以就可以达成共识，实现成交。

二、 打造个人的品牌的三种境界：入门级、职业级、大咖级

无论是我们利用微信进行卖货，或者我们在微信里面去添加别人成为好友，第一个前提是什么？就是别人加不加你、为什么要加你、别人买不买你的货、为什么要买你的货的前提是什么？前提就是销售是一种信任，我信任你的时候，我就愿意买你的东西。我信任你的时候，你说的话我会关注，你发的图片我会去看一看。你卖的货我会去了解一下……我通过你的头像，通过你加我的时候介绍自己的话，都决定了要

不要让你成为我的好友。所以我们在做这些行动之前，你销售的是一种信任。因为我们每个人在微信里面探索，学习以及实践，有浅有深，有的是入门级的，有的现在已经是高手了。

第一种境界叫入门级，利用微信打造个人品牌，我们叫入门级的，我觉得大部分人连入门级都没有做好。在入门级的基础之上，我们可以做到职业级、大咖级。有很多朋友，他影响力可以很大，他可以打造大咖级的。接下来我们主要来谈入门级的。我觉得 80% 的人可能还在入门级甚至入门级之前这个阶段，因此我重点来谈入门级的。

我们先做三条测试题，这个测试卷里面，有 6 个问题：

- 第一个问题是你会屏蔽哪一类的人？
- 第二个问题是你会拉黑哪些人？
- 第三个问题是你愿意和哪一类的人进行交流？
- 第四个问题是你愿意关注哪一类人的朋友圈？
- 第五个问题是你愿意为哪一类人付款 100 元？
- 第六个问题是你愿意为哪类人微信支付一万块钱？

这 6 个问题实际上来讲是属于三种问题：第一和第二属于人和人之间这种最常规的基本的信任。第三和第四就属于我们的关系再深入一点的。在微信所有的好友里面，可能只有 50 个人特别的值得你去关注，你想和他去交流。第五和第六属于可以去买货或者卖货的。我们每个人都试着去测试一下，我们看看第一关你有没有闯过，第二关，第三关，第四关，第五关，第六关……这三类问题的六种层次，事实上就代表了被信任的层次。

三、 微信营销里信任是如何构建的

品牌的本质是信任，唯有信任才能交易。

先说反面的例子，比如去年在 CCTV 打广告的 P2P 公司，通过广告向你来展示企业实力可靠。于是很多人就把钱交给他们，然后这些钱就有去无回了，被骗走了，很多家庭就这么破产了。这是一种情况，骗子会通过品牌的方式来进行诈骗，让你上当受骗。还有一种本身不是品牌，为什么很多人还会上当受骗呢？原因是品牌的背后是一种信任，只要有信任以后就可以成交。

朋友们，我们都是普通人，我们不是大咖、不是专家、不是公众人物，但是我们也可以在微信里面进行成交，发展我们的事业。

为什么可以呢？因为我们只要建立信任就可以了。信任分很多层次，我们看到不同的金额的钱，从10元到100元，到1000元，到10000元等，这就代表了信任，不同层次的信任。那么只要你拥有信任以后，就可以成交，即使你不是品牌。所以微信营销的本质，销售是一种信任。

在微信里营销和在淘宝上营销是不一样的。

在淘宝上他通过销量、评价可以建立口碑和品牌。在微信里面因为你没有办法看到这个产品的评价，大家买了以后好不好？价好不好？也看不到这一款产品到底销售了多大量。在微信很多的小网站里面的销量都是假的，后台可以人工处理的。所以在微信里面一款产品到底卖了多少？好不好？你无法知道。所以我们在微信买东西的时候，通常是通过对人的了解，或者朋友推荐来去进行购买产品的。基于此我们就要在微信里面建立自己的个人信用。我把这个再升华一下，叫如何打造个人的品牌。我们在推销自己的产品的时候，在推销之前，最重要的一个办法就是销售自己，把自己销售出去了，再推送产品，再发广告的时候，别人利用对你的信任去认识你的产品，去解读你的广告。

很多朋友你刚刚关注他，他刚刚进了群，他就马上上来发几张广告，发几张产品的图片，他这么做对不对呢？其实很失败很愚蠢的，当他人对你还不了解的时候，你发的图片，发的产品信息，对方是不会相信的，他会觉得你没有去尊重他，这样的推送结果，他会产生一种抵触的心理、讨厌心理。即使以后你再去改变你原有形象的话也比较难一点。

在微信这个朋友圈里面，有弱关系，有强关系，还有一点关系都没有的那种关系，就是根本不知道你是做什么的。也存在三种层次强关系的，比如你的朋友、你的同事、同学等这些。有的时候你会发现和这些强关系之间，是没有办法去卖东西的，只能送东西。越是强关系越难发生商业上的关系，强关系仅仅是一种社交的关系，强关系很难产生 B2C 的直接买卖货的关系，但是强关系可以帮你推荐你的产品给别的人，具有介绍的关系，推荐的关系。

第二类叫弱关系，弱关系在微信的世界里面是容易成交的。

对你有一定信任，刚好你有这个产品满足他的需要，或者通过你的介绍，通过你朋友圈的这些优美的广告打动了他，他产生了一次冲动型的购买，反正这个东西也不贵，试试看，抱着这种心理，反而是容易成交的。在微信的世界里面，弱关系是最主要的。

第三类关系是一点关系没有的这种关系。相对来讲，如果大家不能产生一种维护，他不了解你，你不了解他，没有关注点的话，那就变成拉黑的关系吧。

我们希望通过个人品牌的打造，把自己打造为一个可以被信任的人，其次是别人喜欢的人。因为喜欢才可能发生互动，所以我们有的时候在朋友圈发一些有趣的、有意思的文字或者图片，只要不俗的东西，这都是非常好的社交方式，让大家变得轻松一点，在轻松的时候，我们找到共同点，所以这是喜欢的一种方式。还有一种方式是建立信任。我们讲建立信任最核心的一点，就是你提供的信息、产品、服务是有内涵的、有价值的，而不是那种一下子被人看出是不值得信任的。

第七节　个人形象打造最应关注哪些问题

一、 微信名字的问题

在微信里面，你的名字、昵称是什么？有的人微信昵称叫天上飘来一朵云，有的人微信的昵称是几朵什么花，也有的人用自己的名字，也有人用自己公司的品牌，或者产品的名字等各种各样的命名办法。当然在互联网的这个虚拟世界里面，每个人都享有自由。你想给自己取什么名字、昵称都可以，有的人甚至不写名字，或者是打个句号放个表情就是名字了。

名字对我们来讲，到底意味着什么？在微信上取名字和我们在现实世界取名字的道理是一样的。我们给孩子怎么取名字呢？首先是姓，通常来讲是姓父亲的姓，然后后面有一个名字。姓加名字就是代表这个孩子未来在现实世界里的一个标签。一个好的名字对孩子的一生影响非常大。

在东方理论里面，尤其是中国的理论里面，我们通常会用易经八卦来起一个好名字，或者请先生帮孩子取个名字，希望孩子一生平平安安，健健康康，快快乐乐，事业有成等，我们都希望这个名字给孩子带来好的运气。在西方的理论里面，有各种的和国内相似的理论。但也有科学一点的说法，名字在英文里面意思叫 self - image，即自我形象的设计。一个好的名字，从小的时候，他会引导这个孩子朝着那个方向去发展。

取名就是取效率。

一个好名字首先应该是容易被人记住。被记住就是传播的价值，就是打造品牌的价值。也就是很容易让别人在第一时间，最高效时间记住你，相信你，信任你。那么他只有记住你的名字，他看到你发的信息第一条、第二条、第三条，通过时间积累，他可能在最短的时间里面，他会关注你，对你形成一种印象。这种印象，我们就叫形象塑造。个人品牌打造的理论是科学的理论，就是你怎么样通过不同方式的沟通去传递去影响别人的右脑。通过各种各样的方式去影响你的受众，去影响那些关注你的人。你在他的右脑里面呈现的是一个什么样的形象？比如一个女孩，她每天在群里面发一些唯美的东西，发一些正能量的东西，很有思想的东西，有品位的东西。那么你会对她有一个定位，她是一个有品质的女孩，她不同一般，这个就叫个人的形象，这个就是我们讲的个人品牌打造的结果。

在这里我又不得不提醒大家，这里有三种常犯的错误：

第一种很多做微商的朋友，他们喜欢取一个假名字，这一类人很难成就一些大点的生意。我们知道，你卖一百块钱东西的时候，我不会太在乎你的名字是不是真的。但是当价格很高的时候，是不是真名字，企业是不是真的，对方是要调查你的。当两个不符的时候，你以前建立的信任就没有了。

除了假名字以外，还有一种情况是在自己的昵称或者假名字前后加了很多奇怪的符号或表情。比如一种常规的符号就是 A 后面加一个 0 或者很多 0，这种名字命名的目的，他是希望自己在别人的通讯录里面排名第一。他这种思维就是搜索引擎排名的这种思维，他希望通过这种方式别人去认识他了解他。当我们今天看到微信里面，很多人泛滥地去用这种方式，而且把自己排在通讯录里面第一的时候，你们知道，我们通常会首先删除拉黑的就是这一类人。

第三种情况就是经常换名字，改名字，今天下了雨，他改了名字，明天下了雪，他改了名字。你都不知道这个人是谁了。我们知道，在微信的朋友圈里面，你发现一些你不认识的陌生人突然出现的时候，你会怎样？你会立马产生一种恐惧或者不信任，你可能会删除他。所以我们在做微信营销的时候，尤其我们的目的是想做好事，是想让我们在微信的世界里面建立一种信任的时候，建议大家最好取名字用真名字。

信任形成朋友，后来通过一年、两年、三年的持续关注成为现实中的好朋友。在各方面都发生了很多合作，所以我觉得用真名字最好。名字怎么样取比较好呢？就是容易记住的真名字，就是最好的。

还有一种情况，就是很多人取一个艺名，这个也是不错的。但是你取艺名的时候，在标签里面最好解释一下你是谁？让人家了解一下真实的你，这样能产生信任。因为在微信的世界里面，别人信任你才能去购买你的产品和服务。

二、 微信的头像怎么选择

微信的头像怎么设置比较好，我还是这个观点，就是能够代表你自己的真实的头像就是好的（也有的朋友用自己公司的LOGO、品牌产品做头像等也是可以的）。很多女孩子觉得自己长得不漂亮，所以她不愿意把头像放在微信里面。还有一种是性格比较害羞的，也不愿意把自己真实的照片放在头像上面。事实上，头像就是自己比较自然一些的，自己觉得还不错的，能让自己产生自信的，能让别人信任你的，有可信度的这种照片就可以。尽量用真一点的东西，别人才会信任你。

我们通常会看到什么情况呢？

有的人在微信里面性别不分，有的是男的用女的头像，还有很多女的用的是美女的头像或别人的头像，这一类做微商的特别多，做微商的个个都希望自己是个美女，她们认为美女扩充自己微信好友量的时候容易通过。但是通常加来的是男性，男性在微信购物里相对少一些。

所以仅凭漂亮的头像是无法收到真正的购买者的。

还有就是你选择一个比较好看的风景或者卡通人物当头像，这样的头像别人倒不会讨厌你，有的时候还会产生一种安静感。但是有一个问题，就是他没有办法形成社交的关系，除非你们是平时熟悉的朋友。比如你的头像是一张风景，别人对你的定义永远是一个风景的画面，和你之间很难发生这种生意上更深入的社交关系，这个很常见的。

还有第三种情况，就是不知道是什么意思的、用各种符号来表达的一个头像，结果什么情况呢？别人无法定义你是做什么的，他需要反复地定义、沟通、聊天以后才能精准地确认你叫什么、你从哪里来、你是做什么的、他要对你做标签化管理以后，你们之间才能进入正常的社交关系。所以你会发现这会没有效率，因为你想和更多的人发生关系的时候，效率是特别重要的。所以用真实的名字，真实的头像，这是一个有效率的选择。

关于签名和介绍自己，这个一定要写，特别的重要。

尤其我们希望通过微信做一些有效的社交关系、商务关系，或者我们去卖货，那么你一定要告诉别人你是谁、你是做什么的，你要把这个事情写得清楚一些。这样别人对你的定义，对你的标签化管理就非常高效。

三、 关于微信设置地理位置

你在哪里？你在北京还是在上海？很多人特别不愿意告诉别人自己在哪里，不知道是出于一种什么样的心理。有的人把自己定位在某个岛，这样的话会导致别人对你做标签化管理的时候，他不知道你到底是哪里的。我们讲人和人之间是求同存异，人以群分，那么你在哪里，比如你在北京，我会想一想我们有可能在线下见一见。比如你做的产品是一种食品类的东西，你的产源地就特别重要，那么你写你真实的产源地，对你是非常有价值的。如果你是做海外代购的，比如专门做日本代购，那么你会写你在东京，这是可以的。总之让别人对你产生标签化，别人在定位你的时候，你也一定是要做出别人可以信任你，同时可以更高效地让别人对你进行标签化的方式去做。

第八节　微信中怎样互动比较好

当我们设置好自己的微信，头像名字、标签化以后，我们就可以和别人发生互动，我们通过互动来打造自己的个人品牌，通过互动让别人去了解你、信任你。那么怎么样去互动呢？有几个原则：

第一个原则就是你的擅长就是你的定位。

你擅长什么，什么就是你的定位。你擅长什么，你在这一方面很容易取得你的优势，比如你喜欢做美食，那么你的朋友圈配上你的美食，别人很容易对你产生一种信任。你可以去卖美食，当然也可以去卖其他的东西。我们每个人卖我们的东西，去推销我们的公司，推销我们的产品，我们和很多人建立合作的时候，我们都是通过自己擅长的东西去获得别人的信任，而不是在自己不擅长的地方你还要去跟别人进行互动，那只会对你减分。我们通过这个方面去成就自己，也就是利用自己的长板去成就自己的品牌。

第二个原则就是你想卖什么，什么就是你的定位。

有的时候你擅长的是你的兴趣，但你并不想去销售这些东西。而你从事的职业是另一个事情，那么你在朋友圈跟别人互动的时候，你想卖什么？你想推销什么？这个就是你的定位。你的擅长和你想卖什么，这两个方向能不能结合在一起呢？是可以的。你可以在你的朋友圈去分享你擅长的东西，那么通过擅长的东西建立你的信任，然后你随便去推销你的产品，这个是可以的，这个是非常差异化的方式。

很多人只知道在朋友圈不停地发广告，发的结果是别人觉得你天天光知道推销，除此之外没有什么别的价值，他对你这个人就没有兴趣了，就要拉黑你了。所以我觉得在朋友圈互动分享的时候，多发一些你擅长的东西一定对你是有好处的。通过擅长的内容表达加上你想卖的东西，形成你的朋友圈的一种有内涵、有价值的分享，这是正确的。

第三个原则就是忌讳过度的社交和滥交。

两个意思：第一个意思就是社交泛滥，什么人你都要去交往，你不管他是什么样的人，很多人在微信里面拼命加人，加的结果就像猴子掰玉米一样，掰一个丢一个，掰一个丢一个。最终的结果是什么？你真正发生社交的有价值的这种关系的人屈指可数，人多以后反而不好进行管理，这是我们忌讳的原则。

还有一种是过度的社交行为，比如朋友圈，你只要发一个东西，他立马点赞，秒赞，条条都点赞、条条都评论，让你心里烦了，也会生发厌恶感！因为我们知道，一个人在朋友圈分享一个东西以后，有很多人不停地点赞，对他也是一种烦恼，点赞过度以后，会是一种打扰。所以这个我觉得也是不好的，适可而止，适当的点赞是可以的。比如对某一个人的点赞，你一天不要超过三次，过多以后真是烦透了。人家分享的东西，你看都没看就点个赞，这样的点赞会获得适得其反的作用，所以这个也是不好的。

第四个原则是微信互动的高尚原则。

在现实的沟通里面，我们有三种沟通方式，一种是肢体语言的，一个微笑、一个眼神、一个身体的动作，这叫肢体的语言；第二种是声音表达，是热情的还是生气的等不同的语调去表达去沟通，语言是轻松的、紧迫的，还是压抑的等；第三种是通过文字方式去沟通，这是我们通常讲的沟通的三种方式。那么这三种方式在沟通中占的比重如何？肢体语言的表达是最为关键的，其次是声音，再次才是文字的表达。

那么我们在微信的沟通里面，主要的沟通方式就是两种，一种是文字方式，不管是群里的沟通，还是在朋友圈沟通，文字沟通占的比重比较大，通常占到90%，甚至更多。其次是语言的沟通，比如我们在快营销商学院微信上课的交流，主要是通过语音加文字。因此在微信的沟通里面，通过文字去表达、去沟通的时候，往往会产生很多的误会。因为每个人表达方式不一样，你打出的文字放到群里面，你想表达这样的意思，别人可能看到文字以后会理解为其他的意思。所以就产生了很多的误会，就产生了沟而不通。因此特别喜欢群聊的朋友要注意了，在沟通的时候你要想有没有沟通到位，有没有表达明白。

微信群里怎么样互动比较好？

我们在和别人互动的时候有三种场景，第一种场景是在群里互动，怎么样互动是比较好的？在群里互动要避免哪一些方式？通常来讲群是一种弱的关系，如果大家在这个群里时间久了，如果我们是一个 40 人的小群的话，我们可能需要一个月的时间，大家相对能熟悉点了。如果是一个 500 人大群的话，可能需要半年的时间甚至更长的时间才能熟悉点，如果你不参与群的互动，那么可能群解散的时候，也没有建立起一种弱的关系。那么是弱关系的时候，在群里面进行交流，尽量减少语音进行分享。可以打字解决的，就不要发三秒钟、五秒钟这种语音，这是一种忌讳；第二个原则就是一句话能够表达清楚，尽量不要把一句话分成三条、五条的的小短句，你一下子发了六、七条，事实上你就是要表达一句话，这样也是不好的；第三种我们比较忌讳的是把一个公共群当作自己私人聊天室。在私人聊天室，你可以一对一地私信交流，但是如果你把群当作公众聊天室交流的时候也是非常不好的，因为当你在里面聊一些东西，可能你们两个聊得挺好的，但是对别人来讲，是一种打扰。这对建立你个人形象而言是减分的。因此我们在群里沟通交流，不仅仅是在我们这个群，在所有群沟通，一定要有效，要有所不为，有所为。

朋友圈里怎么样互动比较好？

在朋友圈这个场景里面，我们通过互动去打造品牌是比较常用的手段。有几点大家不要去做。第一点就是过度的点赞是一种灾难，对别人是一种骚扰。不要别人发个什么东西你就点赞，你过于频繁、过于殷勤是不好的。当你们谈生意的时候过于殷勤，会给对方造成一种错觉，是你有求于他，你是处于一种不利的位置。

第二点就是朋友圈少发一些负能量的东西，虽然说朋友圈发鸡汤的东西，大家也不会特别喜欢。大家希望在朋友圈分享一些有智慧的东西，智慧和鸡汤之间一步之遥。少发一些负能量的东西，因为朋友圈是一个公共场合。你发一个负能量的东西，对你的形象影响很大，对你产生负面的形象。

第三点就是和别人在朋友圈互动的时候，尽量不要去否定评价别人。这就像我刚才讲的，别人在发照片、图片，或一段文字的时候，他可能表达的意思是这种意思，可是因为你不了解他的情况，你理解成是另外一种意思。结果你去发表你的看法，当你的看法是在否定别人的时候，也是一种负能量。虽然说你可能出发点是好的，但是结果是适得其反。

多分享有价值的内容。

有的时候有的人很热心，推送一些自己认为有价值的内容，但可能这个有价值的内容本身并没有价值。但是他这种主动分享的方式，还是值得点赞的。你多去分享有价值的内容，比如我们快营销商学院有好的内容，觉得学到有启发，这些都可以分享到朋友圈，分享到群里面。让更多的人受益，这个就是正能量的东西。别人认为你这个人是爱学习的、上进的。你分享的信息有价值、有内涵，他认为你这个人的内心世界还是很丰富的。

主动去介绍自己，让别人了解你。

当我们加入一个微信群之后，大家还是一种陌生的关系，甚至连弱关系都不是。这个时候你要主动去介绍自己，让别人了解你。你千万不要一上来就推销产品，发产品的图片等，这是错误的社交。这样做的的结果是别人不可能买，面对不了解你的人，你上来就推销是没有任何价值的。事实上很多成交发生在别人对你很长时间的观察之后。比如他要代理你的产品，他通过三个月、半年、一年对你的人进行了解，觉得你这个人靠谱的情况下才产生了合作的意愿，所以你一定要有耐心，一定要先让别人了解你。

第十一章
微商困境，营销突围

第一节　微商的 8 大问题和瓶颈突破

一、 微商是发展趋势

传统直销日渐衰退，微商逐渐替代直销成为移动互联网经济的主角。据观察，微商经济规模已突破 3000 亿元。

但是，大量的微商为何没有发财？

在自然界的物竞天择游戏中，处于生物链下游的生物，最容易被上游吃掉。微商经济犹如此。

- 处于卖货终端的微商们，自己投资进货，然后没日没夜地像小蜜蜂一样勤恳加友、群发、朋友圈刷屏、亲朋好友推销，最终实现订单和利润。
- 在微商的上游是大 V，大微类似于传统经济中的大经销商，他们

图 11－1　微商发展历程

通过大量进货而杀价，获得两三折的产品，然后再将这些产品批发给下游的微商。

● 品牌商虽然处于上游顶端，但也往往很无奈。第一，产品的毛利润必须很高，以适合大微铺货；第二，产品的复购率要高，这样才有利润，才能维系渠道和微商的系统稳定性。大部分微商产品都是一锤子买卖，这样导致处于生物链低端的微商们叫苦连天，很多微商经营2个月就放弃了。

微商已经进入4.0时代，过去的招商、压货、吸粉、群发、刷屏的方式有点太粗糙了，这种扰民的粗暴营销，必然是速生速死。虽然大量推送，必有颗粒收获，但营销成本过高，没法实现重复购买，最终就是不断地招新代理，然后再换一波代理，然后这款产品就死亡了。

微商到底是快生意还是可持续发展的生意？

对于生意，有的人关注赚快钱，有的人关注生意的可持续性。无法持久赚钱的生意，就是个短平快项目，做做就结束了，然后换下一个。大部分微商项目都是“速生速死”，快速复制，然后快速灭亡。试问各位，你看到哪一个微商项目持续地在发展呢？

微商若不能持久发展，那其实就是个渠道促销方式；这和众筹一样，是一种营销方式，增加了企业营销多元化的方式。

做好微商，首先我们要了解微商的8大问题。

二、当下微商存在的8大问题

微商目前存在哪些问题			
微商类别	朋友圈卖货微商	社群微商	平台微商
问题	1、暴力刷屏； 2、假货泛滥； 3、维权艰难； 4、信任度低； 5、代理囤货。	1、获得增量用户难； 2、难以规模化销售； 3、产品单一持续性盈利难； 4、品质难以管控。	1、新品认可度低，难以沉淀； 2、购物体验缺乏趣味性； 3、用户粘性、复购率低。

图11－2　微商存在的问题

1. 产品筛选和货源

微商的项目同质化非常严重，以假乱真的情况比比皆是，消费者很难在购买前分辨。比如像面膜这种高频女性护肤品，由于进入门槛低，若没有品质保证，很难走远。

产品第一，无论是你自己做产品，还是代理产品，在尽可能情况下，选择质量有保证、产品有效果的产品。

选品，还要考虑需求的刚性；刚需就容易销售；大众就容易转化，你推广一次的人群和客户群重叠高，100个人里面想买的人多，比如5%；划算，就容易复购，性价比高的产品容易重复购买。选品，是微商生意的第一步。

2. 生意模式难复制

微商模式主要通过发展代理、渠道加盟的方式进行扩张，行业内通常是品牌生产商提供产品，然后全国召集大V，通过大V把产品进一步分销给来自网络和地面不同城市的下一级加盟者。

微商的模式不稳定，这是目前的痛点。大微商需要用快营销来固化模式，打造稳定的平台，这样就不怕“流水的兵”。

3. 渠道加盟流失大

通常的加盟者是小批量进货的个人，甚至0进货，大V是指旗下有数千上万的个人代理者。大V通过大批量采购，获得极低折扣，再帮货源批发给各级小代理微商。微商个人则发展团队进行直销，尤其是通过微信、QQ、微博、线下活动将产品卖给终端顾客。

这种微商模式，由于人员分散在全国各地各个角落，总部其实是没有力量进行统一管理和维护的。大V的力量尤为重要，但大V作为流通商角色，对于打造品牌并没有多少动力，他们只关注快分销和高毛利，快速周转资金；同时，对于动销不灵的货源，大V也很快就清理库存；品牌商和大V的关系，犹如情人，快速高潮，快速分手，然后再次约会。

快速招商，快速流失，这是基本特征。在终端做直销的微商们，特别容易流失，坚持一个礼拜，发现没有卖掉多少货，心里就会打退堂鼓，准备撤退了。

微商的渠道加盟管理需要优化，需要建立稳定的运营体系。

4. 代理维护精细难

做微商的基本都是销售思维，进货卖货。但最容易忽略的是招来的代理如何维护？如何让代理能够跟着你干下去？

由于没有分公司和办事处，微商代理们也是虚拟化分散在各地。他们迫切需要加盟后得到总部的支持，比如如何带团队？如何招商？如何卖货？如何和消费者沟通？

这些就需要品牌商有专职的培训团队和服务团队来支持。更多情况下，还要考虑新品开发；微商做大，最终要向快消品经销商管理学习。

5. 粉丝数量和质量

那些能够批量加粉的软件，只能给你带来数量上的客户，最终人家再把你拉黑。那些在朋友圈不断转发的视频的软件，最终除了吸引眼球，并不能给卖货提供多少帮助。

粉丝的质量比粉丝的数量重要。加5000个屏蔽你的粉丝，不如500

个真正对你产品感兴趣的粉丝。只有真正的顾客，才能认识到你产品的价值。我们要把感兴趣的粉丝找出来，把不感兴趣的粉丝清理掉。

6. 品牌信任难过关

微商最缺乏的不是产品，而是信任。微商产品都不是消费者看得到的产品，产品信任度不高，刚刚上市缺乏说服力，这就需要有办法证明产品好。

所以，需要有代言人和实体支撑来增强说服力和信任度。

在互联网上销售，最重要的信任建设就是点评和销量。微商产品也需要技术手段来证明和支持。

7. 内容推送创作难

微商要持续不断地向粉丝推送内容，内容就是软广告，促进销售。专业的销售文案，就是让人赏心悦目的广告。但是对于成千上万的微商来说，哪里有内容编写能力，他们擅长的都是复制粘贴。这就需要有专业的写手帮忙创作，如果一个微商总部没有写手，这种微商的渠道对维护和促销支持就不足，很难让微商们自信地刷屏和群发。

8. 推销成交效果减

随着微商加入者越来越多，微商的热度也在减退。很多人对微商粗暴刷屏和粗制滥造的产品厌倦了，最终拉黑屏蔽微商们。这是一个野蛮生长的地盘，人们的抵制和微商的进攻同时存在。人类已经无法阻挡微商，这是全民创业的时代，微商也是创业。这是时代的趋势。

三、 用快营销思维去解决微商问题

微商的问题那么多，但方向是对的。如何去解决这些问题呢？不同的时期，有不同的问题，也需要不同的解决办法。

1. 加粉与粉丝质量问题

做微商关键是粉丝的质量，而不是粉丝的数量；你并不需要那么多新的流量和客户，你只需要稳定的老客户和经销商。虽然前期拓展比较慢，但你做成一个，这些客户就会留下来，你们会成为朋友。维护1000个客户远比和10000个陌生人聊天更轻松，赚钱也更快。

2. 精选产品找准买点

产品的使用度是关键，一个是广度，一个是频度。广度是指产品适用于大部分人，频度是指产品消耗快、容易重复购买。

快消品，比较适合做微商，快消品是使用频次高的易耗品。

一定不要做得太杂，要做的稍微专业一点，有针对性一点，比如适合女性的，比如节日礼品性的。前期1～2种就够了，后期可以针对客户群属性，扩展一些同类别的辅助产品，比如做面膜的可以做卫生巾、护肤品，养生的做大枣和黑枸杞；做食品、水果的根据季节来调整产品，逢年过节还可以推出一些礼盒。

四、 货源筛选和供应链

品质优良、供应稳定的货源是关键。

除此之外，经常调价的供应商不是好的供应商。

判断供应商好坏，还要看资质、经营历史，最好能去考察一下。这样万一出现质量问题，你能找到责任人；必须要选择源头的货，大家都在做的产品一定不是好的选择，最火的产品也不一定能赚到钱，大家需要的是品质好、服务好的产品。从产品知识培训到营销实操，有团队服务做支撑，无论哪个环节都要做到最好。

五、 微商推销和运营技巧

微信群和朋友圈的阅读率是5%～10%。你现在推送内容，对方不一定能够恰好看见，你就需要多推送一些内容，但是这样容易形成刷屏。

朋友圈刷屏，会惹人烦。对方要么拉黑你，要么就屏蔽你。被屏蔽的你，再刷屏别人也看不见了，长此以往，你500个粉丝，估计只有100个能看见你，其实愿意看见你的人就是你的目标受众。

每天发布的条数可以控制在10～20条左右，产品信息占8条，你的私生活、美图、好玩的占大部分，这样避免形成你只是个“暴力刷屏”的形象。

推送内容要创新。别人发文字，我就发图片；别人发图片，我就玩视频；今天图片多，就来点文字的。不走寻常路，要的就是审美不疲劳。

六、 如何招代理分销

这个问题是被人问得最多的一个问题，其实这个问题并不复杂，如果你凭着小聪明，用PC电商的流量用户去思考这个问题，肯定是死路一条，招分销招代理，要做减法而不是加法。厚积薄发才能持续发展，如果今天直接给你100个代理你真的能维护得过来吗？

前期需要布线、广撒网、论坛发帖、qq群（创业、辣妈、淘宝店主群，淘宝不好做，大家都在找出路），引到微信。

线下活动、沙龙会议交流、实体店拜访客户都加到微信。

淘宝店的朋友可以把自己的熟客逐步用微信管理起来，不要用公众平台，就用私人账号，然后用朋友圈做宣传，直接沟通管理，然后引流到淘宝成交，一样方便及时，而且客户主动意识更强，比引流的效果好很多，几乎没有成本。

有一些大卖家通过引流的方式把用户拉到微信营销，月销售额提升上百万。因为淘宝店铺销售本身是不具备传播性的，而微信是具备扩散传播性质的，使用得当，很容易会有爆发式的突破，轻松解决很多淘宝卖家遇到的营销瓶颈。

内容分享及活动。虽然朋友圈没有转发，但是依旧可以复制分享，引导用户分享产品并给予优惠，是很好的传播方法。传播效果和微博类似，可以起到病毒传播的效果，比如你转发了我的优惠信息，我就可以给你一个八折。同时还可以发动粉丝通过分享介绍客户，并给予一定的提成比例。

情感沟通和老客户维护。没事给客户问个好，发个语音什么的，纯个人交流沟通。每天沟通 10 个人，一个月也可以问候 300 个用户。建立情感关系，也是营销成功的基础。所以，踏实做事，踏实做人，说的容易，做的难。

如果有好产品，记得推荐给老客户，部分 VIP 可以赠送体验。

让对方感到温暖，受到尊重礼遇，这是关键。

第二节　微商的升级营销和社群平台

2014 年前，微信红利爆发期，做得早的都发财了；

后来微商越来越多了，产品同质化严重了，竞争激烈了；

2015 年，大批微商倒闭关门了；

今天，微商在微信封杀、线下惨淡中挣扎。

但总体而言，2017 年微商市场变大了，也变得理性了。

微商不同模式介绍

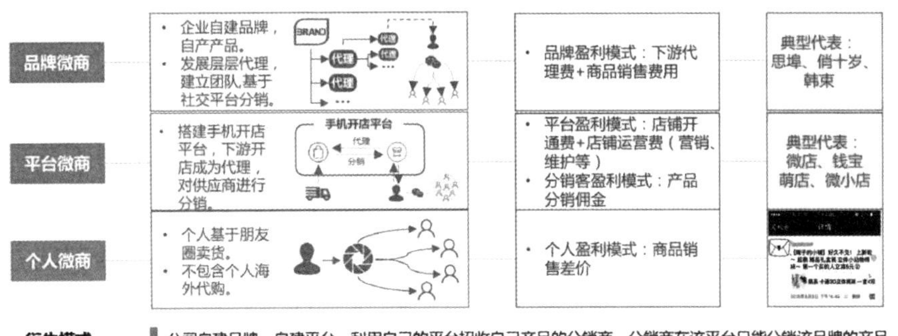

来源：艾瑞咨询研究院自主研究及绘制。

©2017.5 iResearch Inc.　　www.iresearch.com.cn

图 11－3　微商不同模式介绍

一、 当前微商的主要模式

第一类：分销层级制微商。

层层分销微商模式。思埠首创，传统企业韩束跟进的微商模式，目前 80% 微商都采取的微商模式，特点是 3 层或多层级分销，以找代理为主、卖货为辅的微商模式。这种模式借鉴传统经销代理，压货为王，有很多货到不了终端、有忽悠代理等嫌疑。

微商与传销的区别

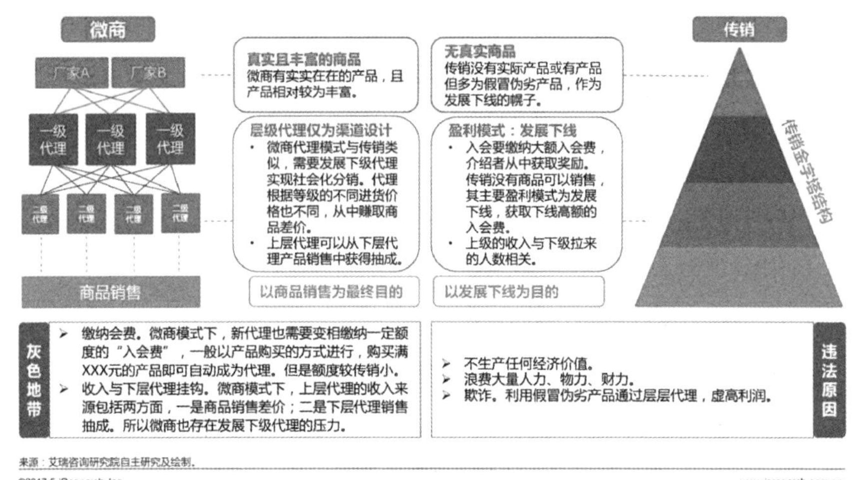

图 11-4　微商与传销的区别

传销式微商模式。以某 V 及某指尖为代表，纯以拉人头为特点的细分模式，前者国家工商总局网站已经认定为传销，后者 CCTV 新闻以微商传销方式举例方式加以曝光。以下基本都是健康的微商模式，需要政府部门大力提倡、鼓励、宣传。

一级分销的微商模式。即品牌方只找一级代理，然后卖货到终端消费者。

直销牌照的微商模式。目前有直销牌照的安利及宁波三生（中国第 9 张牌照）及康恩贝等 3 家有直销牌照的线下直销商都进入微商。

传统层级微信分销模式。和传统企业全国总代、省级代理、地区代理一样，在微信上也采用正规的三级模式。

利用线下经销商的微商模式。武汉一家保健品公司，将自己的所有线下经销商都动员到微信上成交。

加盟费式代理制。0 囤货；不用发货；不用打包；上千种产品一件也是总代价格。招到的代理，给予一定金额的奖励。毫无疑问，招代理的收益是最高的。来看下他们的第一种收益模式：第一种，加盟费，加盟费一共分为 3 层：800 元、1000 元、1500 元、1500 元的是总代的价格，然后你代理通过了你的店铺链接加盟了微来购，你就能获得 900 元的利润，然后你代理的代理加盟了，你还能获得 240 元的利润。这其实也是传销的变体。腾讯和工商封杀了很多变相“拉人头”的微商模式，列为传销。

代理不断地招代理。

第二类：B2C 微信微商模式。

淘宝店转微商模式。将淘宝店数据倒流到微信做服务及销售的微商模式。

呼叫中心转微信模式。将绿瘦及瓷肌等百度竞价电商模式应用到微信，原来电话呼叫中心电话人员全部用微信沟通，很多传统企业效仿的主流微商模式之一。

农产品微商模式。目前最火的微商品类之一，小而美，大都是直销给个人。

流量销售分成模式。这个模式其实站长及淘宝客在微信上应用，即微信帮着卖货，卖出去有提成的微商模式。

促销员微商模式。如深圳一家化妆品供应链公司在全国有 10 万促销小姐，他们利用 10 万促销小姐做微商。

微店模式。利用京东微店、微盟及有赞、口袋购物进行卖货的微商。

生活服务微商模式。线下生活服务项目如按摩、美容等，应用微信上拉客，线下消费。

微商培训、微商中介、微商自媒体等，私人号来服务微商人。

第三类：社群微商模式。

粉丝社群微商模式。组织一批相同兴趣的微信社群人群，然后提供精准的品质商品模式。这两年市场迭代太快，这些案例有的现在已经倒闭了。

微商 O2O 模式。就是微信上聚集人群，最后引导到线下实体店铺消费，如化妆品用微信 O2O 模式渗透到 3 万高端发廊。

顾客分销商模式。杭州一家天猫化妆品店类目第一创始人，将自己的用户全部转化成代理，用户既是消费者，也是微商代理。小黑裙其实也是顾客分销商模式，但由于涉嫌三级分销，被腾讯封杀了，不得不改良为新模式。

微商平台模式。大型传统企业进入微商领域，接入微商平台来服务他们。

二、 微商模式存在的问题

目前微商处于变革期，经历了前一段断崖式下滑后，至今还在恢复中。微商正在演化和迭代，存在的问题就是机会，如下：

- 大批货挤压在代理手里；
- 代理费营收占比过高；
- 终端消费者重复购买过低；
- 分散于全国各地的网络无法做透市场；
- 消费者散落于全国各地，无法凝聚品牌力量；
- 产品开发能力偏弱，产品群、产品系列、产品质量，需要提升的空间较大。

三、 快营销看好的三种微商模式

微商如何做大。我个人看好的是三种模式。

1. 招商模式

重点以发展代理商为主。

- 核心是设计“产品 ”“利益链分配”；
- 招商的目标是招代理；
- 招商的核心是压货。

招商模式弊端也不少，但比较适合大部分创业者。做大规模后，要向快消品营销学习，规范化、规模化、稳定化，现金流动正常化。

2. 网红模式

那些活跃在社交网络上的网红，做微商的优势是很大的。拥有几十万粉丝，将这些粉丝发展为代理商，一边娱乐，一边卖货，还是客观的。网红可以通过直播、微博、微信来放大势能，通过高大上发布会提升品牌力。

网红微商的成功多依赖于网红和产品结合的紧密度。不过，并不是所有的网红都能搞成商业，大部分网红做微商还是会失败的。这是规律。

3. 社交电商模式

有技术基础的创业团队，可以开发社交电商 APP 或者利用第三方平台进行传播和销售产品。像微店、有赞等手机网店，可以作为交易工具。

社交电商的核心是社群和发动。

社群的运营，要依赖于工具，比如自己开发 APP，或者利用微信群、QQ 群，方便你把数百万的粉丝连接起来。同时，也方便把互动信息沉淀下来。例如，小米的社区就做得很到位，堪称典范。

对于中小社交电商来说，可能没有那么多技术开发和升级能力，那么就直接借用腾讯的工具来管理。产品是本质，体验是关键，社交电商做好，就要用心，也依赖于工具的运用。

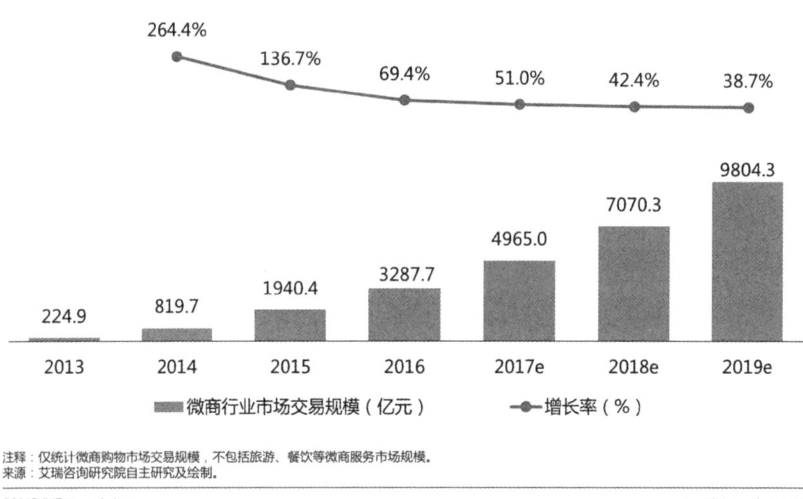

图 11－5　2013～2019 年中国微商市场交易规模

四、 快营销微商模式 6 个关注点

新微商模式既要解决销售，又要积累品牌，还要开发产品。唯有解决这三者，才能持续做强做大。

顶层设计。如果希望通过微商做成大事业，最好还是请专家帮忙顶层设计。主要围绕战略、产品、品牌、招商和平台运营。

销售为王。如何销售？代理式还是直销式，还是传播分享、顾客分销？这个模式要选择好。资金回笼是关键。

体验为后。王是王爷；后是王后。产品的功效、产品使用体验、服务体验要好，这涉及产品下一次复购。这里的产品体验中心如何设计？线下还是网上。巍哥认为这是需要提升的关键点。

利益设计。不同的销售模式，就要设计不同的利益分配；再结合体验方式，进行有效激励。

品牌打造。品牌设计，品牌联结点，互联网体验中心，线下体验店。

积累粉丝。如何快速积累广泛粉丝？快消品行业有个新品惯例，就是新品一定要请消费者试用，如果你对产品有信心，可以借鉴这一条。可以免费请目标人群来关注你的店铺或者公众号，在朋友圈和公众号发布免费体验信息，通过粉丝带粉丝，快速实现规模化积粉。这招需要有一定实力，需要先舍后得。

四、 微商可持续发展的本质

无论通过那种方式卖货，最终必须保持终端动销；如果货都挤压在代理商那里，那么用不了多久，就会自己挤死。渠道压货和零售卖货，保持在 6:4 是可接受的；随着畅销，这个比重会降低。

第三节　如何设计微商分销渠道

这两年在微信里流行“三级分销”。但最近，微信也直接封杀了“三级分销”，认为这是不健康的分销模式。

一、 互联网三级分销模式是伪模式

三级分销，本质上是互联网传销的变体。通过拉人头分享下家的利益来赚钱的金字塔模式，这种方式很难持续发展。

三级分销之外，还有二级分销、一级分销的说法。我认为没法压货的分销模式，都很难走通，很快就会自生自灭。很多微商朋友认为这种软件很容易帮助自己建立快速销售体系，但结果往往是软件商赚了钱，

微商自己绕了个大弯。最后，竹篮打水一场空。

登陆——自动生成自己的店——转发朋友圈——实现推广——销售。这是通常的分销软件的设计，任何人都可以不用进货，直接成为代理商，直接推广就能实现销售，最终获得销售利益分成。这种模式看似简单，实际没有效果。

我一直认为这种电商分销逻辑不会成立，至今没有看到成功案例。2017 年底回头看，今天“三级分销”几乎消失了，这也证实了我 2015 年的判断。

二、 快营销分销模式

以终为始。

我们做微信社交电商的目标是什么？卖货、积粉和打造品牌。

卖货是销售，积粉是积累客源，打造品牌是培养顾客依赖和建立信任。

1. 货怎么卖

通常电商卖货方式是，流量转化为销量，比如在淘宝、京东。

在微信生态中，通常是公众号粉丝转化为销售，朋友圈关系转化为销售。

一个是拼的流量，一个是拼的是粉丝关系。

支付方式：支付宝或微信支付。

卖货平台：

阿里巴巴系：淘宝、微博；

腾讯系：京东、微店、公众号、朋友圈；

微商城 APP：有赞、拼多多。

2. 怎么积粉

阿里巴巴系：打广告和成为大 V、网红。

腾讯系：通过公众号做内容、做传播积累粉丝，通过微信营销积累粉丝，这两种方式。对于没有内容制造能力的大部分商家，通过微信营销获取粉丝才是现实之道。

- 快营销积粉原理：发动群众占便宜；
- 并不是有便宜就能立马诱发很多用户关注你，这里的操盘设计很关键；
- 快营销关键点：大 V 发动、社交引诱设计、促销方案；
- 成本控制点：产品定价、产品成本、供应链成本管理；
- 粉丝运营和维护：会员制。

3. **品牌怎么造**

如何打造品牌？具体途径是销量好评和品牌传播。

一个是通过社群和公众号实现品牌传播的，这叫公关；

一个是通过商城实现销售和好评的。点评团购网也有价值。

需要注意的是要实现这两类用户的最大公约数，顾客和粉丝的重合度提升。

这样才能让传播量转化为销量，让销量好评促进传播量。

发动顾客卖货比发动粉丝传播更为重要。

4. **快营销是三合一：销量、品牌、粉丝三驾马车齐头并进**

社交互联网是集传播、营销、电商、客服于一体化的工具，你的粉丝可能是你的顾客，你顾客可能是你的粉丝，你的粉丝可能是你的宣传员，你的宣传员可能是你的顾客。这是一个口碑营和销的时代。

三、 微信分销和渠道融合设计

微信分销和渠道融合如何设计？这主要分为三种情况：

1. **规模企业**

规模企业大部分通过地面经销商体系卖货，部分自己直接销售的规模企业也通过互联网流量卖货。

对于直销类企业，可以考虑微信分销渠道进行传播和销售。启动全员营销和事业合伙人推广。

2. 中小企业

对于中小企业，微信分销体系具有较大价值。

如果做直销，可以线上线下同款同价；微信可以用来引爆、传播和销售。

如果做经销，产品需要做一定区隔；那么，微信就主要用来引爆和传播。

3. 微商团队

微商必须依赖微信生态，无论是在招商、卖货，还是打造品牌。

目前来看，微商在打造品牌方面欠缺，品牌意识薄弱，最主要的还是缺乏实力和专业团队，销售导向的生意模式，都在品牌方面难有建树。

附录
互联网巨变
与营销新趋势

第一节 5 大力量和 10 大变化

到底是什么在影响整个互联网环境？

5 大重要力量！

哪 5 大重要力量？

- BAT 巨头的变化，他们要怎么做，会影响我们未来；
- 企业互联网化；
- 电商卖货在变化；
- 支持整个互联网的应用在变化；
- 人人都是自媒体。

这就是影响整个世界的 5 大力量！

下面我给大家具体分享一下。

一、 BAT 顶层的变化：大数据、云计算、人工智能

什么叫顶层的变化？

就是影响整个互联网世界的大公司，尤其是 BAT 公司，百度、阿里巴巴和腾讯，这三个巨头，他们在做什么？他们的战略是什么？他们未来的方向是什么？

三个趋势，三个变化，三个关键词，哪三个关键词呢？

第一个是大数据：马云在公开演讲里谈道，阿里巴巴未来 10 年的方向是一个大数据公司，是一个云计算公司。不可否认，腾讯也是一个大数据和云计算公司，百度这两年有点衰退，它有很多的布局，比如机器人，比如地图，比如很多的新的东西，包括视频等，我们也看到百度过去的主流业务，占整个收入的 90% 的传统业务，比如搜索的主流业务正在衰退。搜索的商户不增长了，活跃数变少了，消费的金额也在慢慢地变少。百度的未来是什么呢？我们看到李彦宏提出百度未来的方向就是人工智能（AI），智能化是他的大方向。最近百度市值又涨上来了，高达 880 亿美金，这都是世界人民看好 AI。

前面讲了，三个巨头公司，BAT 公司，他们未来的方向是大数据、云计算、人工智能。这些基础性的、领先性的、趋势性的方向，会引起整个中国的经济、中国对互联网依赖性很强的公司的发展，对互联网的用户也会产生很大的影响，这种影响必然推动相关的政府、社会、企业都会随之而变。

二、 企业的互联网化和 O2O 化

企业互联网化。

这个是趋势，这种趋势今天已经逐渐成为现实。对于三线、四线的企业来说，可能这种切身的体会不怎么深，但是我们知道中国大的企

业，基本上分布在一线和二线城市，而三线、四线、五线城市主要是他们的销售和服务公司。一些传统的板块，主要在边缘的地方，包括资源型的，包括农业的产区，包括物流体系一般都比较传统，所以大家对企业互联网化可能感受不深，但事实上，我们已经在互联网化。举个例子：我们开会过去必须在办公室开，人必须集体到了才可以开，现在怎么样？拉个群就可以开会了，也可以随时在线语音、视频开会。

这都是企业的互联网化，所以传统企业一定要考虑如何做好自己的新媒体营销！再比如销售管理，现在用的都是移动版的CRM管理软件，像美国的Salesforce、阿里巴巴的钉钉、腾讯的企业微信。事实上这些东西都在推动我们企业整体的互联网化，传统的基于PC的ERP，CRM，OA，要么被淘汰，要么都在转型升级。

O2O化：线上和线下合二为一。

除了企业在互联网化，还有一个变化就是O2O化。虽然说很多O2O公司，没有资本的输血都饿死了。但是我们会发现，O2O在整个商业消费经济里面的比重越来越多，比如美团大众这是一个典型代表，他们在整个消费经济里面的比重越来越大，比如看电影，比如旅游、像携程，这些都是O2O服务的公司。

所以企业的互联网化以及O2O化，这个也是趋势，而这种趋势其实现在已经成为现实，O2O实际上就是线上和线下合二为一。

三、电商B2B化、社交化以及新零售，这是今明两年的趋势

第三个变化就是在电商领域的变化，电商最早是B2C，B2C里的代表有淘宝、天猫、京东、苏宁、国美、亚马逊、当当，还有很多酒类公司，有很多很多，他们也正在发生变化。

阿里巴巴和京东正在做什么呢？

正在推动B2B的业务。什么叫B2B呢？就是过去在商业中，我们

的产品是通过经销商和代理商完成的，京东和阿里巴巴他们要吃掉这个板块，他们要做总代，要把产品要输送给代理商为他们服务。

2016 年很重要的一个变化就是涌现了上千家的 B2B 的电商公司，分布在各个领域，生鲜领域、医药领域等很多行业都出现了。电商正在从 B2C 往 B2B 变迁，这并不是说 B2C 不行了，而是 B2C 的增长有限了，从目前来看，B2C 的增长是保持在 30%，而 B2B 却百分之几百地在增长。

在零售行业，基于消费大数据技术，2017 年正在风行新零售。阿里巴巴、京东和腾讯都在使出浑身招数，正在整合线下零售店，用大数据技术来改编这些传统零售企业。同时也在推出自己的新零售案例，像最近比较火的盒马生鲜。

盒马鲜生是阿里巴巴对线下超市完全重构的新零售业态。盒马是超市，是餐饮店，也是菜市场，但这样的描述似乎又都不准确。消费者可到店购买，也可以在盒马 APP 下单。而盒马最大的特点之一就是快速配送：门店附近 3 公里范围内，30 分钟送货上门。盒马鲜生多开在居民聚集区，下单购物需要下载盒马 APP，只支持支付宝付款，不接受现金、银行卡等任何其他支付方式。

图 12－1　新零售案例：盒马生鲜

实际上，在强推支付宝支付背后，是盒马未来将对用户消费行为大数据挖掘的野心。阿里巴巴为盒马鲜生的消费者提供会员服务，用户可以使用淘宝或支付宝账户注册，以便消费者从最近的商店查看和购买商品。盒马未来可以跟踪消费者购买行为，借助大数据做出个性化的建议。

另一个趋势，就是社交电商出现了。

社交电商的出现，事实上来讲一直是悄悄的，没有大张旗鼓地去做，为什么呢？最主要的原因，他是一场沉重的革命，因为社交电商是群众的运动。比如你开一个微店，我开一个淘宝，我在微信里面卖卖货，我是一个微商，这些事实上来讲都是社交电商。电商正在社交化，这是一个非常大的、重要的一个变化。

拼多多作为社交电商领导者，致力于将娱乐社交的元素融入电商运营中，通过“社交 + 电商”的模式，让更多的用户带着乐趣分享实惠，享受全新的共享式购物体验。拼多多是国内目前主流的手机购物 APP。

图 12 –2　社交电商案例：拼多多

社交电商和过去的 B2C 电商有什么区别呢？

以前比如我们卖货，我们在淘宝开一个店，你卖你的货，你买完我就发货，交流只会发生你和店主之间。社交电商是你不仅是和店主交流，更重要的是你和你的朋友去交流，交流这些产品。你买一个货，或者看到别人买到这个产品，推荐这个产品，他把这个信息，把这个产品要分享出来。你受到影响，你也喜欢，你也去买了，这就是社交化的。用户通过发起和朋友、家人、邻居等的拼团，以更低的价格，拼团购买商品。旨在凝聚更多人的力量，用更低的价格买到更好的东西，体会更多的实惠和乐趣。

举个例子，大家最讨厌的生意模式就是微商，但是事实上人人都在微商，你在朋友圈、群里、微信里、微店里面卖东西事实上都是微商，大家最讨厌的微商是什么呢？就是那些不停刷屏，不停地向你推送东西，你没有办法去判定这个产品到底是好是坏？大家讨厌的是这种形式的微商。

但是我们今天不可否认微商群体太大了，中国有 4 亿的人在从事微商，白天我上班，中午发发微信、卖卖货，晚上也刷刷屏，这就是今天的生活。微商的市场规模到底有多大？官方机构的研究数据是 3000 多亿元，我的估算是 1000 亿元，可能大家的口径不一样，我讲的是狭义的微商：1000 多亿元，这个比重也相当大了。1000 亿元是什么概念呢？1000 亿元就是一个京东的流水，那是超级大的一个板块。

所以我们看到，整个快消品行业，这几年很惨。什么叫很惨呢？就是快消品公司都遇到了双下滑：销量下滑、利润下滑，双下滑滑到哪里去了？一个是滑到电商公司了，一个是滑到微商那里去了。过去我们不怎么重视的东西，他悄悄地成为一个不可替代的、不可消灭的，而且常态化的东西。这种常态化的东西，未来也会继续保持，说微商会死是指说传统的、落后的、早期的微商会死，但微商的变种他又活了，而且以后还会越来越猛。每个人都可以做微商了，所以这个市场就开始活跃起来了，这个是我们要关注的一个东西。

昨天我看到，汾酒集团提出一个口号：开启电商新境界，要打造 10 亿元的规模，你想一想这个市场多大啊？

四、 互联网应用社交化、社会化

我们看第四个变化，互联网的应用有两个方向，一个是社交化，一个是社会化。什么叫社交化？任何一种应用，比如软件，互联网软件，手机软件，小程序。他必须在开发、功能、连接的方向上要思考，这个软件的用户之间能不能进行社交，这个成为一个主流的趋势和方向。如果这个软件不具备这种功能，这个软件非常容易被对手一脚就踹死了，被淘汰掉了。

第二个关键词是社会化，社会化就是这个应用的使用，不仅仅是对个人，而需要面向社会，像政府、NGO、商业组织都进行连通，这个叫社会化。就是软件和应用的这种通用性和扩展性，他必须是社会级的，社会级就是千万级的这种级别的才可以叫社会级的。我一个朋友的微信公众号，一个月前就突破了1千万的粉丝，这个就叫社会化。

五、 人人自媒体化和消费移动化

第五个重大的变化叫人人都是自媒体化，每部手机的每个用户就是一个自媒体。在群里说一说，在网上发一发，在朋友群唠一唠，这就是一个自媒体，就是一个自己的电视台，就是你的私空间，你的地盘你做主，每个人变成自媒体了。20年前，中国人围绕这个客厅，面向着电视收听新闻联播，就一个中心：CCTV。今天我们中心在哪里？我们中心在自己的手机上。

今天我们吃饭、聊天、交朋友、喝茶、买衣服、逛街、旅游，我们的中心在哪里？一个重要的中心就是在手机上，吃个饭，端上一盘菜我们还要拍一拍，晒到朋友圈，朋友圈有人给你点个赞，你还要去回复一下！

今天我们的中心在哪？在每个人的私空间，这个就是人人都是自媒体，这和过去不一样了，这就导致今天的营销，传播的理念不一样了，方向不一样了。

第二就是消费移动化了，什么叫消费移动化？比如中午我们去吃饭，都不带钱包了，我们直接用微信来点餐，用微信来支付，用支付宝来支付。

我们在办公室吃饭，我们在手机里点一个外卖，让他送过来，今晚看个电影，我们在手机里买票选座位，过去我们还要跑到电影院去买。今天我们的消费完全就靠一部手机，当我们没有这部手机，或者把手机落在家里，或者落在办公室的时候，我们该是多焦急啊，这就是消费移动化。

总结：

前面讲的5大板块的10大变化是最重要的。

它影响我们整个生活、工作和社会，是影响我们整个互联网世界的五大力量！

第二节　营销4大变化和新趋势

一、 互联网内容在发生变化

在互联网里面，有一个重要的东西，就是内容发生了变化。我们看电影，在手机里面看电影、在手机里面聊天，在微信里面交流、讲课，这些都叫内容，在朋友圈发东西，也叫内容，内容在发生什么变化呢?

内容分发的平台发生了变化：过去由门户网络平台编辑来完成的内容创作、资讯的发布，变为自媒体的原创，这是一个重大的趋势。这个重大的趋势引起了几大公司的崛起，像微信的崛起、今日头条的崛起等，现在有近2500万个公众号。

像今日头条，快速地成为一个大公司，像一点资讯、天天快报，这些都是自媒体的平台，超级大，所以这4个自媒体平台，已经把传统的门户、传统的内容提供公司打得一败涂地。这4家公司这种估值，早已超过了京东的规模。他们是千亿级的公司、千亿市值的公司。过去由中心化的平台来产生内容，变成了由用户来创造内容，这是去中心化，从而变得多元化了。这种多元化导致原有的内容公司的商业模式，直接破产，导致这类公司没有什么价值了。今天我为什么要写这本书呢？就是因为微信整个生态太强大了，微信里面的内容创造平台太强大了，它把9亿人都聚集到这个地方了。

二、 互联网用户在发生变化

用户发生了什么变化呢？我举几个例子，我们讲消费升级、我们关注用户，关注哪些用户呢？哪些消费群呢？第一个是新生代、年轻人，“80、90后”成为消费的主流，他们在我们整体消费经济里面贡献了60%的增量，这是超级巨大的板块。而中老年人的消费不增长了，他们不是一个增量是一个存量了；第二个增长很快的是中产阶层里面的上层以及富人；第三个增长最快的还是互联网的板块，互联网板块整体增长还会继续保持在30%～35%的速度高速发展。

今天因为整个互联网经济非常庞大，所以它的增速放下来了。但是你知道我们的传统经济、地面的零售体系增长有多慢吗？超级慢！比如家乐福、沃尔玛、联华、华联这类超市，它的增长都不到3%，甚至是负增长了，而互联网还保持着30%多的增长，你说快还是不快？

传统的卖货体系里面，只有便利店在保持着9%在增长，其他几乎没什么像样的增长了，能保持和我们的GDP5%～6%一样的增长就不错了。所以想一想未来中国的经济的增长的三驾马车，就靠这三驾马车了，一个是新生代、年轻人、“80、90后”的消费，一个是中产阶层的上层以及富人这个阶层，一个是互联网的用户、互联网的消费，这三驾马车推动中国经济在“十三五”期间高速增长，保持在5%～6%的增长。我们“十三五”经济的增长，这里面的巨大的增长就来自于这三大板块。

我们看看这三类最主要的阶层，他们的习惯是什么呢？这三类人会更宅，会宅在家里，甚至也在家里办公。换句话来讲，就是不愿意去开车或者远行去讨生活了，他们会更懒，都不愿意做饭，点外卖到家里，点厨师到家里来做饭，购物都不喜欢逛街，在淘宝、京东上完成他的消费。而他们的支付方式早已不是过去的银行卡、ATM机了，也不是现金，他们用的是微信和支付宝，更多的是微信支付。他们早已习惯用手机上网，而不是用电脑上网。

“更宅、喜欢网购、泡在手机”这三种用户习惯，就构成了今后我们生意的连接方式，我们的产品，我们的卖货体系朝着这三个特点去设计，我们就把握住未来。

三、 传统的地面体系在变化

天上发生那么多变化，用户发生那么多变化，我们看地面发生了什么变化？

传统的终端流通体系几乎瓦解，动销几乎不动销，所以出现了加多宝、王老吉这些大公司大品牌业绩开始下滑；传统的沃尔玛、家乐福都在考虑把自己卖掉或者升级商业模式；传统的地面体系，开一个店能不能活半年？谁也不知道，我们看到周围的情况是不断开店，不断关店。而与此同时电商公司正在打劫传统的经销渠道，他们用互联网的优势和技术，以及一次性采购很多上游大品牌的产品，他们正在做 B2B 的电商体系，直接想把传统的经销体系给除掉。

我们再看一看，在传统的这些超市地面体系今天人流量还多吗？你会发现，周一到周五卖货的人比逛街的人还多，商场售货员比顾客还多。过去周末人很多，那么今天周末有人吗？你会发现周末商场的人也并不是非常多，很多年轻人宅在家里，周一到周五太累了，好不容易到了周末，想在家里面休息休息，在网上淘淘宝、聊聊天。“双十一”刚刚过，“双十二”又来了。

四、 电商公司也在变化

电商公司也发生了很大的变化，百度是过去的搜索巨头，占整个搜索里面的 82% 的市场，但是现在整体的搜索市场正在萎缩。过去我们通过百度打广告，引流到我们自己的官方网站，我们将在线咨询转化为销售，转化为订单这种模式今天不行了。因为成本太贵，没有效率了。

像阿里巴巴、淘宝、天猫，它们也在发生一些变化，最主要的变化是，马云一直想往社交领域去转型，过去推出了一个叫来往的社交软件没成功。前几天通过支付宝又开始搞社交，搞校园日记，实际上也是一种尝试。也就是说淘宝、支付宝也在朝社交体系努力转型。从传统的电商公司向社交电商公司升级。

而马化腾呢？他也在变化，他们在积极的推动整个微信生态可以成交、转化、打广告，所以我们看到像小程序、有赞，各种商城正在快速地崛起，他们在微信生态里面快速地发展。

卖货体系也发生了巨大的变化，这个巨大变化是什么呢？就是微商常态化、卖货社交化。社交卖货飞速增长，传统的电商增长开始疲软。

五、 新营销的趋势：数字化、移动化、社交化

新营销的趋势是什么？

新营销趋势 3 个特点：数字化、移动化以及社交化。

我们做的微信营销，事实上来讲就是移动化和社交化的代表，典型的代表。你知道微信今年的广告数字有多大吗？微信自己的广告超过150 亿元，微信生态里面的广告已经达到 500 ~ 600 亿元了，这是非常庞大的，500 ~ 600 亿元是什么概念？就是整个百度公司。整个微信生态里面广告的这种数字，已经超过了百度公司，所以我们看微信的生态是多么的强大。这种增长是保持在以 80% ~ 90% 的数字快速地增长。因此我们看到这种变化、看到这种趋势，我们要赶快去理解、去洞察这种变化所带来的生意机会并且紧紧地抓住它。我们知道冬天来临的时候，候鸟必须飞向南方暖和的地方，如果它没有抓紧时间，在冬天来临之前飞到暖和的地方，那意味着就是死亡。对我们今天的企业来讲，同样是这个道理，一个企业的经营思维顺势改变，企业的宣传和销售也应该抓紧去升级。

我们要把思维由过去的卖货的传统思维，转型为用户经营的思维，我们是经营用户，而不是把东西卖给、推销给新用户。我们要把我们的老用户经营为常态的用户，我们把他们服务好、开发好、把他们的关系搞好，这就是社交的运营。因此我在快营销里面提出过，让顾客帮我们卖货，让伙伴帮我们建设，这就是新营销方法论：营销数字化、社交化、移动化。

社交 + 电商，就是让顾客帮我们卖货，这叫社交，让伙伴帮我们建设这就是社交合作。B2C 是社交，B2B 也同时在社交，所以我们在快营销里面，是把 B2B、B2C 都进化为社交化。

我在《快营销》这本书中写道：

产品即媒体，产品即广告，产品即营销，产品即连接。

今天回过头看，快营销很多理念和方法论大家都在践行，快营销的方法已经成为常识。我们也看到，新的营销方式、新的环境变化，最主要的一个趋势是品牌将会成为流量的入口，品牌自带流量，产品自带流量。

对于中小企业来讲，我们的品牌还不足以带来流量，因为我们不是品牌，只是一个名字。我们靠什么带来流量呢？就是产品，产品成为唯一的入口。

今天的产品无论是有形产品，还是无形产品和服务，本质上来讲，都是社交互联网产品，大家一定要明白，我们即使是卖一瓶我们快友会优一菓的黄桃罐头，它也是一个社交产品。可口可乐、汽车、手机也是一个社交产品，没有社交，小米不可能一夜之间成为那么大的公司，一夜之间赶上了联想手机十五年的工作。所以它抓住了今天的趋势，社交化的趋势，做好产品，产品就会帮你说话，实现自营销。一切皆产品，一切皆媒体，产品不再是跑龙套的，而是主角！

老板要用快营销的思想，来更新我们的营销的思维，那么什么是快营销呢？四句话，就是“让产品帮我们说话，让渠道伙伴帮我们建设，让顾客帮我们卖货，让粉丝帮我们传播”，这就是快营销核心的思想，也是新营销的最核心的、最根本的思维、方法和工具。

推荐作者得新书！

博瑞森征稿启事

亲爱的读者朋友：

感谢您选择了博瑞森图书！希望您手中的这本书能给您带来实实在在的帮助！

博瑞森一直致力于发掘好作者、好内容，希望能把您最需要的思想、方法，一字一句地交到您手中，成为管理知识与管理实践的桥梁。

但是我们也知道，有很多深入企业一线、经验丰富、乐于分享的优秀专家，或者忙于实战没时间，或者缺少专业的写作指导和便捷的出版途径，只能茫然以待……

还有很多在竞争大潮中坚守的企业，有着异常宝贵的实践经验和独特的洞察，但缺少专业的记录和整理者，无法让企业的经验和故事被更多的人了解、学习……

对读者而言，这些都太遗憾了！

博瑞森非常希望能将这些埋藏的"宝藏"发掘出来，贡献给广大读者，让更多的人从中受益。

所以，我们真心地邀请您，我们的老读者，帮我们搜寻：

推荐作者

可以是您自己或您的朋友，只要对本土管理有实践、有思考；可以是您通过网络、杂志、书籍或其他途径了解的某位专家，不管名气大小，只要他的思想和方法曾让您深受启发。

可以是管理类作品，也可以超出管理，各类优秀的社科作品或学术作品。

推荐企业

可以是您自己所在的企业，或者是您熟悉的某家企业，其创业过程、运营经历、产品研发、机制创新，等等。无论企业大小，只要乐于分享、有值得借鉴书写之处。

总之，好内容就是一切！

博瑞森绝非"自费出书"，出版费用完全由我们承担。您推荐的作者或企业案例一经采用，我们会立刻向您赠送书币 1000 元，可直接换取任何博瑞森图书的纸书或电子书。

感谢您对本土管理原创、博瑞森图书的支持！

推荐投稿邮箱：bookgood@126.com　　推荐手机：13611149991

1120 本土管理实践与创新论坛

这是由100多位本土管理专家联合创立的企业管理实践学术交流组织，旨在孵化本土管理思想、促进企业管理实践、加强专家间交流与协作。

论坛每年集中力量办好两件大事：第一，"**出一本书**"，汇聚一年的思考和实践，把最原创、最前沿、最实战的内容集结成册，贡献给读者；第二，"**办一次会**"，每年11月20日本土管理专家们汇聚一堂，碰撞思想、研讨案例、交流切磋、回馈社会。

论坛理事名单（以年龄为序，以示传承之意）

首届常务理事：

彭志雄　曾　伟　施　炜　杨　涛　张学军
郭　晓　程绍珊　胡八一　王祥伍　李志华
陈立云　杨永华

理　　事：

卢根鑫　王铁仁　周荣辉　曾令同　陆和平　宋杼宸　张国祥
刘承元　曹子祥　宋新宇　吴越舟　吴　坚　戴欣明　仲昭川
刘春雄　刘祖轲　段继东　何　慕　秦国伟　贺兵一　张小虎
郭　剑　余晓雷　黄中强　朱玉童　沈　坤　阎立忠　张　进
丁兴良　朱仁健　薛宝峰　史贤龙　卢　强　史幼波　叶敦明
王明胤　陈　明　岑立聪　方　刚　何足奇　周　俊　杨　奕
孙行健　孙嘉晖　张东利　郭富才　叶　宁　何　屹　沈　奎
王　超　马宝琳　谭长春　夏惊鸣　张　博　李洪道　胡浪球
孙　波　唐江华　程　翔　刘红明　杨鸿贵　伯建新　高可为
李　蓓　王春强　孔祥云　贾同领　罗宏文　史立臣　李政权
余　盛　陈小龙　尚　锋　邢　雷　余伟辉　李小勇　全怀周
初勇钢　陈　锐　高继中　聂志新　黄　屹　沈　拓　徐伟泽
谭洪华　崔自三　王玉荣　蒋　军　侯军伟　黄润霖　金国华
吴　之　葛新红　周　剑　崔海鹏　柏　龑　唐道明　朱志明
曲宗恺　杜　忠　远　鸣　范月明　刘文新　赵晓萌　张　伟
韩　旭　韩友诚　熊亚柱　孙彩军　刘　雷　王庆云　李少星
俞士耀　丁　昀　黄　磊　罗晓慧　伏泓霖　梁小平　鄢圣安

企业案例·老板传记

	书名.作者	内容/特色	读者价值
企业案例·老板传记	**你不知道的加多宝:原市场部高管讲述** 曲宗恺　牛玮娜　著	前加多宝高管解读加多宝	全景式解读,原汁原味
	借力咨询:德邦成长背后的秘密 官同良　王祥伍　著	讲述德邦是如何借助咨询公司的力量进行自身与发展的	来自德邦内部的第一线资料,真实、珍贵,令人受益匪浅
	收购后怎样有效整合:一个重工业收购整合实录(待出版) 李少星　著	讲述企业并购后的事	语言轻松活泼,对并购后的企业有借鉴作用
	娃哈哈区域标杆:豫北市场营销实录 罗宏文　赵晓萌　等著	本书从区域的角度来写娃哈哈河南分公司豫北市场是怎么进行区域市场营销,成为娃哈哈全国第一大市场、全国增量第一高市场的一些操作方法	参考性、指导性,一线真实资料
	六个核桃凭什么:从0过100亿 张学军　著	首部全面揭秘养元六个核桃裂变式成长的巨著	学习优秀企业的成长路径,了解其背后的理论体系
	像六个核桃一样:打造畅销品的36个简明法则 王　超　范　萍　著	本书分上下两篇:包括"六个核桃"的营销战略历程和36条畅销法则	知名企业的战略历程极具参考价值,36条法则提供操作方法
	解决方案营销实战案例 刘祖轲　著	用10个真案例讲明白什么是工业品的解决方案式营销,实战、实用	有干货、真正操作过的才能写得出来
	招招见销量的营销常识 刘文新　著	如何让每一个营销动作都直指销量	适合中小企业,看了就能用
	我们的营销真案例 联纵智达研究院　著	五芳斋粽子从区域到全国/诺贝尔瓷砖门店销量提升/利豪家具出口转内销/汤臣倍健的营销模式	选择的案例都很有代表性,实在、实操!
	中国营销战实录:令人拍案叫绝的营销真案例 联纵智达　著	51个案例,42家企业,38万字,18年,累计2000余人次参与……	最真实的营销案例,全是一线记录,开阔眼界
	双剑破局:沈坤营销策划案例集 沈　坤　著	双剑公司多年来的精选案例解析集,阐述了项目策划中每一个营销策略的诞生过程,策划角度和方法	一线真实案例,与众不同的策划角度令人拍案叫绝、受益匪浅
	宗:一位制造业企业家的思考 杨　涛　著	1993年创业,引领企业平稳发展20多年,分享独到的心得体会	难得的一本老板分享经验的书
	简单思考:AMT咨询创始人自述 孔祥云　著	著名咨询公司(AMT)的CEO创业历程中点点滴滴的经验与思考	每一位咨询人,每一位创业者和管理经营者,都值得一读
	边干边学做老板 黄中强　著	创业20多年的老板,有经验、能写、又愿意分享,这样的书很少	处处共鸣,帮助中小企业老板少走弯路
	三四线城市超市如何快速成长:解密甘雨亭 IBMG国际商业管理集团　著	国内外标杆企业的经验+本土实践量化数据+操作步骤、方法	通俗易懂,行业经验丰富,宝贵的行业量化数据,关键思路和步骤
	中国首家未来超市:解密安徽乐城 IBMG国际商业管理集团　著	本书深入挖掘了安徽乐城超市的试验案例,为零售企业未来的发展提供了一条可借鉴之路	通俗易懂,行业经验丰富,宝贵的行业量化数据,关键思路和步骤

续表

互联网 +			
	书名．作者	内容/特色	读者价值
互联网+	**企业微信营销全指导** 孙　巍　著	专门给企业看到的微信营销书，手把手教企业从小白到微信营销专家	企业想学微信营销现在还不晚，两眼一抹黑也不怕，有这本书就够
	企业网络营销这样做才对：B2B　大宗 B2C 张　进　著	简单直白拿来就用，各种窍门信手拈来，企业网络营销不麻烦也不用再头疼，一般人不告诉他	B2B、大宗 B2C 企业有福了，看了就能学会网络营销
	互联网时代的银行转型 韩友诚　著	以大量案例形式为读者全面展示和分析了银行的互联网金融转型应对之道	结合本土银行转型发展案例的书籍
	正在发生的转型升级·实践 本土管理实践与创新论坛　著	企业在快速变革期所展现出的管理变革新成果、新方法、新案例	重点突出对于未来企业管理相关领域的趋势研判
	触发需求：互联网新营销样本·水产 何足奇　著	传统产业都在苦闷中挣扎前行，本书通过鲜活的案例告诉你如何以需求链整合供应链，从而把大家熟知的传统行业打碎了重构、重做一遍	全是干货，值得细读学习，并且作者的理论已经经过了他亲自操刀的实践检验，效果惊人，就在书中全景展示
	移动互联新玩法：未来商业的格局和趋势 史贤龙　著	传统商业、电商、移动互联，三个世界并存，这种新格局的玩法一定要懂	看清热点的本质，把握行业先机，一本书搞定移动互联网
	微商生意经：真实再现 33 个成功案例操作全程 伏泓霖　罗晓慧　著	本书为 33 个真实案例，分享案例主人公在做微商过程中的经验教训	案例真实，有借鉴意义
	阿里巴巴实战运营——14 招玩转诚信通 聂志新　著	本书主要介绍阿里巴巴诚信通的十四个基本推广操作，从而帮助使用诚信通的用户及企业更好地提升业绩	基本操作，很多可以边学边用，简单易学
	今后这样做品牌：移动互联时代的品牌营销策略 蒋　军　著	与移动互联紧密结合，告诉你老方法还能不能用，新方法怎么用	今后这样做品牌就对了
	互联网 +“变”与“不变”：本土管理实践与创新论坛集萃·2016 本土管理实践与创新论坛　著	本土管理领域正在产生自己独特的理论和模式，尤其在移动互联时代，有很多新课题需要本土专家们一起研究	帮助读者拓宽眼界、突破思维
	创造增量市场：传统企业互联网转型之道 刘红明　著	传统企业需要用互联网思维去创造增量，而不是用电子商务去转移传统业务的存量	教你怎么在“互联网 +”的海洋中创造实实在在的增量
	重生战略：移动互联网和大数据时代的转型法则 沈　拓　著	在移动互联网和大数据时代，传统企业转型如同生命体打算与再造，称之为“重生战略”	帮助企业认清移动互联网环境下的变化和应对之道
	画出公司的互联网进化路线图：用互联网思维重塑产品、客户和价值 李　蓓　著	18 个问题帮助企业一步步梳理出互联网转型思路	思路清晰、案例丰富，非常有启发性

续表

互联网+	**7个转变，让公司3年胜出** 李　蓓　著	消费者主权时代，企业该怎么办	这就是互联网思维，老板有能这样想，肯定倒不了
	跳出同质思维，从跟随到领先 郭　剑　著	66个精彩案例剖析，帮助老板突破行业长期思维惯性	做企业竟然有这么多玩法，开眼界

行业类：零售、白酒、食品/快消品、农业、医药、建材家居等

	书名．作者	内容/特色	读者价值
零售·超市·餐饮·服装	**总部有多强大，门店就能走多远** IBMG国际商业管理集团　著	如何把总部做强，成为门店的坚实后盾	了解总部建设的方法与经验
	超市卖场定价策略与品类管理 IBMG国际商业管理集团　著	超市定价策略与品类管理实操案例和方法	拿来就能用的理论和工具
	连锁零售企业招聘与培训破解之道 IBMG国际商业管理集团　著	围绕零售企业组织架构、培训体系建设等内容进行深刻探讨	破解人才发现和培养瓶颈的关键点
	中国首家未来超市：解密安徽乐城 IBMG国际商业管理集团　著	介绍了乐城作为中国首家未来超市从无到有的传奇经历	了解新型零售超市的运作方式及管理特色
	三四线城市超市如何快速成长：解密甘雨亭 IBMG国际商业管理集团　著	揭秘一家三四线连锁超市的经验策略	不但可以欣赏它的优点，而且可以学会它成功的方法
	涨价也能卖到翻 村松达夫　【日】	提升客单价的15种实用、有效的方法	日本企业在这方面非常值得学习和借鉴
	移动互联下的超市升级 联商网专栏频道　著	深度解析超市转型升级重点	帮助零售企业把握全局、看清方向
	手把手教你做专业督导：专卖店、连锁店 熊亚柱　著	从督导的职能、作用，在工作中需要的专业技能、方法，都提供了详细的解读和训练办法，同时附有大量的表单工具	无论是店铺需要统一培训，还是个人想成为优秀的督导，有这一本就够了
	百货零售全渠道营销策略 陈继展　著	没有照本宣科、说教式的絮叨，只有笔者对行业的认知与理解，庖丁解牛式的逐项解析、展开	通俗易懂，花极少的时间快速掌握该领域的知识及趋势
	零售：把客流变成购买力 丁　昀　著	如何通过不断升级产品和体验式服务来经营客流	如何进行体验营销，国外的好经营，这方面有启发
	餐饮企业经营策略第一书 吴　坚　著	分别从产品、顾客、市场、盈利模式等几个方面，对现阶段餐饮企业的发展提出策略和思路	第一本专业的、高端的餐饮企业经营指导书

续表

零售·超市·餐饮·服装	**电影院的下一个黄金十年:开发·差异化·案例** 李保煜　著	对目前电影院市场存大的问题及如何解决进行了探讨与解读	多角度了解电影院运营方式及代表性案例
	赚不赚钱靠店长:从懂管理到会经营 孙彩军　著	通过生动的案例来进行剖析,注重门店管理细节方面的能力提升	帮助终端门店店长在管理门店的过程中实现经营思路的拓展与突破
耐消品	**商业车经销商实战** 深远汽车　著	聚焦于商用车行业的经销商与4S店的运营	对商用车行业及其经销商运营有很大的指导意义
	汽车配件这样卖:汽车后市场销售秘诀100条 俞士耀　著	汽配销售业务员必读,手把手教授最实用的方法,轻松得来好业绩	快速上岗,专业实效,业绩无忧
	跟行业老手学经销商开发与管理:家电、耐消品、建材家居 黄润霖　著	全部来源于经销商管理的一线问题,作者用丰富的经验将每一个问题落实到最便捷快速的操作方法上去	书中每一个问题都是普通营销人亲口提出的,这些问题你也会遇到,作者进行的解答则精彩实用
白酒	**白酒到底如何卖** 赵海永　著	以市场实战为主,多层次、全方位、多角度地阐释了白酒一线市场操作的最新模式和方法,接地气	实操性强,37个方法、6大案例帮你成功卖酒
	变局下的白酒企业重构 杨永华　著	帮助白酒企业从产业视角看清趋势,找准位置,实现弯道超车的书	行业内企业要减少90%,自己在什么位置,怎么做,都清楚了
	1. 白酒营销的第一本书(升级版) **2. 白酒经销商的第一本书** 唐江华　著	华泽集团湖南开口笑公司品牌部长,擅长酒类新品推广、新市场拓展	扎根一线,实战
	区域型白酒企业营销必胜法则 朱志明　著	为区域型白酒企业提供35条必胜法则,在竞争中赢销的葵花宝典	丰富的一线经验和深厚积累,实操实用
	10步成功运作白酒区域市场 朱志明　著	白酒区域操盘者必备,掌握区域市场运作的战略、战术、兵法	在区域市场的攻伐防守中运筹帷幄,立于不败之地
	酒业转型大时代:微酒精选2014-2015 微酒　主编	本书分为五个部分:当年大事件、那些酒业营销工具、微酒独立策划、业内大调查和十大经典案例	了解行业新动态、新观点,学习营销方法
快消品·食品	**5小时读懂快消品营销:中国快消品案例观察** 陈海超　著	多年营销经验的一线老手把案例掰开了、揉碎了,从中得出的各种手段和方法给读者以帮助和启发	营销那些事儿的个中秘辛,求人还不一定告诉你,这本书里就有
	快消品招商的第一本书:从入门到精通 刘　雷　著	深入浅出,不说废话,有工具方法,通俗易懂	让零基础的招商新人快速学习书中最实用的招商技能,成长为骨干人才
	乳业营销第一书 侯军伟　著	对区域乳品企业生存发展关键性问题的梳理	唯一的区域乳业营销书,区域乳品企业一定要看
	食用油营销第一书 余　盛　著	10多年油脂企业工作经验,从行业到具体实操	食用油行业第一书,当之无愧

续表

快消品·食品	**中国茶叶营销第一书** 柏 龑 著	如何跳出茶行业"大文化小产业"的困境，作者给出了自己的观察和思考	不是传统做茶的思路，而是现在商业做茶的思路
	调味品营销第一书 陈小龙 著	国内唯一一本调味品营销的书	唯一的调味品营销的书，调味品的从业者一定要看
	快消品营销人的第一本书：从入门到精通 刘 雷 伯建新 著	快消行业必读书，从入门到专业	深入细致，易学易懂
	变局下的快消品营销实战策略 杨永华 著	通胀了，成本增加，如何从被动应战变成主动的"系统战"	作者对快消品行业非常熟悉、非常实战
	快消品经销商如何快速做大 杨永华 著	本书完全从实战的角度，评述现象，解析误区，揭示原理，传授方法	为转型期的经销商提供了解决思路，指出了发展方向
	一位销售经理的工作心得 蒋 军 著	一线营销管理人员想提升业绩却无从下手时，可以看看这本书	一线的真实感悟
	快消品营销：一位销售经理的工作心得2 蒋 军 著	快消品、食品饮料营销的经验之谈，重点图书	来源与实战的精华总结
	快消品营销与渠道管理 谭长春 著	将快消品标杆企业渠道管理的经验和方法分享出来	可口可乐、华润的一些具体的渠道管理经验，实战
	成为优秀的快消品区域经理（升级版） 伯建新 著	用"怎么办"分析区域经理的工作关键点，增加30%全新内容，更贴近环境变化	可以作为区域经理的"速成催化器"
	销售轨迹：一位快消品营销总监的拼搏之路 秦国伟 著	本书讲述了一个普通销售员打拼成为跨国企业营销总监的真实奋斗历程	激励人心，给广大销售员以力量和鼓舞
	快消老手都在这样做：区域经理操盘锦囊 方 刚 著	非常接地气，全是多年沉淀下来的干货，丰富的一线经验和实操方法不可多得	在市场摸爬滚打的"老油条"，那些独家绝招妙招一般你问都是问不来的
	动销四维：全程辅导与新品上市 高继中 著	从产品、渠道、促销和新品上市详细讲解提高动销的具体方法，总结作者18年的快消品行业经验，方法实操	内容全面系统，方法实操
农业	**新农资如何换道超车** 刘祖轲 等著	从农业产业化、互联网转型、行业营销与经营突破四个方面阐述如何让农资企业占领先机、提前布局	南方略专家告诉你如何应对资源浪费、生产效率低下、产能严重过剩、价格与价值严重扭曲等
	中国牧场管理实战：畜牧业、乳业必读 黄剑黎 著	本书不仅提供了来自一线的实际经验，还收入了丰富的工具文档与表单	填补空白的行业必读作品
	中小农业企业品牌战法 韩 旭 著	将中小农业企业品牌建设的方法，从理论讲到实践，具有指导性	全面把握品牌规划，传播推广，落地执行的具体措施
	农资营销实战全指导 张 博 著	农资如何向"深度营销"转型，从理论到实践进行系统剖析，经验资深	朴实、使用！不可多得的农资营销实战指导
	农产品营销第一书 胡浪球 著	从农业企业战略到市场开拓、营销、品牌、模式等	来源于实践中的思考，有启发
	变局下的农牧企业9大成长策略 彭志雄 著	食品安全、纵向延伸、横向联合、品牌建设……	唯一的农牧企业经营实操的书，农牧企业一定要看

续表

医药	**在中国,医药营销这样做:时代方略精选文集** 段继东　主编	专注于医药营销咨询15年,将医药营销方法的精华文章合编,深入全面	可谓医药营销领域的顶尖著作,医药界读者的必读书
	医药新营销:制药企业、医药商业企业营销模式转型 史立臣　著	医药生产企业和商业企业在新环境下如何做营销?老方法还有没有用?如何寻找新方法?新方法怎么用?本书给你答案	内容非常现实接地气,踏实谈问题说方法
	医药企业转型升级战略 史立臣　著	药企转型升级有5大途径,并给出落地步骤及风险控制方法	实操性强,有作者个人经验总结及分析
	新医改下的医药营销与团队管理 史立臣　著	探讨新医改对医药行业的系列影响和医药团队管理	帮助理清思路,有一个框架
	医药营销与处方药学术推广 马宝琳　著	如何用医学策划把"平民产品"变成"明星产品"	有真货、讲真话的作者,堪称处方药营销的经典!
	新医改了,药店就要这样开 尚　锋　著	药店经营、管理、营销全攻略	有很强的实战性和可操作性
	电商来了,实体药店如何突围 尚　锋　著	电商崛起,药店该如何突围?本书从促销、会员服务、专业性、客单价等多重角度给出了指导方向	实战攻略,拿来就能用
	OTC医药代表药店销售36计 鄢圣安　著	以《三十六计》为线,写OTC医药代表向药店销售的一些技巧与策略	案例丰富,生动真实,实操性强
	OTC医药代表药店开发与维护 鄢圣安　著	要做到一名专业的医药代表,需要做什么、准备什么、知识储备、操作技巧等	医药代表药店拜访的指导手册,手把手教你快速上手
	引爆药店成交率1:店员导购实战 范月明　著	一本书解决药店导购所有难题	情景化、真实化、实战化
	引爆药店成交率2:经营落地实战 范月明　著	最接地气的经营方法全指导	揭示了药店经营的几类关键问题
	引爆药店成交率:专业化销售解决方案 范月明　著	药品搭配分析与关联销售	为药店人专业化助力
建材家居	**家具行业操盘手** 王献永　著	家具行业问题的终结者	解决了干家具还有没有前途?为什么同城多店的家具经销商很难做大做强等问题
	建材家居营销:除了促销还能做什么 孙嘉晖　著	一线老手的深度思考,告诉你在建材家居营销模式基本停滞的今天,除了促销,营销还能怎么做	给你的想法一场革命
	建材家居营销实务 程绍珊　杨鸿贵　主编	价值营销运用到建材家居,每一步都让客户增值	有自己的系统、实战
	建材家居门店销量提升 贾同领　著	店面选址、广告投放、推广助销、空间布局、生动展示、店面运营等	门店销量提升是一个系统工程,非常系统、实战

续表

建材家居	**10 步成为最棒的建材家居门店店长** 徐伟泽　著	实际方法易学易用，让员工能够迅速成长，成为独当一面的好店长	只要坚持这样干，一定能成为好店长
	手把手帮建材家居导购业绩倍增：成为顶尖的门店店员 熊亚柱　著	生动的表现形式，让普通人也能成为优秀的导购员，让门店业绩长红	读着有趣，用着简单，一本在手、业绩无忧
	建材家居经销商实战 42 章经 王庆云　著	告诉经销商：老板怎么当、团队怎么带、生意怎么做	忠言逆耳，看着不舒服就对了，实战总结，用一招半式就值了
工业品	**销售是门专业活：B2B、工业品** 陆和平　著	销售流程就应该跟着客户的采购流程和关注点的变化向前推进，将一个完整的销售过程分成十个阶段，提供具体方法	销售不是请客吃饭拉关系，是个专业的活计！方法在手，走遍天下不愁
	解决方案营销实战案例 刘祖轲　著	用 10 个真案例讲明白什么是工业品的解决方案式营销，实战、实用	有干货、真正操作过的才能写得出来
	变局下的工业品企业 7 大机遇 叶敦明　著	产业链条的整合机会、盈利模式的复制机会、营销红利的机会、工业服务商转型机会……	工业品企业还可以这样做，思维大突破
	工业品市场部实战全指导 杜　忠　著	工业品市场部经理工作内容全指导	系统、全面、有理论、有方法，帮助工业品市场部经理更快提升专业能力
	工业品营销管理实务 李洪道　著	中国特色工业品营销体系的全面深化、工业品营销管理体系优化升级	工具更实战，案例更鲜活，内容更深化
	工业品企业如何做品牌 张东利　著	为工业品企业提供最全面的品牌建设思路	有策略、有方法、有思路、有工具
	丁兴良讲工业 4.0 丁兴良　著	没有枯燥的理论和说教，用朴实直白的语言告诉你工业 4.0 的全貌	工业 4.0 是什么？本书告诉你答案
	资深大客户经理：策略准，执行狠 叶敦明　著	从业务开发、发起攻势、关系培育、职业成长四个方面，详述了大客户营销的精髓	满满的全是干货
	一切为了订单：订单驱动下的工业品营销实战 唐道明　著	其实，所有的企业都在围绕着两个字在开展全部的经营和管理工作，那就是"订单"	开发订单、满足订单、扩大订单。本书全是实操方法，字字珠玑、句句干货，教你获得营销的胜利
金融	**交易心理分析** (美)马克·道格拉斯　著 刘真如　译	作者一语道破赢家的思考方式，并提供了具体的训练方法	不愧是投资心理的第一书，绝对经典
	精品银行管理之道 崔海鹏　何　屹　主编	中小银行转型的实战经验总结	中小银行的教材很多，实战类的书很少，可以看看
	支付战争 Eric M. Jackson　著 徐　彬　王　晓　译	PayPal 创业期营销官，亲身讲述 PayPal 从诞生到壮大到成功出售的整个历史	激烈、有趣的内幕商战故事！了解美国支付市场的风云巨变
	中外并购名著专业阅读指南 叶兴平　等著	在 5000 多本并购类图书中精选的 200 著作，在阅读的基础上写的读书评价	精挑细选 200 本并一一评介，省去读者挑选的烦恼，快捷、高效
	互联网时代的银行转型 韩友诚　著	以大量案例形式为读者全面展示和分析了银行的互联网金融转型应对之道	结合本土银行转型发展案例的书籍

续表

房地产	产业园区/产业地产规划、招商、运营实战 阎立忠　著	目前中国第一本系统解读产业园区和产业地产建设运营的实战宝典	从认知、策划、招商到运营全面了解地产策划
	人文商业地产策划 戴欣明　著	城市与商业地产战略定位的关键是不可复制性，要发现独一无二的“味道”	突破千城一面的策划困局
	电影院的下一个黄金十年：开发·差异化·案例 李保煜　著	对目前电影院市场存大的问题及如何解决进行了探讨与解读	多角度了解电影院运营方式及代表性案例

经营类：企业如何赚钱，如何抓机会，如何突破，如何“开源”

	书名．作者	内容/特色	读者价值
抓方向	让经营回归简单．升级版 宋新宇　著	化繁为简抓住经营本质：战略、客户、产品、员工、成长	经典，做企业就这几个关键点！
	混沌与秩序Ⅰ：变革时代企业领先之道 混沌与秩序Ⅱ：变革时代管理新思维 彭剑锋　尚艳玲　主编	汇集华夏基石专家团队10年来研究成果，集中选择了其中的精华文章编纂成册	作者都是既有深厚理论积淀又有实践经验的重磅专家，为中国企业和企业家的未来提出了高屋建瓴的观点
	活系统：跟任正非学当老板 孙行健　尹　贤　著	以任正非的独到视角，教企业老板如何经营公司	看透公司经营本质，激活企业活力
	重构：中国企业重生战略 杨永华　著	从7个角度，帮助企业实现系统性的改造	提供转型思想与方法，值得参考
	公司由小到大要过哪些坎 卢　强　著	老板手里的一张“企业成长路线图”	现在我在哪儿，未来还要走哪些路，都清楚了
	企业二次创业成功路线图 夏惊鸣　著	企业曾经抓住机会成功了，但下一步该怎么办？	企业怎样获得第二次成功，心里有个大框架了
	老板经理人双赢之道 陈　明　著	经理人怎养选平台、怎么开局，老板怎样选/育/用/留	老板生闷气，经理人牢骚大，这次知道该怎么办了
	简单思考：AMT咨询创始人自述 孔祥云　著	著名咨询公司（AMT）的CEO创业历程中点点滴滴的经验与思考	每一位咨询人，每一位创业者和管理经营者，都值得一读
	企业文化的逻辑 王祥伍　黄健江　著	为什么企业绩效如此不同，解开绩效背后的文化密码	少有的深刻，有品质，读起来很流畅
	使命驱动企业成长 高可为　著	钱能让一个人今天努力，使命能让一群人长期努力	对于想做事业的人，‘使命’是绕不过去的
思维突破	盈利原本就这么简单 高可为　著	从财务的角度揭示企业盈利的秘密	多方面解读商业模式与盈利的关系，通俗易懂，受益匪浅
	移动互联新玩法：未来商业的格局和趋势 史贤龙　著	传统商业、电商、移动互联，三个世界并存，这种新格局的玩法一定要懂	看清热点的本质，把握行业先机，一本书搞定移动互联网
	画出公司的互联网进化路线图：用互联网思维重塑产品、客户和价值 李　蓓　著	18个问题帮助企业一步步梳理出互联网转型思路	思路清晰、案例丰富，非常有启发性
	重生战略：移动互联网和大数据时代的转型法则 沈　拓　著	在移动互联网和大数据时代，传统企业转型如同生命体打算与再造，称之为“重生战略”	帮助企业认清移动互联网环境下的变化和应对之道

续表

思维突破	**创造增量市场:传统企业互联网转型之道** 刘红明　著	传统企业需要用互联网思维去创造增量,而不是用电子商务去转移传统业务的存量	教你怎么在"互联网+"的海洋中创造实实在在的增量
	7个转变,让公司3年胜出 李　蓓　著	消费者主权时代,企业该怎么办	这就是互联网思维,老板有能这样想,肯定倒不了
	跳出同质思维,从跟随到领先 郭　剑　著	66个精彩案例剖析,帮助老板突破行业长期思维惯性	做企业竟然有这么多玩法,开眼界
	麻烦就是需求　难题就是商机 卢根鑫　著	如何借助客户的眼睛发现商机	什么是真商机,怎么判断、怎么抓,有借鉴
	互联网+"变"与"不变":本土管理实践与创新论坛集萃·2016 本土管理实践与创新论坛　著	加速本土管理思想的孕育诞生,促进本土管理创新成果更好地服务企业、贡献社会	各个作者本年度最新思想,帮助读者拓宽眼界、突破思维
财务	**写给企业家的公司与家庭财务规划——从创业成功到富足退休** 周荣辉　著	本书以企业的发展周期为主线,写各阶段企业与企业主家庭的财务规划	为读者处理人生各阶段企业与家庭的财务问题提供建议及方法,让家庭成员真正享受财富带来的益处
	互联网时代的成本观 程　翔　著	本书结合互联网时代提出了成本的多维观,揭示了多维组合成本的互联网精神和大数据特征,论述了其产生背景、实现思路和应用价值	在传统成本观下为盈利的业务,在新环境下也许就成为亏损业务。帮助管理者从新的角度来看待成本,进一步做好精益管理

管理类:效率如何提升,如何实现经营目标,如何"节流"

	书名．作者	内容/特色	读者价值
通用管理	**让管理回归简单·升级版** 宋新宇　著	从目标、组织、决策、授权、人才和老板自己层面教你怎样做管理	帮助管理抓住管理的要害,让管理变得简单
	让经营回归简单·升级版 宋新宇　著	从战略、客户、产品、员工、成长、经营者自身等七个方面,归纳总结出简单有效的经营法则	总结出的真正优秀企业的成功之道:简单
	让用人回归简单 宋新宇　著	从用人的原则、用人的难题与误区、用人的方法和用人者的修炼四大方面,总结出适合中小企业做好人才管理工作的法则	帮助管理者抓住用人的要害,让用人变得简单
	管理:以规则驾驭人性 王春强　著	详细解读企业规则的制定方法	从人与人博弈角度提升管理的有效性
	员工心理学超级漫画版 邢　雷　著	以漫画的形式深度剖析员工心理	帮助管理者更了解员工,从而更轻松地管理员工
	帅抓战略,将抓执行 王清华　著	深入剖析老板与高管的异同	各司其职,各行其是,相辅相成
	分股合心:股权激励这样做 段磊　周剑　著	通过丰富的案例,详细介绍了股权激励的知识和实行方法	内容丰富全面、易读易懂,了解股权激励,有这一本就够了

续表

通用管理	**边干边学做老板** 黄中强　著	创业20多年的老板,有经验、能写、又愿意分享,这样的书很少	处处共鸣,帮助中小企业老板少走弯路
	中国式阿米巴落地实践之从交付到交易 胡八一　著	本书主要讲述阿米巴经营会计,"从交付到交易",这是成功实施了阿米巴的标志	阿米巴经营会计的工作是有逻辑关联的,一本书就能搞定
	中国式阿米巴落地实践之激活组织 胡八一　著	重点讲解如何科学划分阿米巴单元,阐述划分的实操要领、思路、方法、技术与工具	最大限度减少"推行风险"和"摸索成本",利于公司成功搭建适合自身的个性化阿米巴经营体系
	集团化企业阿米巴实战案例 初勇钢　著	一家集团化企业阿米巴实施案例	指导集团化企业系统实施阿米巴
	阿米巴经营的中国模式 李志华　著	让员工从"要我干"到"我要干",价值量化出来	阿米巴在企业如何落地,明白思路了
	欧博心法:好管理靠修行 曾　伟　著	用佛家的智慧,深刻剖析管理问题,见解独到	如果真的有'中国式管理',曾老师是其中标志性人物
流程管理	**1. 用流程解放管理者** **2. 用流程解放管理者2** 张国祥　著	中小企业阅读的流程管理、企业规范化的书	通俗易懂,理论和实践的结合恰到好处
	跟我们学建流程体系 陈立云　著	畅销书《跟我们学做流程管理》系列,更实操,更细致,更深入	更多地分享实践,分享感悟,从实践总结出来的方法论
质量管理	IATF16949质量管理体系详解与案例文件汇编:TS16949转版IATF16949:2016 谭洪华　著	针对IATF的新标准做了详细的解说,同时指出了一些推行中容易犯的错误,提供了大量的表单、案例	案例、表单丰富,拿来就用
	五大质量工具详解及运用案例:APQP/FMEA/PPAP/MSA/SPC 谭洪华　著	对制造业必备的五大质量工具中每个文件的制作要求、注意事项、制作流程、成功案例等进行了解读	通俗易懂、简便易行,能真正实现学以致用
	ISO9001:2015新版质量管理体系详解与案例文件汇编 谭洪华　著	紧密围绕2015年新版质量管理体系文件逐条详细解读,并提供可以直接套用的案例工具,易学易上手	企业质量管理认证、内审必备
	ISO14001:2015新版环境管理体系详解与案例文件汇编 谭洪华　著	紧密围绕2015年新版环境管理体系文件逐条详细解读,并提供可以直接套用的案例工具,易学易上手	企业环境管理认证、内审必备
	SA8000:2014社会责任管理体系认证实战 吕　林　著	作者根据自己的操作经验,按认证的流程,以相关案例进行说明SA8000认证体系	简单,实操性强,拿来就能用
战略落地	**重生——中国企业的战略转型** 施　炜　著	从前瞻和适用的角度,对中国企业战略转型的方向、路径及策略性举措提出了一些概要性的建议和意见	对企业有战略指导意义
	公司大了怎么管:从靠英雄到靠组织 AMT金国华　著	第一次详尽阐释中国快速成长型企业的特点、问题及解决之道	帮助快速成长型企业领导及管理团队理清思路,突破瓶颈

续表

战略落地	**低效会议怎么改：每年节省一半会议成本的秘密** AMT 王玉荣　著	教你如何系统规划公司的各级会议，一本工具书	教会你科学管理会议的办法
	年初订计划，年尾有结果：战略落地七步成诗 AMT 郭晓　著	7 个步骤教会你怎么让公司制定的战略转变为行动	系统规划，有效指导计划实现
人力资源	**HRBP 是这样炼成的之"菜鸟起飞"** 新　海　著	以小说的形式，具体解析 HRBP 的职责，应该如何操作，如何为业务服务	实践者的经验分享，内容实务具体，形式有趣
	HRBP 是这样炼成的之中级修炼 新　海　著	本书以案例故事的方式，介绍了 HRBP 在实际工作中碰到的问题和挑战	书中的 HR 解决方案讲究因时因地制宜、简单有效的原则，重在启发读者思路，可供各类企业 HRBP 借鉴
	HRBP 是这样炼成的之高级修炼 新　海　著	以故事的形式，展现了 HRBP 工作者在职业发展路上的层层深入和递进	为读者提供 HRBP 在实际工作中遇到种种问题的解决方案
	把面试做到极致：首席面试官的人才甄选法 孟广桥　著	作者用自己几十年的人力资源经验总结出的一套实用的确定岗位招聘标准、提升面试官技能素质的简便方法	面试官必备，没有空泛理论，只有巧妙的实操技能
	人力资源体系与 e－HR 信息化建设 刘书生　陈　莹　王美佳　著	将作者经历的人力资源管理变革、人力资源管理信息化咨询项目方法论、工具和成果全面展现给读者，使大家能够将其快速应用到管理实践中	系统性非常强，没有废话，全部是浓缩的干货
	回归本源看绩效 孙　波　著	让绩效回顾"改进工具"的本源，真正为企业所用	确实是来源于实践的思考，有共鸣
	世界 500 强资深培训经理人教你做培训管理 陈　锐　著	从 7 大角度具体细致地讲解了培训管理的核心内容	专业、实用、接地气
	曹子祥教你做激励性薪酬设计 曹子祥　著	以激励性为指导，系统性地介绍了薪酬体系及关键岗位的薪酬设计模式	深入浅出，一本书学会薪酬设计
	曹子祥教你做绩效管理 曹子祥　著	复杂的理论通俗化，专业的知识简单化，企业绩效管理共性问题的解决方案	轻松掌握绩效管理
	把招聘做到极致 远　鸣　著	作为世界 500 强高级招聘经理，作者数十年招聘经验的总结分享	带来职场思考境界的提升和具体招聘方法的学习
	人才评价中心．超级漫画版 邢　雷　著	专业的主题，漫画的形式，只此一本	没想到一本专业的书，能写成这效果
	走出薪酬管理误区 全怀周　著	剖析薪酬管理的 8 大误区，真正发挥好枢纽作用	值得企业深读的实用教案
	集团化人力资源管理实践 李小勇　著	对搭建集团化的企业很有帮助，务实，实用	最大的亮点不是理论，而是结合实际的深入剖析
	我的人力资源咨询笔记 张　伟　著	管理咨询师的视角，思考企业的 HR 管理	通过咨询师的眼睛对比很多企业，有启发
	本土化人力资源管理 8 大思维 周　剑　著	成熟 HR 理论，在本土中小企业实践中的探索和思考	对企业的现实困境有真切体会，有启发

续表

企业文化	**36 个拿来就用的企业文化建设工具** 海融心胜　主编	数十个工具，为了方便拿来就用，每一个工具都严格按照工具属性、操作方法、案例解读划分，实用、好用	企业文化工作者的案头必备书，方法都在里面，简单易操作
	企业文化建设超级漫画版 邢　雷　著	以漫画的形式系统教你企业文化建设方法	轻松易懂好操作
	华夏基石方法：企业文化落地本土实践 王祥伍　谭俊峰　著	十年积累、原创方法、一线资料，和盘托出	在文化落地方面真正有洞察，有实操价值的书
	企业文化的逻辑 王祥伍　著	为什么企业之间如此不同，解开绩效背后的文化密码	少有的深刻，有品质，读起来很流畅
	企业文化激活沟通 宋杼宸　安　琪　著	透过新任 HR 总经理的眼睛，揭示出沟通与企业文化的关系	有实际指导作用的文化落地读本
	在组织中绽放自我：从专业化到职业化 朱仁健　王祥伍　著	个人如何融入组织，组织如何助力个人成长	帮助企业员工快速认同并投入到组织中去，为企业发展贡献力量
	企业文化定位·落地一本通 王明胤　著	把高深枯燥的专业理论创建成一套系统化、实操化、简单化的企业文化缔造方法	对企业文化不了解，不会做？有这一本从概念到实操，就够了
生产管理	**精益思维：中国精益如何落地** 刘承元　著	笔者二十余年企业经营和咨询管理的经验总结	中国企业需要灵活运用精益思维，推动经营要素与管理机制的有机结合，推动企业管理向前发展
	300 张现场图看懂精益 5S 管理 乐　涛　编著	5S 现场实操详解	案例图解，易懂易学
	高员工流失率下的精益生产 余伟辉　著	中国的精益生产必须面对和解决高员工流失率问题	确实来源于本土的工厂车间，很务实
	车间人员管理那些事儿 岑立聪　著	车间人员管理中处理各种“疑难杂症”的经验和方法	基层车间管理者最闹心、头疼的事，‘打包’解决
	1. 欧博心法：好管理靠修行 **2. 欧博心法：好工厂这样管** 曾　伟　著	他是本土最大的制造业管理咨询机构创始人，他从 400 多个项目、上万家企业实践中锤炼出的欧博心法	中小制造型企业，一定会有很强的共鸣
	欧博工厂案例 1：生产计划管控对话录 **欧博工厂案例 2：品质技术改善对话录** **欧博工厂案例 3：员工执行力提升对话录** 曾　伟　著	最典型的问题、最详尽的解析，工厂管理 9 大问题 27 个经典案例	没想到说得这么细，超出想象，案例很典型，照搬都可以了
	工厂管理实战工具 欧博企管　编著	以传统文化为核心的管理工具	适合中国工厂
	苦中得乐：管理者的第一堂必修课 曾　伟　编著	曾伟与师傅大愿法师的对话，佛学与管理实践的碰撞，管理禅的修行之道	用佛学最高智慧看透管理
	比日本工厂更高效 1：管理提升无极限 刘承元　著	指出制造型企业管理的六大积弊；颠覆流行的错误认知；掌握精益管理的精髓	每一个企业都有自己不同的问题，管理没有一剑封喉的秘笈，要从现场、现物、现实出发

续表

生产管理	**比日本工厂更高效2:超强经营力** 刘承元　著	企业要获得持续盈利,就要开源和节流,即实现销售最大化,费用最小化	掌握提升工厂效率的全新方法
	比日本工厂更高效3:精益改善力的成功实践 刘承元　著	工厂全面改善系统有其独特的目的取向特征,着眼于企业经营体质(持续竞争力)的建设与提升	用持续改善力来飞速提升工厂的效率,高效率能够带来意想不到的高效益
	3A顾问精益实践1:IE与效率提升 党新民　苏迎斌　蓝旭日　著	系统的阐述了IE技术的来龙去脉以及操作方法	使员工与企业持续获利
	3A顾问精益实践2:JIT与精益改善 肖志军　党新民　著	只在需要的时候,按需要的量,生产所需的产品	提升工厂效率
员工素质提升	**TTT培训师精进三部曲(上):深度改善现场培训效果** 廖信琳　著	现场把控不用慌,这里有妙招一用就灵	课程现场无论遇到什么样的情况都能游刃有余
	TTT培训师精进三部曲(中):构建最有价值的课程内容 廖信琳　著	这样做课程内容,学员有收获 培训师也有收获	优质的课程内容是树立个人品牌的保证
	TTT培训师精进三部曲(下):职业功力沉淀与修为提升 廖信琳　著	从内而外提升自己,职业的道路一帆风顺	走上职业TTT内训师的康庄大道
	管理咨询师的第一本书:百万年薪 千万身价 熊亚柱　著	从问题出发,发现问题、分析问题、解决问题,让两眼一抹黑的新人快速成长	管理咨询师初入职场,让这本书开启百万年薪之路
	手把手教你做专业督导:专卖店、连锁店 熊亚柱　著	从督导的职能、作用,在工作中需要的专业技能、方法,都提供了详细的解读和训练办法,同时附有大量的表单工具	无论是店铺需要统一培训,还是个人想成为优秀的督导,有这一本就够了
	跟老板"偷师"学创业 吴江萍　余晓雷　著	边学边干,边观察边成长,你也可以当老板	不同于其他类型的创业书,让你在工作中积累创业经验,一举成功
	销售轨迹:一位快消品营销总监的拼搏之路 秦国伟　著	本书讲述了一个普通销售员打拼成为跨国企业营销总监的真实奋斗历程	激励人心,给广大销售员以力量和鼓舞
	在组织中绽放自我:从专业化到职业化 朱仁健　王祥伍　著	个人如何融入组织,组织如何助力个人成长	帮助企业员工快速认同并投入到组织中去,为企业发展贡献力量
	企业员工弟子规:用心做小事,成就大事业 贾同领　著	从传统文化《弟子规》中学习企业中为人处事的办法,从自身做起	点滴小事,修养自身,从自身的改善得到事业的提升
	手把手教你做顶尖企业内训师:TTT培训师宝典 熊亚柱　著	从课程研发到现场把控、个人提升都有涉及,易读易懂,内容丰富全面	想要做企业内训师的员工有福了,本书教你如何抓住关键,从入门到精通

续表

营销类：把客户需求融入企业各环节，提供“客户认为”有价值的东西			
	书名．作者	内容/特色	读者价值
营销模式	**精品营销战略** 杜建君　著	以精品理念为核心的精益战略和营销策略	用精品思维赢得高端市场
	变局下的营销模式升级 程绍珊　叶　宁　著	客户驱动模式、技术驱动模式、资源驱动模式	很多行业的营销模式被颠覆，调整的思路有了！
	卖轮子 科克斯【美】	小说版的营销学！营销理念巧妙贯穿其中，贵在既有趣，又有深度	经典、有趣！一个故事读懂营销精髓
	动销操盘：节奏掌控与社群时代新战法 朱志明　著	在社群时代把握好产品生产销售的节奏，解析动销的症结，寻找动销的规律与方法	都是易读易懂的干货！对动销方法的全面解析和操盘
	弱势品牌如何做营销 李政权　著	中小企业虽有品牌但没名气，营销照样能做的有声有色	没有丰富的实操经验，写不出这么具体、详实的案例和步骤，很有启发
	老板如何管营销 史贤龙　著	高段位营销 16 招，好学好用	老板能看，营销人也能看
	洞察人性的营销战术：沈坤教你 28 式 沈　坤　著	28 个匪夷所思的营销怪招令人拍案叫绝，涉及商业竞争的方方面面，大部分战术可以直接应用到企业营销中	各种谋略得益于作者的横向思维方式，将其操作过的案例结合其中，提供的战术对读者有参考价值
	动销：产品是如何畅销起来的 吴江萍　余晓雷　著	真真切切告诉你，产品究竟怎么才能卖出去	击中痛点，提供方法，你值得拥有
销售	**资深大客户经理：策略准，执行狠** 叶敦明　著	从业务开发、发起攻势、关系培育、职业成长四个方面，详述了大客户营销的精髓	满满的全是干货
	成为资深的销售经理：B2B 、工业品 陆和平　著	围绕“销售管理的六个关键控制点”一一展开，提供销售管理的专业、高效方法	方法和技术接地气，拿来就用，从销售员成长为经理不再犯难
	销售是门专业活：B2B 、工业品 陆和平　著	销售流程就应该跟着客户的采购流程和关注点的变化向前推进，将一个完整的销售过程分成十个阶段，提供具体方法	销售不是请客吃饭拉关系，是个专业的活计！方法在手，走遍天下不愁
	向高层销售：与决策者有效打交道 贺兵一　著	一套完整有效的销售策略	有工具，有方法，有案例，通俗易懂
	卖轮子 科克斯　【美】	小说版的营销学！营销理念巧妙贯穿其中，贵在既有趣，又有深度	经典、有趣！一个故事读懂营销精髓
	学话术　卖产品 张小虎　著	分析常见的顾客异议，将优秀的话术模块化	让普通导购员也能成为销售精英
组织和团队	**升级你的营销组织** 程绍珊　吴越舟　著	用“有机性”的营销组织替代“营销能人”，营销团队变成“铁营盘”	营销队伍最难管，程老师不愧是营销第 1 操盘手，步骤方法都很成熟
	用数字解放营销人 黄润霖　著	通过量化帮助营销人员提高工作效率	作者很用心，很好的常备工具书

续表

组织和团队	**成为优秀的快消品区域经理(升级版)** 伯建新　著	用“怎么办”分析区域经理的工作关键点,增加30%全新内容,更贴近环境变化	可以作为区域经理的“速成催化器”
	成为资深的销售经理:B2B、工业品 陆和平　著	围绕“销售管理的六个关键控制点”一一展开,提供销售管理的专业、高效方法	方法和技术接地气,拿来就用,从销售员成长为经理不再犯难
	一位销售经理的工作心得 蒋　军　著	一线营销管理人员想提升业绩却无从下手时,可以看看这本书	一线的真实感悟
	快消品营销:一位销售经理的工作心得2 蒋　军　著	快消品、食品饮料营销的经验之谈,重点突出	来源于实战的精华总结
	销售轨迹:一位快消品营销总监的拼搏之路 秦国伟　著	本书讲述了一个普通销售员打拼成为跨国企业营销总监的真实奋斗历程	激励人心,给广大销售员以力量和鼓舞
	用营销计划锁定胜局:用数字解放营销人2 黄润霖　著	全方位教你怎么做好营销计划,好学好用真简单	照搬套用就行,做营销计划再也不头痛
	快消品营销人的第一本书:从入门到精通 刘　雷　伯建新　著	快消行业必读书,从入门到专业	深入细致,易学易懂
产品	**新产品开发管理,就用IPD** 郭富才　著	10年IPD研发管理咨询总结,国内首部IPD专业著作	一本书掌握IPD管理精髓
	资深项目经理这样做新产品开发管理 秦海林　著	以IPD为思想,系统讲解新产品开管理的细节	提供管理思路和实用工具
	产品炼金术Ⅰ:如何打造畅销产品 史贤龙　著	满足不同阶段、不同体量、不同行业企业对产品的完整需求	必须具备的思维和方法,避免在产品问题上走弯路
	产品炼金术Ⅱ:如何用产品驱动企业成长 史贤龙　著	做好产品、关注产品的品质,就是企业成功的第一步	必须具备的思维和方法,避免在产品问题上走弯路
品牌	**中小企业如何建品牌** 梁小平　著	中小企业建品牌的入门读本,通俗、易懂	对建品牌有了一个整体框架
	采纳方法:破解本土营销8大难题 朱玉童　编著	全面、系统、案例丰富、图文并茂	希望在品牌营销方面有所突破的人,应该看看
	中国品牌营销十三战法 朱玉童　编著	采纳20年来的品牌策划方法,同时配有大量的案例	众包方式写作,丰富案例给人启发,极具价值
	今后这样做品牌:移动互联时代的品牌营销策略 蒋　军　著	与移动互联紧密结合,告诉你老方法还能不能用,新方法怎么用	今后这样做品牌就对了
	中小企业如何打造区域强势品牌 吴　之　著	帮助区域的中小企业打造自身品牌,如何在强壮自身的基础上往外拓展	梳理误区,系统思考品牌问题,切实符合中小区域品牌的自身特点进行阐述
渠道通路	**快消品营销与渠道管理** 谭长春　著	将快消品标杆企业渠道管理的经验和方法分享出来	可口可乐、华润的一些具体的渠道管理经验,实战

续表

渠道通路	**传统行业如何用网络拿订单** 张 进 著	给老板看的第一本网络营销书	适合不懂网络技术的经营决策者看
	采纳方法:化解渠道冲突 朱玉童 编著	系统剖析渠道冲突,21 个渠道冲突案例、情景式讲解,37 篇讲义	系统、全面
	学话术 卖产品 张小虎 著	分析常见的顾客异议,将优秀的话术模块化	让普通导购员也能成为销售精英
	向高层销售:与决策者有效打交道 贺兵一 著	一套完整有效的销售策略	有工具,有方法,有案例,通俗易懂
	通路精耕操作全解:快消品 20 年实战精华 周 俊 陈小龙 著	通路精耕的详细全解,每一步的具体操作方法和表单全部无保留提供	康师傅二十年的经验和精华,实践证明的最有效方法,教你如何主宰通路

管理者读的文史哲·生活

	书名. 作者	内容/特色	读者价值
思想·文化	**德鲁克管理思想解读** 罗 珉 著	用独特视角和研究方法,对德鲁克的管理理论进行了深度解读与剖析	不仅是摘引和粗浅分析,还是作者多年深入研究的成果,非常可贵
	德鲁克与他的论敌们:马斯洛、戴明、彼得斯 罗 珉 著	几位大师之间的论战和思想碰撞令人受益匪浅	对大师们的观点和著作进行了大量的理论加工,去伪存真、去粗存精,同时有自己独特的体系深度
	德鲁克管理学 张远凤 著	本书以德鲁克管理思想的发展为线索,从一个侧面展示了 20 世纪管理学的发展历程	通俗易懂,脉络清晰
	王阳明“万物一体”论——从“身体”的立场看 陈立胜 著	以身体哲学分析王阳明思想中的“仁”与“乐”	进一步了解传统文化,了解王阳明的思想
	自我与世界:以问题为中心的现象学运动研究 陈立胜 著	以问题为中心,对现象学运动中的“意向性”“自我”“他人”“身体”及“世界”各核心议题之思想史背景与内在发展理路进行深入细致的分析	深入了解现象学中的几个主要问题
	作为身体哲学的中国古代哲学 张再林 著	上篇为中国古代身体哲学理论体系奠基性部分,下篇对由“上篇”所开出的中国身体哲学理论体系的进一步的阐发和拓展	了解什么是真正原生态意义上的中国哲学,把中国传统哲学与西方传统哲学加以严格区别
	中西哲学的歧异与会通 张再林 著	本书以一种现代解释学的方法,对中国传统哲学内在本质尝试一种全新的和全方位的解读	发掘出掩埋在古老传统形式下的现代特质和活的生命,在此基础上揭示中西哲学“你中有我,我中有你”之旨
	治论:中国古代管理思想 张再林 著	本书主要从儒、法墨三家阐述中国古代管理思想	看人本主义的管理理论如何不留斧痕地克服似乎无法调解的存在于人类社会行为与社会组织中的种种两难和对立

续表

思想·文化	**中国古代政治制度（修订版）上：皇帝制度与中央政府（待出版）** 刘文瑞　著	全面论证了古代皇帝制度的形成和演变的历程	有助于读者从政治制度角度了解中国国情的历史渊源
	中国古代政治制度（修订版）下：地方体制与官僚制度（待出版） 刘文瑞　著	全面论证了古代地方政府的发展演变过程	有助于读者从政治制度角度了解中国国情的历史渊源
	中国思想文化十八讲（修订版）（待出版） 张茂泽　著	中国古代的宗教思想文化，如对祖先崇拜、儒家天命观、中国古代关于“神”的讨论等	宗教文化和人生信仰或信念紧密相联，在文化转型时期学习和研究中国宗教文化就有特别的现实意义
	史幼波《大学》讲记 史幼波　著	用儒释道的观点阐释大学的深刻思想	一本书读懂传统文化经典
	史幼波《周子通书》《太极图说》讲记 史幼波　著	把形而上的宇宙、天地，与形而下的社会、人生、经济、文化等融合在一起	将儒家的一整套学修系统融合起来
	史幼波《中庸》讲记（上下册） 史幼波　著	全面、深入浅出地揭示儒家中庸文化的真谛	儒释道三家思想融会贯通
	梁涛讲《孟子》之《万章篇》 梁　涛　著	《万章》主要记录孟子与万章的对话，涉及孝道、亲情、友情、出仕为官等	作者的解读能帮助读者更好地理解孟子及儒学
	每个中国人身上的春秋基因 史贤龙　著	春秋368年（公元前770－公元前403年），每一个中国人都可以在这段时期的历史中找到自己的祖先，看到真实发生的事件，同时也看到自己	长情商、识人心
	与《老子》一起思考：德篇 史贤龙　著	打通文史，回归哲慧，纵贯古今，放眼中外，妙语迭出，在当今的老子读本中别具一格	深读有深读的回味，浅尝有浅尝的机敏，可给读者不同的启发
	郑子太极拳理拳法丛书 杨竣雄　著	走进郑子太极拳完整训练体系的大门，随着书中另一主角——师父的课程安排与每日功课的练习	当您学完这套书后，在掌握拳架的同时具备诸多正确的太极理念与系统知识
	内功太极拳训练教程 王铁仁　编著	杨式（内功）太极拳（俗称老六路）的详细介绍及具体修炼方法，身心的一次升华	书中含有大量图解并有相关视频供读者同步学习
	中医治心脏病 马宝琳　著	引用众多真实案例，客观真实地讲述了中西医对于心脏病的认识及治疗方法	看完这本书，能为您节约10万元医药费